理性的开显

古典时期诸"哲学"或精神形态的考察报告

阮炜 著

上海三联书店

目 录

- 1 引　论　与其"哲学"，不如"精神形态"
- 9 第一章　现有术语的麻烦
- 9 　　"哲学"、"宗教"的纠葛
- 11 　　诸精神形态都是理性的载体
- 14 　　"宗教"概念的局限性
- 18 　　谈"哲学"不能脱离信仰共同体
- 20 　　亦哲学亦宗教的儒家
- 24 　　有信仰、有祭祀、有组织、有教主的"哲学"
- 27 　　现代哲学的宗教底色
- 28 　　诸精神形态的心理功能
- 30 　　诸精神形态的政治功能
- 31 　　　　链接　沙门思潮简介
- 35 第二章　"轴心突破"
- 35 　　"轴心突破"为何？
- 37 　　"哲学"抑或"精神"的突破？
- 40 　　先发文明对轴心突破的影响
- 46 　　西亚地中海世界的突破
- 47 　　印度和中国的突破
- 49 　　区域整合是突破的必要条件

1

54　"轴心突破"说的局限

56　　链接一　"轴心时代"说的智识背景

57　　链接二　"地缘共同体"

59　第三章　多样的理性化路径

59　　引言

60　　希腊的"爱智慧"或"哲学"

68　　叙利亚的一神论宗教

74　　一神信仰的多神起源

81　　沙门运动中的哲学宗教或宗教哲学

86　　沙门运动前的精神突破

92　　周人的政治哲学

100　中国印度不止一次突破

105　第四章　作为理性工具的宗教

105　引言

106　"理性化"的宗教

108　基督教是近代科学的摇篮

112　"有条理的生活秩序"至为关键

116　"天不生仲尼，万古如长夜"

118　余言

120　第五章　Philosophia：作为神学的哲学

120　引言

122　"哲学"兴起的背景

125　有神论哲学家泰勒斯、赫拉克利特

127　有神论哲学家巴门尼德、毕达哥拉斯、德谟克利特

130　苏格拉底：像奴隶一样侍奉诸神！

133　柏拉图：诸神怎么可能不干预人事？

135	亚里士多德：哲学始于神学，终于神学
137	有神论唯物主义者伊壁鸠鲁、卢克莱修
139	Philosophia 与先秦诸精神形态之比较
146	Philosophia 与诸神藕断丝连
148	**第六章　劣迹斑斑的希腊诸神**
148	引言
149	读书人的希腊崇拜
152	力比多丰盈的希腊创世神话
154	道德高尚的盘古
156	盘古、女娲们为何道德高尚？
159	宙斯、赫拉们为何劣迹斑斑？
164	中国为何多"好"神？
166	希腊为何多"坏"神？
169	道德主义并非没有后果
171	"恐怖分子"的确极其恐怖
175	"恐怖分子"的社会后果
178	"启蒙"时代的希腊思维仍然"恐怖"
181	人神相间的希腊世界
185	却原来，柏拉图是阿波罗的儿子！
188	克莱门猛批旧宗教
193	希罗哲学"启蒙"效果有限
194	链接　更多"恐怖分子"举例
197	**第七章　基督教在诸精神形态融合中诞生**
197	引言
199	基督教兴起的地缘背景
201	西亚地中海世界的文明整合

203　哲学高高在上,远离草根

206　道德向度薄弱的哲学

211　道德和精神向度均薄弱的旧宗教

214　基督教最终胜出

217　新旧文明的品质对比

222　基督教主要是一种叙利亚精神形态

224　余言

226　结语:雅典耶路撒冷是同道

233　附论:孔子像立而后废,儒家"花果飘零"了吗?

引论　与其"哲学",不如"精神形态"

一

第二次欧战结束后不久,卡尔·雅斯贝斯在其《历史的起源与目标》(*The Origin and Goal of History*,1949)中提出了"轴心时代"(或"轴心期")说。按照此说,大约在西元前8至前2世纪这六百来年间,各文明理性化进程狂飙突进,不约而同发生了"哲学的突破"。

暂且不讨论所谓"突破",先看一看"哲学"究竟何谓。作为哲学型理论家,雅斯贝斯手中的概念似乎很有限,竟用了一个"哲学"(尽管是个形容词)概念,就企图把各大文明中人类心智大跃进之同类现象一网打尽。于是,"哲学"除了指希腊"哲学"以外,还指希伯来和波斯"宗教"、中国诸子百"家",以及印度诸"达磨"或"法"、"道"(即 dharma,有宇宙万物之法或道、学说、学派等义①)。如此"哲学",是诸"哲学",复数的"哲学",与通常所谓哲学不是一回事,倒更像"宗教"②。如此"哲学",其包容力也实在太强了一点。

为什么不说"宗教的突破"呢?恐怕太难为他了。雅斯贝斯是

---

① 此处讨论向深圳大学印度研究中心郁龙余教授进行了咨询,谨向他表示诚挚的谢意。
② 关于轴心时代之"宗教话语",参见 Hans Joas, "The Axial Age as a Religious Discourse", in Robert N. Bellah and Hans Joas (ed.), *The Axial Age and Its Consequences*, Cambridge (Massachusetts): The Belknap Press of Harvard University Press, 2012, pp. 11 - 17, pp. 21 - 24。

▎理性的开显

哲学家,非神学家,所以很自然,"哲学"在他那里被置于首要的位置。"宗教"在其语汇里虽然不至于成为一个贬义词,却毕竟不如"哲学"根正苗红。然而,希伯来、中国、印度各自意义上的"哲学"毕竟与希腊意义上的"哲学"不尽相同,所以为了不以偏概全,更为了有效地概括不同文明中发生的相同"突破"现象,不妨启用一些既非"哲学"也非"宗教"的概念,或一些不太常用但概括性更强的术语。如此这般,不就少了很多麻烦?

因为,有着叙利亚文明①根本特征——其中最突出者是有着强烈伦理导向的唯一神信仰——的犹太教、基督教和伊斯兰教等,通常被视为宗教而非哲学;先知琐罗亚斯德的善恶二元论学说及其所建立的信徒组织通常也被视为宗教而非哲学;思辨性极强的印度婆罗门主义(Brahmanism,婆罗门教)、佛陀主义(Buddhism,佛教、佛家)、耆那主义(Jainism,耆那教)和兴都主义(Hinduism,印度教)等等也往往被视为宗教而非哲学;从起源上看,先秦儒家原本是一些专门从事治丧、祭神的人,孔子以后发展出了一套完整的思想体系,于是现如今有人说是哲学,有人说是宗教,双方各执一词,互不相让。

另一方面,为什么希腊的"爱智慧"从来就被视为哲学而非宗教,即使苏格拉底和柏拉图等人的言行和著述中仍然有大量神学

---

① "叙利亚世界"包括现以色列、约旦、叙利亚和黎巴嫩。这仅只是古代叙利亚本土地区。叙利亚世界还应该包括埃及、小亚细亚南部沿海地区、塞浦路斯岛、西西里岛、突尼斯北部等地。叙利亚世界就是叙利亚文明所由诞生之地,而叙利亚文明就是通常所谓的"希伯来文明"或"犹太文明"。犹太文明、西方基督教文明、东正教文明、伊斯兰文明都源于叙利亚文明。该文明虽然包含不少希腊罗马因素,但其精神气质或核心内涵却是叙利亚的。为什么是"叙利亚"的,而非"希伯来"的? 在通常所谓"希伯来文明"或"犹太文明"背后,是一个比它大得多、深厚得多的文明。该文明不仅有"叙利亚"之名称,还有"闪米特"、"黎凡特"、"迦南"、"巴勒斯坦"、"近东"甚至"中东"等别称。需要特别注意的是,大约在前12至前10世纪成形的叙利亚文明并非单单是由一个希伯来或犹太民族创造的,而是在汲取此前西亚北非两千多年文明成果之基础上,由多个古代民族所共同造就的。

引论　与其"哲学",不如"精神形态"

式思维,完全可以视为一种神学式哲学,[①]也如此?为什么毕达哥拉斯学派具有通常所谓宗教的大多数特征,不仅虔诚信奉诸神,而且有系统的教义、教规和戒律,其成员聚团而居,用特定方式产生领导人,过着一种严格宗教意义上的组织生活,是一个地地道道的教团,却通常被视为"哲学"而非宗教?为什么先秦中国墨家不仅有系统的教导或学说,还有严密的组织和严格的组织生活,甚至在教主更替上发展出了一整套制度,如果不是几百年后汉武帝罢黜百家、独尊儒术,最后演化成一种完全意义上的宗教也未可知,但中西学术界却几无例外把墨家视为一种哲学而非宗教?

太多矛盾和混乱了。为什么不可以说,这些都是各大文明中不约而同发生的"精神的突破"或"生命品质的突破"?为什么不可以说,轴心期各文明中诸"哲学"或"宗教",其实就是一些"精神形态"、"理念体系"、"生命形态"甚或"达磨"?

在分期问题上,如果采用雅斯贝斯"哲学突破"说,完全可以把"轴心期"的时间范围扩大一些,以使其更具概括性和解释力,比如约始于西元前11世纪,终于西元4—5世纪即西罗马帝国灭亡及中国南北朝时代,权称之为"古典时期"。这是因为深刻影响了华夏乃至东亚文明走势的周人的天命观和深刻影响了南亚文明走势的吠陀思想及其衍生品佛教哲学属于地地道道的"哲学突破",而其兴起时间要早于西元前8世纪好几百年;也是因为这些精神形态以及以色列先知思想及其衍生品基督教要在与其他"达磨"竞争中胜出,须待到西元纪年后的4—5世纪才最后见分晓,比西元前2世纪晚好几百年,伊斯兰教则更是晚九百年。

二

正因"哲学"、"宗教"语义纠缠不清,太多麻烦,威·坎·史密斯对"宗教"的渊源作了梳理,指出 religio 虽然在古罗马时代便已

[①] 参见本书第五章"Philosophia:作为神学的哲学"的相关讨论。

出现，但其含义明显有别于今日"宗教"，或可以译为"仪式实践"、"崇拜方式"或"对诸神的崇敬或膜拜"。① 这里，最后一个词义跟现代"宗教"概念较为接近，也是文艺复兴时期流行的词义。晚至17、18世纪，欧洲语言里才出现"体系性实体"意义上的"宗教"。这指一个信仰的、仪式的、价值的体系，"一个在时间上有一定的跨度，并与某个特定社团关联在一起"的体系。② 然而，早在古罗马时代，religio 就与 sapientia（有"知识"、"智慧"、"哲学"等义）一词发生了纠葛。Sapientia 对于卢克莱修和西塞罗等人来说，是 religio 所指的仪式或崇拜传统的替代物。③

及至文艺复兴时期，一些人文学者又发现，religio 与 philosophia 词义纠缠在一起，难以区分。马尔西利奥·费齐诺（Marsilio Ficino）在《论基督宗教》（De Christiana Religione）一书中说："既然真理与智慧准确地讲就是神，那么真正的'philosophia'与真正的'religio'必然也就是同一的"；或者说"真正的哲学性与真正的宗教性是完全同一的"。④ 很明显，religio、sapientia 和 philosophia 三个词的意涵在古代是重合的。这种重合的原因在于语言本身，或者说在于概念的贫困。正由于语言的缺憾或概念的模糊性和交叉性，中国人和西方人的思维中几乎不约而同地出现了上述种种矛盾和混乱。无论原因为何，"宗教"和"哲学"这两个术语目前不仅仍然困扰着西方学界，也仍然困扰着中国学界。

一个明显的例子，就是关于儒家到底是宗教还是哲学的争论。⑤

---

① 威尔弗雷德·坎特韦尔·史密斯，《宗教的意义与终结》（董江阳译），北京：中国人民大学出版社 2005 年，第 27 页。
② 史密斯，《宗教的意义与终结》，第 26—49 页。
③ 同上书，第 27—28 页。
④ 同上书，第 33—34 页。
⑤ 参见张晓卫，《儒教就是宗教——从基督教看儒教》，四川大学哲学系《中国儒学网》，2010/09/12；
郭齐勇，《当代新儒家对儒学宗教性问题的反思》，四川大学哲学系《中国儒学网》，2010/09/12；
韩星，《对儒学是否是宗教争论的几点看法和反思》，四川大学哲学系 （转下页）

引论　与其"哲学",不如"精神形态"

关于古代乃至近代前夕中国究竟只有宗教抑或也有哲学这一问题,就更具刺激性了。回头看去,倒是不那么有分别心的传统学术更有智慧。传统学术将儒、道、释、耶、回等相提并论,统统置于教导、教化(及相应组织)意义上的"教"这一概念下。恰成对照的是,现代汉语受西方影响,"教"已专门化,仅指极重视某种超自然主宰的"宗教",如基督"教"、伊斯兰"教",甚至佛"教"、道"教"。与此同时,现代汉语还舶来"哲学"一词,以及依附西方现代话语,而哲学又汲汲于跟传统的"教"和现代意义上的"宗教"划清界线。故而迄今为止,汉语中竟没有一个词将两个概念统括起来,于是就有了儒家是"家"还是"教"的无聊争论。①

分别心过重的西方学界情况更糟。事实上,近代以来西方人是将"宗教"和"哲学"分别对待的始作俑者。故此,为了讨论方便,更为了思维的清晰,不妨用"精神形态"、"生命形态"、"精神样式"、"理念体系"等②概念来描述儒家/儒教、道家/道教、佛家/佛教、兴都主义/印度教、希腊哲学,以及犹太教、琐罗亚斯德教、基督教、伊斯兰教等。因为轴心时代无论"家"、"教"、"宗教"还是"哲学",其在内涵和功能上都有很大程度的重合,都包含对终极实在的追问、伦理道德教诲和归纳演绎式思辨,也包括通常宗教意义上的礼、法

(接上页)《中国儒学网》,2010/09/12;

侯军,《关于挺立儒学宗教性之我见》,四川大学哲学系,《中国儒学网》2010/09/12;

黄玉顺,《"超越"的困惑:解决儒学与宗教问题之关键》,四川大学哲学系《中国儒学网》,2010/09/12。

① 关于儒家儒教、佛家佛教和其他非西方生命形态,以及西方历史上的"Iudaismos"(即后来的 Judaism),究竟是不是"宗教",威·坎·史密斯在其《宗教的意义与终结》一书中作了详细的讨论。在他看来,在 19 世纪后半叶之前,所有非西方文明中都不存在"宗教"一词。威尔弗雷德·坎特韦尔·史密斯,《宗教的意义与终结》(董江阳译),北京:中国人民大学出版社 2005 年,第 122—192 页。

② "理念体系"取自史密斯《宗教的意义与终结》,指作为一种价值形态或观念形态的宗教,与作为一种历史和社会之经验现象的宗教相对。参史密斯,《宗教的意义与终结》,第 49 页、第 167 页。

成份及相应的组织机构——如教主、教士、修道院、修会、僧人僧团、宗教习俗,以及宗教性的建筑如教堂、清真寺、佛寺、道观、文庙等——和组织生活,当然还包括与这一切相适应的文学、艺术和音乐形式。简单说来,一种精神样式、生命形态或理念体系是一个涵括其特定构成要素,与另一种生命形态、精神样式或理念体系相区别的有机整体。

三

无论如何,轴心时代的宗教和哲学有一些极重要的相似点:二者都执行了向个人提供心理慰藉的功能,二者都起到了把凝聚社会,把无数个人整合成一个精神共同体的作用。儒家和基督教更有把数量巨大的个人统合为一巨大社会历史共同体的能耐。无论从有神论还是无神论的角度看问题,宗教和哲学都能以自己的理念、学说、组织、仪式或祈祷等,给个人以精神抚慰,使其在厄运、丧亲、疾病、衰老等等面前能得到心理援助。[1] 此外,无论宗教还是哲学都关注一个至关重要的议题:一个超越性的终极实在。在基督教兴起后的西亚地中海世界,人们普遍把终极实在理解成一个超越、永恒和救赎的唯一神,尽管在此之前,新柏拉图主义者哲学家普洛提诺便已提出非人格、极抽象的神圣太一理念。

在轴心期的印度,人们把终极实在理解为梵、真。在轴心期的中国,人们把终极实在理解为上帝、天、道、天道。在中国,天、道等概念后来发展成为更为抽象的无极、太极、天理、理,与此同时也等同于心、性、良知。也就是说,在不同文明和不同生命形态中,终极

---

[1] James Shiel, *Greek Thought and the Rise of Christianity*, London: Longman, 1968, p. 23.

引论　与其"哲学",不如"精神形态"

实在具有不同的面相、不同的名称。[1] 除了这一至为重要的关切外,无论"宗教"还是"哲学",都极为关注人生的意义和人性善恶或伦理道德问题。在对问题进行认真思考的基础上,宗教和哲学都发展出了一整套世界观,都要求追随者按其基本理念和准则行事。

希腊罗马"哲学家"不仅有自己的理念体系,还建立了自己的组织,如"学园"或其他聚集而居的社团。前者如柏拉图建立起来的 Academy 及相应的学术传承团体,后者如毕达哥拉斯派、伊壁鸠鲁派等。因此无论在理念体系还是组织形态方面,希罗哲学与宗教都非常相似,甚至有一种相互渗透、纠缠不清的关系。这里,毕达哥拉斯是一个特别有趣的例子。他不仅是哲学家、数学家,也是一个道地宗教意义上的禁欲主义者,其追随者同样如此。不仅如此,毕达哥拉斯及其追随者组成了希腊世界一个以精神理念维系起来、非常执著也极有影响力的团体。[2] 在这一点上,毕达哥拉斯派与通常所谓宗教并无本质区别。

哲学与宗教并非泾渭分明的另一个例子是奥尔弗斯密仪(Orphism),其核心观念是:个人应努力禁欲,藉以将囚禁于肉体的灵魂解放出来,以获得拯救。实际上,这个观念源于柏拉图的灵魂肉体二元论,而灵魂肉体二元论在柏拉图思想中又占有核心地位。[3] 既如此,柏拉图这一至关重要的学说乃至整个柏拉图主义、新柏拉图主义究竟属于宗教还是哲学的范畴?此外,通常被视为一哲学派别的伊壁鸠鲁主义者也是宗教式的禁欲主义者,甚至可以说,是西方历史上一个典型的宗教禁欲主义团体。

也不应忽略斯多亚主义。它几乎总是被归类为哲学而非宗教。该思想流派有一个核心理念,即天命(Divine Providence),一种超自

---

[1] John Hick, *God Has Many Names*, Philadelphia (Pennsylvania, USA): The Westminster Press 1981, pp. 49 – 53;也参见 William Rowe, *Philosophy of Religion: An Introduction* (second edition), Belmont (California, USA): Wadsworth Publishing Company, 1993, pp. 177-183。

[2] Shiel, *Greek Thought and the Rise of Christianity*, p. 20.

[3] Shiel, p. 20.

然的神秘主宰。此外,它还教导追随者放弃一切身外之物,一心追求灵魂之"善"(arête)。[1] 现代人若能抑制一下分别心,很可能会得出这种结论:斯多亚主义亦哲学亦宗教,非哲学非宗教,而是一种精神样式。

---

[1] Shiel, p. 21.

第一章　现有术语的麻烦

"哲学"、"宗教"的纠葛

在流行思维中,"宗教"和"哲学"这两个概念明明白白、清清楚楚,似不值得梳理。然而在轴心时代前后,在文王、周公、孔孟、老庄的思想、印度吠陀经和佛家思想、叙利亚一神教、希腊"爱智学"或"哲学"中,通常所谓宗教和哲学都无不呈现出一种你中有我、我中有你的复杂关系,无论把它们概括为"宗教"还是"哲学",都不准确。后来,哲学和宗教都经历了一个专门化的过程,前者越来越多被视为一种纯粹信赖理性思维的观念体系,而后者越来越多地被视为一种心理和社会现象,一种基于超自然启示、信仰和信仰共同体的生活方式。应当注意,即使有了这种分际,二者互涵互容的格局也不能根本取消。

事实上,即便康德、黑格尔、马克思意义上的现代哲学或哥白尼、莱布尼兹、牛顿和爱因斯坦意义上的现代科学,也仍然根本依赖于一个重要的理念——上帝。在中国语境中,若采用流行的概念或术语,"儒家"究竟该如何定位——到底把它看作一种宗教还是哲学,或都说它到底是"儒家"还是"儒教"——也是一个极有争议、不大可能有清晰答案的问题。若把轴心期印度的情形加以考虑,情况就更复杂了。印度人认为,他们的"兴都主义"(Hinduism)等是一种达磨或道、法,或一种生活方式,把它们视为西方意义上的"宗教",是不对的。

理性的开显

基于这些考虑,对"哲学"和"宗教"的纠葛作一个梳理,显然是必要的。如想弄清楚理性在宗教和哲学中究竟扮演了何种角色,或者说理性如何利用"宗教"、"哲学"以襄助人类心智的成长,就更应好好探讨这两个概念相互重叠、相互涵括、相互渗透的关系了。

应当承认,在当今人类语言中,判断一特定精神样式到底是宗教还是哲学,除了用理念样式和生活方式这两个较为笼统的标准——比方说哲学更多是一种理念样式,宗教更多是一种生活方式——以外,很大程度上还得看它们究竟含有多少理性思维成分。如果理性成分较少,就可能被判为"宗教";反之,就可能被认证为"哲学"。问题就产生了:何为"少",何为"多"? 这显然又是麻烦。甚至理性究竟是什么,也很难说清楚。

在西历纪年后最初几个世纪,基督教的理性成分一定比诸如毕达哥拉斯主义、柏拉图主义、新柏拉图主义等希腊哲学流派少吗? 要回答这个问题,并不容易。当然,这些哲学流派明显更重视智识活动,类似于宗教启示的精神活动不处于中心地位。但这两种精神样式的共同点更明显,即都把伦理道德置于重要位置,都反对旧宗教的怪力乱神。事实上,除了少量迷信如耶和华使红河水分开让以色利人通行,耶稣施法术使瞎子复明、死人复活,以及坚信诸如耶稣乃神子,道成肉身来世上拯救罪人,被钉十字架死后又复活一类教义外,基督教的实践理性可能并不比同时期中国儒家、道家、墨家和印度佛陀主义、耆那主义少。

问题也可以这样问:把希腊哲学中的理性因素转变成现代科学思维更容易,还是把基督教中的理性因素转变成现代科学思维更容易? 这个问题也是很难回答的。如果把建立一种"符合伦理"的"有条理的生活秩序"[①]和"观念的明晰、思想的普世性、道德的高尚、生存的能力、在世界上传播的广度"等作为一些衡量标准,那么基督教并不亚于希腊哲学,甚至可能超过后者。[②] 无论宗教、哲学

---

① 怀特海,《宗教的形成:符号的意义及效果》,第8页。
② 同上书,第13页。

有何优势或劣势,有一点可以肯定:在人类心智的漫长成长过程中,二者都是理性的载体。如果把理性视为一种潜在于人类社会或历史中的一种力量,完全可以说,它既能在"宗教"的孵箱中孵化,也在"哲学"的坩埚里熔炼。

实际上,通常所谓哲学分有大量通常所谓宗教的元素,文明早期的哲学——无论希腊罗马的"哲学",还是先秦时代中国的百"家",抑或列国时代印度的"法"、"道"——就更是如此了。如前所述,就连现代科学也摆脱不了一个核心假设:神的存在。即便今天已实现现代化的人类,也无法从终极处解释宇宙为什么是其所是,除非假定存在着一种创造了原初物质并从根本上支配、协调万物运行的神秘力量,或一种"不可说"的究极本原。这里,用理性来说事,以之判别辨析宗教、哲学或任何一种精神样式,已无太大意义。

诸精神形态都是理性的载体

如要用理性成分的多寡来判断一特定精神形态——如儒家、道家、佛家、耆那主义、希腊"哲学"或叙利亚唯一神教等等——究竟是"宗教"还是"哲学",必然会产生这样一个问题,即一特定精神样式究竟需要有多少理性成分,才能达到所谓"哲学"的标准?人类智慧实在太高了,故而人类语言往往模棱两可,歧义丰盈,很多情况下根本无所谓精确,也没有必要精确。所以,这个问题至多只有一个大致的答案。事实上,就连作为根本判断标准的"理性"究竟为何,也有不同的说法。这就使问题变得更复杂了。

基督教之所以被大多数人视为一种宗教,难道很大程度不是因为唯一神崇拜是其核心成分或精髓?但问题是,唯一神信仰到底是理性的,还是非理性的?很多人有意无意把它看作非理性的。这显然是一种简单化的思维,把信仰和理性人为地对立起来——宗教被人为地等同于非理性,哲学则被认为是理性的化身,是宗教的反面。但稍作探究便不难发现,轴心时代及之后严格意义上的唯一神宗教如犹太教、基督教、伊斯兰教与儒家、道家、佛家、婆罗门

理性的开显

主义和希腊"哲学"一样,都是理性的母体,都是人类心智成长的产物。一神论信仰并不等于非理性,而恰恰相反,代表了理性演进的一种新形式,一个高度。

实际上,任何一种信仰——无论对叙利亚式唯一神的信仰,还是对柏拉图神圣理念、印度式梵天、梵,或中国式的"天"、"命"等的信仰——只要不是把魑魅魍魉、妖魔鬼怪当作真实的存在,一种随时随地对人间事务进行干预的超自然实体,就是一种较高的精神形态而非迷信。从文明演进历程看,理性与"宗教"——无论在佛家、道家、伊西斯崇拜、密特拉密仪中,还是在琐罗亚斯德主义、三大亚伯拉罕宗教等生命样式里——从来就是携手并进的。宗教与理性关系如此密切,以至于有论者说,"每当既崇高又强烈的精神似乎已获得最高快乐的时候,都是它们已面临宗教之时,而且是在宗教的意义上才获得这种快乐的。"[1]合理的生活方式不仅意味着理性的思维样式,也意味着"摆脱蒙昧状态"和"洞察事物的本质和事物的美"的智性努力,更意味着"一种统摄世间万物的理想",一种"在所有地方建立起道德的分界线,永远把正确从错误中区分出来"的生命态度。[2]

如果说通常所谓宗教是理性的载体,一般意义上的哲学就更是如此了。在各大人类文明里,合乎理性且具有更高精神内涵的生命形态很大程度上——如果不是在更大规模上——也藉着哲学才得以实现的;准确地说,往往藉着蕴含在宗教义理里的哲学思维才得以实现。然而,严格意义上的哲学意味着"对实在、知识或价值的本质、原因或原理的探究"[3],或者说一种不关心人们精神生命的安立,而只关心以逻辑推理、抽象、分析等方法来探究知识的思维和生活方式。如果如此狭窄地定义哲学,希腊人的 philosophia 似

---

[1] 乔治·桑塔亚那,《宗教中的理性》(犹家仲译),北京:北京大学出版社 2008 年,第 6 页。
[2] 同上书,第 6 页。
[3] B. R. Tilghman, *An Introduction to the Philosophy of Religion*, Cambridge (Massachusetts): Blackwell Publishers, 1994, pp. 21-25.

第一章 现有术语的麻烦

乎最有资格被称为"哲学"。乍看上去,这个意义上的哲学才是纯粹理性的。它不屑于与一神论式的宗教或其他样式的宗教为伍,即便后者是一种产生于"理性和用理性阐明的经验"的思维样式,甚至进行了反对魑魅魍魉、妖魔鬼怪的可歌可泣的斗争,也如此。

然而事实上,哲学——尤其是各文明历史早期的哲学,希腊哲学也不例外——中也包含很多通常认为属于宗教的元素。不仅早期儒学认为一个超自然的、神秘的、主宰的"天"(可追溯到更古老的"上帝")支配着天地万物的运行,甚至不否认"天"具有人格性,而且从苏格拉底、柏拉图、亚里士多德、伊壁鸠鲁到卢克莱修、塞内卡、普洛提诺,几乎所有希腊罗马哲学家都相信,类似于叙利亚式"上帝"的超自然神秘主宰是存在的。这意味着宗教中有哲学,哲学中也有宗教。实际上,被视为"哲学"流派的毕达哥拉斯派和墨家不仅在精神样式上与密特拉崇拜、犹太教、基督教等没有太大差别,在个人道德修炼和群体组织形式上也与这些"宗教"如此接近,以至于完全可以说,它们并没有什么本质区别,有的只是名称上的不同——前者恰恰被叫做"哲学",后者恰恰被叫做"宗教"。

然而,较严格意义上的哲学所包含的理性成分虽可能比宗教多,但在为个人提供心理调适和心灵慰藉方面,在维系世道人心和政治共同体长治久安方面,其表现却不如宗教。为什么这么说?如果不把儒家视为哲学,而把它视为一种宗教,或一个非哲学、非宗教的特殊精神形态,则人类历史上还未出现过这么一种哲学,它在两千年里从精神和组织形式上成功地维系了一个超大的历史文化共同体。如此优异的表现,就连基督教、伊斯兰教也无法比肩,遑论无数昙花一现的通常被称作"哲学"的思想流派了。斯多亚主义在为罗马皇帝、贵族甚至普通百姓提供心理安慰方面的确取得了很大成功,较之其他哲学流派——如犬儒主义、怀疑主义、伊壁鸠鲁主义、新柏拉图主义等——明显胜出一筹,但即便这么一个表现不俗的哲学派别,活跃期也只有五六百年。西方历史上,就通常被视为"哲学"的精神样式而言,这已算骄人的成绩。任何一个现代西方哲学流派能活跃一百年,就很不错了。考虑到儒家文

13

■ 理性的开显

明现代转型如此成功,儒家优异的表现就更不容置疑了。①

问题是,为什么通常所谓宗教反而比哲学更成功?原因应该到哲学更具精英性,而宗教更具大众性这种情形中去找。据一些论者,在马可·奥略留时代,罗马帝国出现了一种斯多亚哲学"大众化"的趋势。② 真的如此?恐怕未必。因为就其本质而言,哲学——尤其是严格思辨意义上的哲学——是不太可能"大众化"的。如果说真有少数平民甚或奴隶懂得一点哲学,那也不大可能是较纯粹思辨意义上的哲学,如亚里士多德、德谟克里特、伊壁鸠鲁或卢克莱修一类人的哲学,而更有可能是只讲一讲万物本原、人生意义、是非善恶之道理的平民化的"哲学"。可这个意义上的"哲学"不就与通常所谓宗教没有本质区别了吗?这个意义上的"哲学"难道不能像宗教那样,给大众带来心理调适和心灵慰藉?

这就是为什么与哲学相比,基督教在跟大众打交道方面明显更成功。基督教的力量不仅在于能直指人心,有效满足了大众的心理需要,抚慰了苦难中的人们的心灵,也在于它往往有更强烈的道德诉求和更紧密的组织生活。换句话说,与哲学相比,基督教更能真正做到"大众化",更能真正将其理念普及到大众中。不仅基督教有这样的表现,其同族宗教即其他叙利亚型宗教——伊斯兰教、东正教、涅斯托里派基督教和基督一性论派等——也如此。从中国方面看,即便被许多人视为"哲学"的儒家也正是因其具有通常所谓宗教性,才有与国家政权紧密结合长达两千年的优秀表现。在此意义上,儒学实在就是"儒教"。

"宗教"概念的局限性

既然"宗教"概念并非像乍看上去那么清清楚楚,有必要讨论一下何为"宗教"。

---

① 参见本书附论:《孔子像立而后废,儒家"花果飘零"了吗》。
② 王晓朝,《罗马帝国文化转型论》,北京:社会科学文献出版社2002年,第19页。

第一章　现有术语的麻烦

如果采用一种通常接受的定义,那么宗教"是人类社会发展到一定历史阶段出现的一种文化现象,属于社会意识形态……主要特点为相信现实世界之外存在着超自然的神秘力量或实体,该神秘统摄万物而拥有绝对权威、主宰自然进化、决定人世命运,从而使人对该一神秘产生敬畏及崇拜,并从而引申出信仰认知及仪式活动"①。很显然,这个定义太狭窄,几可说是比照犹太教、基督教、伊斯兰教等一神论宗教的特征量身定做的。按此定义,不仅儒家不是宗教,就连佛教、婆罗门教恐怕也得排除在外。

因为通常意义上的佛教——或大众层面的佛教——尽管烧香拜佛拜菩萨,不仅为佛陀造像,也为菩萨罗汉、护法金刚造像,但原初意义上的佛教或 Buddhism 严格说来应译为"佛陀主义"或"佛家",是一种近乎纯粹的哲学,并不信任何神秘主宰或超自然终极实在。佛陀主义的根本教导是缘起性空、四谛、业报轮回等,也因为超自然神秘主义的最高主宰已被抽象成为"真如",即宇宙终极真理或本体。因此这个意义上的佛陀主义是严格意义上的哲学。实际上,古印度跟古中国一样,并没有"哲学"、"宗教"概念,与它们相近并能涵括它们的术语乃是"达磨"或"精神样式"或"生命形态"。这应该是为什么缘起性空、四谛、真如等往往被视"宗教哲学"理念,为什么今人谈起佛陀主义思想,往往使用"佛教哲学"之术语。

如果采用以上狭窄的定义,儒家可能也不是一种宗教。何以见得?因为儒家在源头上虽也讲超自然的"上帝"和"天",但早在先秦时代,孔子、曾子、子思和孟子、荀子等人便已不再使用"上帝"概念了。尽管超自然最高主宰之"天"仍然出现在《论语》中,例如"天生德于予,桓魋其如予何",②再如"天之将丧斯文也,后死者不得与于斯文也;天之未丧斯文也,匡人其如予何",③又如"(颜渊死)子

---

① 《宗教》,载《百度百科》,09/10/2010。
② 《论语·述而第七》。
③ 《论语·子罕第九》。

15

曰：'噫！天丧予！天丧予！'"①便是这些话都是孔子"在情感激越时发出的誓语、担承与感叹；并没有证据显示，'天'会行《新约》所记载的奇迹，也没有让我们感到人的诉愿改变了什么"②。因此可以说，这个意义上的天大体上已不是超自然的天，而与自然意义上的天非常接近，离它只有一步之遥。

及至战国时代，荀子的"天"已彻底演变成完全可以被人类理解、有规律可循的自然之天，跟现代意义上的"天"或自然之"天"已无本质区别。事实上，西周以来华夏世界的人们虽然仍相信最高主宰之天的存在，但以"德"配"天"、"敬鬼神而远之"③、"不语怪力乱神"④，甚至"制天命而用之"⑤的生命态度终究已逐渐取得了支配地位。及至宋明时代，在佛、道思想的刺激和影响下，"超自然的神秘力量和实体"或者说最高主宰意义上的天更演变成新儒学高度抽象的终极实在如无极、太极、理、天理、心、性、良知（后三个概念可以追溯到孟子和子思）。考虑到这些因素，完全有理由说儒家是一种希腊式的哲学，印度式的"达磨"、"道"或宗教哲学，甚至不妨按照今天的学科分类，把儒家描述为一套含有天道观、自然观、人性论、伦理观和认识论等在内的完整哲学体系。

但是，如果采用权威性的《牛津英语词典》或《朗曼当代英语词典》中"宗教"一词的定义，即"一特定的信仰和崇拜体系"⑥，或"一特定信仰以及与之相联系的崇拜、行为等的体系"（当然，这不是非这两部词典中的唯一定义，超自然神秘力量和绝对主宰意义上的

---

① 《论语·先进第十一》。
② 刘述先，《论儒家哲学的三个大时代》，贵阳：贵州人民出版社 2009 年。
③ 《论语·雍也第六》。
④ 《论语·述而第七》。
⑤ 《荀子·天论》。
⑥ *Oxford English Dictionary*, Oxford: Oxford University Press, 1971, p. 2481；也参见 Martin Warner, "Introduction", 载 Martin Warner (ed.), *Religion and Philosophy*, Cambridge: Cambridge University Press, 1992, p. 1.

第一章　现有术语的麻烦

"宗教"定义,两部词典中都有)①,宗教的含义便明显变宽了,更具包容性了。如此这般,不仅佛、儒、道等之为宗教不会成为问题,就连马克思主义也并非不可以视为一种宗教,尽管是一种崇拜仪式成分已丧失殆尽的新型宗教。也正是在这里,有神论与无神论、宗教与哲学甚至信仰与理性的分野被打破了。这里"信仰"显然并非指非得信奉某种超自然神秘力量,或某种既为究极本原也为最终依归的绝对主宰不可。②

信奉一些具有超越意涵和终极实在意味的理念,难道不也是一种信仰?佛家的涅槃、真如,儒家的天、道、无极、太极、理,甚至心、性、良知等难道不正是具有超越意涵和终极实在意味的理念?甚至马克思主义的"历史必然性"在功能上也何尝不与佛家和儒家的理念相似呢?这说明,宗教与哲学、信仰与理性之间并不存在一条泾渭分明的界线。只要不是纯粹迷信,通常所谓宗教里边一定有哲学的要素,正如通常所谓哲学里也一定有宗教的成分那样。甚至可以说,与信仰相近的信念或"信"本身也与理性不可分割地纠缠在一起,即使科学思维和探究过程也不乏"信"的因素,离此因素便没有科学思维和探究。③

需要特别注意的是,对于大多数社会——尤其是19世纪以前的社会——来说,宗教在信仰和敬拜之外,还承担了解释世界(认识论)、心理或精神慰藉,以及修身养性的功能。不仅如此,即便在当今高度发达的国家或地区,宗教的心理调适、精神抚慰和修养身心功能也仍存在,而且发挥着极重要的作用。同样重要的是,这些功能很大程度上是在宗教社群中实现的(尽管在日益世俗化的情势下,信仰个人化的趋势越来越明显)。这意味着,一宗教不仅是一个信仰体系,

---

① *Longman Dictionary of Contemporary English*, London: Longman Group Ltd., 1978, p. 933.
② Robin Le Poidevin, *Arguing for Atheism: An Introduction to the Philosophy of Religion*, London: Routledge, pp. 3 - 15.
③ 参见 Renford Bambrough, "Reason and Faith", 载 Warner (ed.), *Religion and Philosophy*, pp. 23 - 32。

也是一个为它所维系起来的信仰共同体或信仰社群。事实上,这个意义上的宗教,是人类思想文化和社会形态的一个主要组成部分。

一旦把宗教这一维度纳入考虑范围,则儒家完全可以视为一种宗教。这很大程度解释了为什么"儒教"概念虽不常用,但在现代中国语境中总是受到一部分论者的青睐。考虑到儒家不仅一开始就信"上帝"、"神"、"天",而且一直有祭天、祭地、祭山川、祭祖宗、祭圣人的祭祀传统,甚至在国家祭仪停止进行后一百多年的21世纪今天,中国人仍在祭祖、祭黄帝、祭孔子,似乎就更有理由把它视为宗教,称为"儒教"了。从历史上看,儒家在整个东亚世界维系世道人心和政治稳定长达两千年之久,如此优秀的表现,或许只有基督教、伊斯兰教勉强可比,西方思想史上称之为"哲学"的精神体系——毕达哥拉斯主义、柏拉图主义、伊壁鸠鲁主义、斯多亚主义、新柏拉图主义等——一概望尘莫及。

综上所述,完全可以说,儒家既是通常所谓哲学,也是通常所谓宗教。但是为了弄清楚为什么说儒家既是哲学也是宗教,还得先看一看"哲学"究竟指什么。

谈"哲学"不能脱离信仰共同体

何为"哲学"? 不妨先看一看曾经流行过的一个定义:

> 关于世界观的学说。是自然知识和社会知识的概括和总结……根本问题是思维和存在、精神和物质的关系问题,根据对这个问题的不同回答而形成唯心主义哲学和唯物主义哲学两大对立派别。马克思和恩格斯批判地吸收了过去哲学上的成就,总结了自然科学的成果和无产阶级的阶级斗争经验,建立了科学的马克思主义哲学,即辩证唯物主义和历史唯物主义。[①]

---

① 中国社会科学院语言研究所词典编辑室,《现代汉语词典》,北京:商务印书馆1980年,第1449页。

第一章　现有术语的麻烦

这个定义显然太狭窄太狭隘，不足以描述涵盖在"哲学"下的丰富的人类精神和社会现象。事实上，这是 1949 年至 1979 年中国大陆流行的定义。1980 年以后，这个权威定义逐渐过时。既然如此，不妨看看西方人对 philosophy 的界定：

1）基于智识手段和自我道德约束的对智慧的热爱和追求。
2）基于逻辑推理而非经验方法的对实在、知识或价值的本质、原因或原理的探究。
3）建立在这种探究上的思想体系。
4）对诸种根本的假设或信念的批判性分析。
5）一种人们藉以生存的价值体系。
6）由逻辑学、伦理学、美学、形而上学和认识论构成的学科。①

这些界定有较强的概括性，也有较大的包容性，与那种执迷于思维和存在、精神和物质的关系，甚至对唯物主义与唯心主义作判教式分别的定义，形成了鲜明对比。界定二尤其值得注意，它面面俱到，涵容性比其他定义更强，更符合通常所谓"哲学"的内涵。

尽管如此，即便这些描述也很难说不片面。很明显，它们是主要基于对近现代哲学的观察而得出的界定。最大的问题在于，它们的着重点都放在作为一种观念形态的哲学，而忽略了作为信奉此观念形态的人类个人或群体的哲学，简而言之，忽略了信仰共同体——由特定价值观念维系起来并传承这些价值观念的人们的集合——意义上的哲学。实际上，以上六种看似客观甚至全面的关于"哲学"的描述，都未能将轴心期的希罗"哲学"、先秦中国诸子百家，以及列国时代印度沙门运动等现象涵括进来，而这个意义上的

---

① 参见"Philosophy", Google, *The Free Dictionary*, http://www.thefreedictionary.com/philosophy, 2009/10/2010。

"哲学"流派不仅都有完整的理念体系,其中较为重要者甚至还拥有其信仰共同体。

如我们所知,古希腊罗马的毕达哥拉斯主义、伊壁鸠鲁主义、斯多亚主义、新柏拉图主义等不仅是各各不同的学说体系,而且都拥有信仰并实践各自学说或教导的人,即,信奉并传承各自流派信仰的相对稳定的人类群体(尽管这些信仰共同体在规模上完全不能与后来基督教、伊斯兰教等"宗教"相提并论)。应当承认,这个意义上的哲学跟以上六种定义中的第一种即"基于智识手段和自我道德约束的对智慧的热爱和追求"更为吻合,而且除了第二和第六种定义以外,其他四种描述多少也适合这个意义上的哲学。尽管如此,不仅单单一种界定未能做到全面,就是把四种加在一起也未必如此。

为什么这么说?要信奉、维持、传承乃至传播一种信仰,就必须有一个坚持和实践这种信仰的共同体,而在古希腊罗马的"哲学"的背后,的确存在这样的信仰共同体。从斯多亚主义的情形来看,其信仰共同体前后存续竟长达五百多年。这个意义上的"哲学"与通常所谓宗教并没有什么不同。更重要的是,从苏格拉底、柏拉图、亚里士多德到伊壁鸠鲁、埃彼克泰特、西塞罗、马可·奥勒留、普洛提诺,所有希罗哲学流派与通常所谓宗教一样,都相信(至少假定)某种"超自然神秘力量或实体"的存在。

亦哲学亦宗教的儒家

如果说现代西方人站在自己的立场所给的界定难以做到全面,要他们把似乎同样难以描述的儒家也包容进来,就更难为他们了。如果采用通常"宗教"和"哲学"的定义,儒家既不是严格意义的宗教,也不是严格意义的哲学;而从相反的角度看,又可以说,儒家既是宗教又是哲学。如果把是否信奉"超自然的神秘力量或实体"作为判定宗教、哲学的一个核心条件,那么儒家似乎并不是宗教,至多只能说在源头上,即在西周甚或更早的时代,才是较为严格意义

第一章　现有术语的麻烦

的宗教。如果把是不是一种"基于智识手段和自我道德约束的对智慧的热爱和追求"作为判定哲学的核心标准,那么儒家自孔子时代起,一直以来都是哲学。

尽管在认识论方面,儒学(以及先秦时代其他精神样式或"家")弱于西方,但它也并非没有自成一体的本体论、宇宙观、自然观和价值论,融合了佛道思想之后的宋明理学更是如此。就自我道德约束和修身养性而言,儒家较之任何西方哲学都不是更弱,而是更强。即便把是不是一种"基于逻辑推理而非经验方法的对实在、知识或价值的本质、原因或原理的探究"或一种"人们藉以生存的价值体系"作为判断标准,精英层面的儒学——而非大众层面的祖宗崇拜和尊师重教——仍然是一种哲学。

可为什么很多人不承认儒家是哲学?为什么在西方大学里,哲学系一般不讲授儒学,大多数情况下儒学讲授和研究被安排在东亚系、中文系、比较宗教系等系科?这主要是因为儒家不仅是一个极复杂、包容性极强的观念体系,也有一个庞大、复杂、难以归类的社会政治体系与之相配。儒家举行祭天、祭地、祭山川、祭祖宗、祭圣人等祭拜仪式,而且异常紧密地与国家政权结合在一起。尤其值得注意的是,儒家拥有信奉并实践其价值理念的数量巨大的人口。事实上在近代以前,与其他所有理念体系相比,有儒家信仰的人口——或者说其生命形态与儒家教导水乳交融在一起的人口——数量最为庞大。从这一角度看,以上关于"哲学"的通常定义——如上引六种——的局限性是显而易见的。

那么儒家究竟是一种宗教,还是一种哲学?

如前所述,儒家既是哲学,也是宗教,既有哲学的基本特征,也有宗教的基本属性。从一开始,仁、义、礼、智、信、忠、恕、恭、宽、敏、惠、勇、孝、悌、友之类道德诉求完全符合"基于自我道德约束的对智慧的热爱和追求"这一哲学定义,而表现为天、天道、天理、理、无极、太极等方面的本体论探究同样属于通常意义上的哲学探究,也可以视为通常意义上的宗教理念。

可另一方面,儒家也具有宗教的诸多精神要素或特点,其"祭如在"、"祭神如神在"所表现的精神气质使它难以同严格意义上的宗教区分开来,而祭天地、祭山川、祭祖宗、祭圣人更是典型的宗教特征。事实上,在前现代中国,天、地、君、亲、师对于儒家精英和信奉儒家理念的大众来说都至为神圣。在先秦儒家早期文献中,作为人格神的"天"(可追溯到商周时代的"上帝")的使用频度仍很高,尽管其地位已不如从前。

另外,儒家与国家的结合也异常紧密。传统上,政治意义的儒家把君主等同于天,即把君主神化圣化了。从这一角度看问题,说历史上儒家所维系的官僚制大帝国属于一种温和的神权政治,也并无不可。这个意义上的儒家具有类似于政治基督教、政治伊斯兰教、政治佛家的品质。尽管如此,如果说儒家是一种"精神形态",一种"理念体系",或一种"生命样式",应该没有什么争议。如果说历史上华夏世界的主流精神样式是儒家,也应该没有问题。可是,如果说儒家是一种宗教,很多人就会觉得不舒服,尽管晚清以来总有人大力张扬儒家的宗教性,说它就是"儒教"、就是宗教。[①]

较少有人注意的是,印度学界也面临类似的术语或认知问题。西方人和中国人一样,都认为 Hinduism 是一种宗教。汉语甚至把 Hinduism 译成"印度教",仿佛它与"基督教"、"伊斯兰教"等等一样,都是"教"或宗教。可是印度人并不这么看。他们认为,百分之八十二以上的印度人所信奉和实践的 Hinduism,是一种印度所独有的"达磨"、"道"、"法"或"生活方式",与通常意义上的"宗教"尤其是亚伯拉罕宗教并非一回事。以此故,在汉语中 Hindhuism 更准确的翻译应该是"兴都主义"。

看来,问题出在"宗教"或"教"这种概念或术语上。有论者认为,"'宗教'这一术语是含混不清的、毫无必要的、扭曲失真的。"[②]

[①] 道家/道教的情况相似。在先秦时代,道家还没有像墨家、儒家那样发展出自己的组织,但东汉以后情况大不一样,出现了模仿佛教组织形式的严格意义上的宗教组织。

[②] 史密斯,《宗教的意义与终结》,第50页。

第一章　现有术语的麻烦

这意味着,用"精神形态"、"生命样式"之类术语来概括从墨家、儒家、道家、佛家、毕达哥拉斯主义、柏拉图主义、新柏拉图主义、斯多亚主义、伊壁鸠鲁主义到奥尔弗斯密仪、密特拉崇拜、琐罗亚斯德教、犹太教、基督教和伊斯兰教等,是必要的。尽管这些术语可能不太容易流行起来,大多数论者仍将坚持使用"宗教"一词,[1]但毕竟它们的概括力更强,也更准确,不容易造成矛盾和混乱。不用"宗教"和"哲学"这两个词,将会少很多麻烦。

还有论者认为,宗教都有自己的"团体意义上的传承者",现代儒家却没有。[2] 这种看法把儒家跟严格意义上的宗教相比附,以儒家没有基督教或佛教式的教会、信众、教产、宗教建筑等等,而认定儒家风雨飘摇,危机重重。这种判断显然与"宗教"、"哲学"一类内涵重合、语义纠葛的词汇大行其道有干系,也隐含这样一个判断:即便历史上的儒家曾表现得像一种严格意义的宗教,现代儒家已面目全非,如果说不是已完全消亡了的话。

其实稍加思考便不难发现,历史上的儒家虽没有严格宗教意义上的"团体意义上的传承者",但并非没有自己独特的传承方式和传承传统。历史上的儒家不仅与国家政权形成共生关系,也与地方共同体乃至草根阶层紧密结合。获得功名和官位的士大夫,如进士、举人、秀才和各级政府官员及其后备军——那些渴望功名的人,即众多在家中祭祖,在文庙拜孔,常聚在私塾、书院、文庙等场所谈学论道,尚未获得却渴望获得功名的乡绅、私塾教师和自由学者——不是儒家的"团体"传承者,是什么? 尤需注意的是,华夏社会中下层的亿万民众同样是传承者,从长远看或许是儒家最重要的传承者。因此,完全可以把以上几类人一并视为儒家的传承者,其中前两类人甚至是"团体"意义上的传承者。

---

[1] 郑家栋,《现代性视域中的"儒教"》,载中国人民大学《佛教与宗教学理论研究所网站》http://isbrt.ruc.edu.cn/isbrt/Article/Class5/lectures/200506/329.html, 2009/10/2010。

[2] 张祥龙,《中国传统文化的危机》(http://www.creaders.org, 2005年6月30日 14:04:29)。

理性的开显

从其他方面看,儒家即使跟犹太教、基督教和伊斯兰教等叙利亚型宗教相比,也有明显的相似之处,先秦儒家尤其如此。孔子或更早时代的儒家难道不信奉类似于叙利亚宗教唯一神的上帝或天?尽管宋明时代及以后,儒家的上帝或天演变为道、无极、太极、天理、理,甚至心、性、良知,但这只是一些无形无相,更加抽象因而更富于"哲学"意味的"上帝"。这个意义上的上帝,与三大亚伯拉罕宗教中的两种——犹太教和伊斯兰教——的无形无相的上帝不无相似之处,甚至可以说,相似性大于其与佛教理念的相似性。①

问题是,佛家虽然也讲"真如"即最高真理或本体,但其在佛学思想中的重要性却远不如儒学理念体系中的"天理"、"理"、"心"、"性"等。可是,为什么人们可以说佛家是宗教是"佛教"而心安理得,却不那么情愿把儒家看作宗教?更何况儒家像其他宗教一样,也有自己的"传承者",甚至有组织形态意义的"传承者"。

有信仰、有祭祀、有组织、有教主的"哲学"

从以上讨论可知,宗教里有哲学元素,而哲学——尤其是早期哲学,无论在中国、西方或印度都如此——也含有宗教的成分。②事实上,宗教与科学都是人类心智成长的载体。理性既在宗教的蛹体中发育,也在哲学的坩埚中炼成。可以说二者你中有我,我中有你。为了更充分地把握哲学和宗教的异同,有必要对其意涵作进一步分析比较。

一般认为,哲学主要是一种观念形态或世界观,或一种"对诸

---

① 因了三位一体教义,基督教的上帝具有人格性,他亦神亦人,不同于犹太教、伊斯兰教和儒家道家无形无相的神、天、理、无极、太极等。

② 如我们所知,即便现代科学也离不开通常意义上的宗教的一个根本假定,即,存在着一个超自然的万物主宰。牛顿便明确地表示,上帝是不间断地和谐运行着的宇宙的"第一推动者"。哥白尼、开普勒、伽利略、笛卡尔、莱布尼兹和牛顿都再三表示,上帝"通过他的数学方案给宇宙以和谐"。爱因斯坦则说"没有宗教的科学就像瘸子,没有科学的宗教就像瞎子。"参见蔡仲,《宗教与科学》,南京:译林出版社2009年,第61页、199页。

第一章　现有术语的麻烦

种根本假设或信念的批判性分析",与有着教义教法和组织起来的信众的宗教大为不同。相比之下,宗教通常给人的印象是一整套包括教理、教义、仪式、修炼、禁忌、组织,甚至专门的建筑(用于祭祀、祈祷和聚会的寺庙、教堂、会堂、清真寺等)在内的生活方式。①

殊不知在轴心时代及之后,无论在希腊罗马和叙利亚,还是在中国、印度,"哲学"除了是一种观念形态或思想体系,也是宗教那样一种包括教理、教义、仪式、禁忌、修炼、组织等在内的生活方式。② 在相当长一段时期内,毕达哥拉斯主义、伊壁鸠鲁主义、斯多亚主义和新柏拉图主义等哲学流派也像通常宗教——伊西斯崇拜、奥尔弗斯密仪、密特拉崇拜、犹太教、基督教等——那样,除有一套可称为教义的理念外,还有崇拜仪式、修养或修炼方式和组织团体,毕达哥拉斯学派甚至因禁忌多多而闻名于古代世界。

事实上,早在西历纪元开始前,斯多亚主义哲学家西塞罗便注意到,大多数哲学都肯定诸神存在,都"本能地倾向于"这种看法。③如果说他们之间有什么分歧,那也只是对"诸神显现的形相、诸神的家园和居所、诸神的生活方式"有不同的解释,对"诸神是否什么都不做,什么都不关心,超然于世界之外,也不照料和管理这个世界"以及宇宙万物是否"皆由诸神从时间之初创造构成,并将永远由诸神来管理和统治"等有不同的看法。④

对于普罗塔哥拉(Protagoras)和锡兰尼的塞奥多洛(Theodorus of Cyrene)认为诸神并不关心人间事务,哲学家西塞罗很不以为然。他质问:

> 如果这个信念是对的,那么虔诚、敬仰以及宗教都变成了

---

① 李承贵,《宗教与哲学》,南京:译林出版社 2009 年,第 11—16 页。
② 反过来看,宗教除了是一种包括教理、教义、仪式、修炼、禁忌、组织等在内的生活方式外,同样也是一种观念形态。
③ 西塞罗,《论神性》第一卷 I(所用版本为上海三联书店 2007 年版,石敏敏译;下同)。
④ 西塞罗,《论神性》第一卷 II。

什么？如果诸神根本不关心人间事务，如果它们因自身不朽而鄙视人们真诚地献给诸神之神性的所有纯洁的供品都毫无意义，如果诸神不能帮助我们，或者能帮助也不肯帮助，而且根本不关心我们，甚至不留意我们的所作所为，简言之，如果这些不朽的存在对人类事务没有任何影响，那么我们为什么还要敬仰它们，向它们祈祷呢？①

西塞罗甚至认为，是否信神是人类能否葆有虔诚美德的关键，而人类能否葆有虔诚美德又关系到世风人心和共同体的和谐与稳定："虔诚也像其他美德一样，要想长期维系不能仅仅依靠习俗和矫饰。一旦虔诚消失，宗教和神圣也将消失。这些东西一消失，我们的生活方式就会出现一片混乱。"②

很显然，轴心时代希罗"宗教"与"哲学"不仅无法截然区分开来，而且某些所谓"哲学家"原本就是宗教家、完全站在宗教的立场上讲话，把他们看作神学家并无不可。可为什么他们一直被称徂"哲学家"而非"神学家"？这种名不符实说明，古代西方"哲学"与"宗教"之间并无一条泾渭分明的界线，而且当时并没有一个现代意义上的"宗教"概念，与之最接近是"祭拜"、"信奉"一类词语。从毕达哥拉斯派、斯多亚派的发展情形来看，它们若不是因为智性思维水平太高了一点，完全可能演变成后来所谓"宗教"。

古代中国和印度情况相似。春秋战国时代的墨家、儒家和列国时代的命定论派、不可知论派等通常被视为"哲学"流派，但作为自成一体的精神样式，它们与通常所谓宗教非常相似。除有自成一体的观念体系即学说、教导外，它们都有自己的崇拜仪式、修炼方式和组织团体。单从印度来看，命定论派和不可知论派与佛陀主义、耆那主义等法、道间的区别就更小了。这四个思想流派全都是"沙门思潮"或"沙门运动"的产物（关于命定论派、不可知论派、佛

---

① 西塞罗，《论神性》第一卷 II。
② 同上。

陀主义、耆那主义等，参见"连接：沙门思潮简介"，也参见第三章相关讨论）。

现代哲学的宗教底色

即便在现当代，哲学与宗教的关系仍纠缠不清。德国古典哲学虽然是在与居主流地位的神学博弈的过程中成长起来的，但这并不意味着它与宗教完全对立。如所周知，康德的道德哲学以上帝的存在为终极支撑。尽管不能说康德的宗教观念与启蒙时代前的宗教观念完全相符，但在最根本的理念即上帝存在这一点上，二者却一脉相承。

很多论者都已注意到，黑格尔客观唯心主义体系中的"绝对理念"和"绝对精神"实际上源自基督教的上帝，[①]与中国语境里的天道、天命不无相似。正如上帝或天道那样，"绝对观念"或"绝对精神"是宇宙和世界万物的最高统治者和管理者，当然也就是人类历史的主宰。事实上，就连马克思历史唯物论意义上的"历史"，最终说来也源自基督教的"上帝"概念，只不过经过了黑格尔看似现代的"绝对理念"或"绝对精神"的中转。

当然，西方哲学越到后来，就越是一种纯然的观念形态。这就与古希腊罗马时代的情形有所不同了。那时，林林总总的哲学几乎全都相信诸神的存在，在祭祀、仪式和信徒组织方面与宗教大同小异，而无根本的不同。尽管如此，不能说现代西方哲学纯粹只是一种观念形态，而至多只能说主要是一种观念形态。谁能说在前苏联及其东欧盟国，马克思主义没有起到过类似宗教的作用？如果把那种对超自然人格神的信仰排除在外，如果把林林总总的国家仪式排除的话，除了因现代科学影响而几乎没有祭祀和禁忌成分外，传统宗教主要元素的哪一种马克思主义没有？

另值得注意的是，在前苏联和中国等，马克思主义藉着严密的

---

① 李承贵《宗教与哲学》一书便提到这一点，参该书第191页。

理念体系和发达的党组织而与国家政权的结合至为紧密,而且在一定程度上也把前现代国家仪式也继承了下来,而这些国家仪式不仅可以追溯到基督教,最终说来更可追溯到希罗宗教,因为基督教仪式很大程度上是对希罗宗教仪式的模仿。这与历史上政教合一的伊斯兰国家情形相似,是基督教所不能比拟的。① 此外,也并非不可以把欧文式的空想社会主义实验视为一种宗教实验。除了较少戒律和禁忌以外,在其他重要方面,这种实验与轴心期宗教非常相似。

诸精神形态的心理功能

从心理功能的角度看,宗教与哲学的相通处就更明显了。在精神或心理领域,宗教和哲学都具有心理调适、心灵慰藉和修身养性的作用。② 当一个人遇到意志消沉,情绪起伏,甚至焦虑恐惧等精神层面的问题时,如果说宗教能发挥心理调适和心灵慰藉的作用,使个人精神振作起来,情绪稳定下来,使其不再焦虑不再恐惧,那么哲学也能发挥同样的功效。

古代中国的墨家和儒家思想、古代印度的怀疑论和命定论思想(遑论同样可以视为一种哲学的佛陀主义和耆那主义思想),以及古希腊罗马的伊壁鸠鲁主义和斯多亚主义思想等等难道不能收到与宗教相同的效用?谁能说,这些思想流派所倡导的精神样式、理念方法和生活方式纯粹只是一些科学式的"客观"知识,对于信仰它们并开展相应生命实践的个人的精神状态起不到任何调适、安慰和提升的作用?

如果仁、义、礼、智、信、忠、恕、恭、宽、敏、惠、勇、孝、悌、友,以

---

① 古罗马尤其是帝国后期流行国家神崇拜,其与国家政权的结合固然很紧密,却缺乏一个观念系统,因而国家神崇拜主要是通过祭祀活动而非信仰、教义等来维系。
② 李承贵,《宗教与哲学》,第69—80页。

第一章　现有术语的麻烦

及"仁者爱人","无求生以害仁,有杀身以成仁"[①]、"富贵不能淫,贫贱不能移,威武不能屈"[②]之类的理念不能发挥精神或心理上的功能,那么它们所发挥的,到底是何种功能?难道这些准则和思想不是放之四海而皆准的普世价值?如果说在古代某种精神样式亦哲学亦宗教,故而发挥了与宗教相同的作用不足为奇,那么近现代的哲学是否有同样的表现?如前如述,一定程度上的确如此。谁能说当代新儒家、共产主义或社会主义思想一点也没能发挥心理调适、精神慰藉和修身养性的功能?现代哲学尚且如此,中古哲学可想而知。事实上,宋明理学、心学和西方经院哲学所发挥的作用并不亚于古代哲学。

在社会领域,宗教和哲学二者都具有规范社会秩序,协调人与人、人与社会和人与国家的关系,以及反省社会问题和推动社会变革的效用。可如果说宗教具有协调人际关系和规范社会秩序的作用,而哲学具有反省社会问题和推动社会变革的功能,二者具有明确的分工,一者不僭演另一者的角色,[③]那就把复杂的事情简单化了。如果说三大叙利亚型宗教——即犹太教、基督教和伊斯兰教——和佛家极为成功地利用各种戒律甚至天堂—地狱说来规范社会秩序,倡导伦理道德,协调人与人、人与社会以及人与国家的关系,儒家价值观如忠、恕、恭、宽、信、敏、惠、智、勇、孝、悌、友等,又何尝没有起到相同的作用?斯多亚主义的自然法思想(按,自然法是指与自然或事物的本质相配或相适应的法,或者说反映自然或事物本质的法,故应体现正义和公正),又何尝不具有相同的功能?

另一方面,某些现代哲学思想如实用主义、存在主义在反省社会问题方面固然起到了一定的作用,马克思主义在推动社会变革方面更是发挥了尤为重大的作用,但历史上的宗教何尝又没能起

[①]　《论语·卫灵公第十五》。
[②]　《孟子·藤文公下》第二章。
[③]　李承贵,《宗教与哲学》,第81—92页。

到相同或相似的作用？在17世纪的英国，克伦威尔领导下的资产阶级革命正是打着清教主义的旗帜发动的。同样值得注意的是，中国历史上的改朝换代也往往以宗教性的"天命"转移说为号召。东汉末年的农民起义和清朝后期的天平天国革命，不正是以太平道、五斗米道甚至基督教的名义发动的？

诸精神形态的政治功能

需要指出的是，虽然哲学像宗教那样同样发挥了重要的心理作用和社会功能，但是从维系世道人心，维持共同体的社会政治稳定来看，严格意义上哲学的表现与宗教相比，毕竟有明显的差距。在近代以前的欧洲，没有一种哲学思想取得过对整个共同体的统治地位。甚至可以说从古到今，严格意义上的"哲学"思潮或流派所持续存在的时间也不长。古希腊罗马寿命最长的哲学应该是斯多亚主义，但如果从西历纪元前3世纪初塞浦路斯的芝诺创立学派算起，到这种哲学流行在罗马帝国前期达到鼎盛，前后只有五六百年。

哲学在近现代表现也不佳。18世纪基督教式微以来，没有一种哲学能够在欧洲（包括俄罗斯）占居支配地位超过一百年时间，除非把自由主义、保守主义和社会主义三大政治思潮也视为哲学。但如果从君士坦丁大帝受洗入教时算起，至1789年法国革命爆发后教会地位明显下降时止，基督教在西方的统治长达近一千四百来年。这种算法并非准确，因为法国大革命十来年后又出现了王政复辟，更何况在西班牙、英国、德国和意大利等主要欧洲国家，基督教的地位并没有因为法国大革命而受到根本性动摇（尽管在所有欧洲国家中，基督教都面临着现代性和世俗化日益严重的挑战）。同样值得注意的是，基督教在美国并未受到法国大革命式的巨大冲击，再加上美国民众生性保守，所以直到今天其势力仍很强大。

哲学在中国表现如何？

第一章　现有术语的麻烦

这首先得看儒家被视为一种哲学还是宗教。作为儒家曾经的竞争者,道家虽有基于宇宙论的精深思辨,但在历史上除了对某些皇帝(尤其是唐朝和宋朝的一些皇帝)个人产生了一定较大影响以外,从来没有取得过国家意识形态的地位。但是,如果把儒家视为一种纯粹的哲学,则哲学在历史上中国的表现实在是太好了。因为,在长达两千年的时间里,儒家是一种支配性的意识形态,扮演了一种类似于国家宗教的角色,相当于西方历史上的基督教和中东北非的伊斯兰教,为古今中外任何一种哲学所望尘莫及。

可如果把儒家视为一种宗教,或者说华夏世界没有什么"儒家",而只有"儒教",那么中国历史上或许只有道家(注意,不是道"教")等有资格被视为哲学了,而先秦诸子除老庄以外,大概只有公孙龙、惠施一类人称得上是哲学家了。考虑到儒家不仅在源头上信仰"天"、"神"或"上帝"(这些概念与基督教的 Deus 或 God 何其相似乃尔),不仅祭天祭地祭山川,而且祭祖宗、祭圣人,那么,即便宋明理学和心学使儒家义理精致化了,即便天理、心、性等理念的神圣性大大缩水,获得了前所未有强烈的思辨性,儒教还是可以视为一种宗教,尽管 1905 年清廷废除科举或者说 1911 年清朝垮台以后便不再是国教了。

● **链接**　**沙门思潮简介**

因我国对同属沙门思潮的佛家了解较多,以下只简单介绍其他重要派别。

耆那主义　即耆那教,创始人为尼乾陀·若提子(Nigantha Nataputta,前 599—前 527 年),信徒尊称他为玛哈维拉(Mahavira),即"大雄"。耆那主义是一种高度理性化也极富生命力的精神样式。印度现仍有 400 万以上耆那主义信徒,占总人口 0.4%。耆那主义主张众生平等(戒杀)、种姓平等和非暴力,不仅在现代印度仍然很有影响,对全世界来说都很有不小的吸引力。其非暴力主义(佛家也主张非暴力主义)可能对甘地主义产生了影

理性的开显

响,也可能对 D. H. 梭罗和马丁·路德·金的非暴力思想产生了影响。

耆那主义有六谛说,即,命、漏入、系缚、制御、寂静和解脱,认为宇宙万物由灵魂(命)和非灵魂(非命)组成;灵魂包括能动和不动的两大类;认为动植物和非生物体内均有灵魂存在,不能任意伤害。非灵魂也包括两大类,一类是定形的物质,由原子和原子的复合体组成;一类是不定形的物质,由时间、空间、法和非法组成。

在宗教伦理观上,耆那主义提出漏入和系缚的理论,认为一切有生命的物类,其本性是清净、圆满的,但非生命体的物质却常常形成一种障碍,掩盖着灵魂原有的光辉,使灵魂受着束缚。这种障碍称为业。他们认为业是一种特殊的、细微不可见的物质,这种物质流入灵魂并附着于灵魂,此即为"漏入"。业有八类:智业遮盖灵魂的智慧;见业遮盖正确的直觉;受业遮盖灵魂的幸福,滋生苦乐;痴业遮盖正信,产生情欲;寿业决定生命的长短;名业决定身体的特质;种业决定种姓;遮业决定性力。这八种业是前生所定的(宿作因),它们"系缚"在灵魂上,要想解脱就得"制御"。

所谓"制御",其方法是持五戒,修三宝,实行苦行。五戒是不杀生、不欺狂、不偷盗、不奸淫、不蓄私财。三宝为正智(正确习解)、正信(正确信仰)、正行(正确实行)。耆那主义信徒还实践苦行,认为只有苦行才能排除旧业,使新业不生,达到"寂静",使灵魂呈现出原有的光辉,从而脱离轮回之苦,获得"解脱"。[①]

顺世论 顺世论是一种唯物主义的哲学思想,认为世界万物是由地、水、风、火四种物质元素组成;元素本身虽然不具有意识,但人的意识由四种元素以特殊的方式结合成的肉体而产生;肉体和精神是统一的,人死之后元素则分解,地还归地身,水还归水身,火还归火身,风还归风身,诸根归于虚空,随着肉体灭亡,意识也消失了,因此没有永恒的、脱离肉体而独立存在的灵魂。顺世论不承认

[①] 刘健等,《印度文明》,第 75—78 页;黄心川,《印度哲学史》,北京:商务印书馆 1989 年,第 144—157 页;也参见《耆那教》,《百度百科》,09/10/2010。

第一章 现有术语的麻烦

有超自然的实体或神的存在,主张宇宙万物均自然而有,非从因生;也否认有他世和来世,认为既没有天堂也没有地狱,因此不存在轮回和因果报应,解脱就是死亡。顺世论派站在被压迫者的立场上,坚决反对不平等的种姓制度。顺世论从古代至中世纪一直在人民中间流行("顺世论"意即"流行于人民中间的观点"),并随着佛家传入中国,在中国产生了一些影响。[1]

命定论派 此派亦名"生活派",在汉译佛经中被视为"邪命外道",相传为末伽黎·俱舍罗所创立。根据后来在南印度发现的碑文,与佛陀同时代的"六师"中的婆浮陀·伽那和富兰那·迦叶也归入这个派别。在佛家兴起时期,命定论派在恒河流域的舍卫城和补罗沙城等地组织过独立的僧团,有自己的寺庙,过着极严格的戒律生活。命定论派宣称:宇宙和一切有生命的物类由灵魂、地、水、风、火、虚空、得失、苦、乐、生、死等十二个原素构成。各种原素的结合是一种自然的、机械的、无关系的结合。在社会道德价值观方面,命定论派提出了一套宿命论学说,认为世界上的一切事物都受命运的支配;在命运的锁链中,任何个人的意志和努力都没有意义,道德伦理也没有意义。这种宿命论是社会大变革中一些不能支配自己命运的人所作出的反应。该宗教派别在孔雀王朝、戒日王朝时期很流行,以后在南印度又和耆那主义、印度民间信仰相结合,至15世纪才销声匿迹。[2]

不可知论派 不可知论派的代表为与佛陀同时代的散惹耶·毗罗梨子。根据佛经上的记载,在佛家兴起的时代,散惹耶也组织过自己的僧团,而且规模相当大,曾有弟子二百五十人。据说,释迦牟尼的两个大弟子舍利佛和大目犍连原来也是他的弟子,只是后来才皈依了佛家。散惹耶宣传一种怀疑论,认为世界上的一切

---

[1] 刘健等,《印度文明》,第78—80页;黄心川,《印度哲学史》,第101—109页;也参见《顺世论》,载《百度百科》,09/10/2010。

[2] 刘健等,《印度文明》,第80页;也参见《沙门思潮》,载《百度百科》,09/10/2010。

理性的开显

事物,其真理性是不可遽然断言的;例如我们对于来世化生、因果报应、罪恶是非、如来(人格化的修行完善者)可以说有,可以说无,可以说亦有亦无,可以说非有非无。很自然,散惹耶对待事物的这种模棱两可的态度被人们视为"不可知论"。在列国时代,国家间战争不断,社会动荡不宁,人们对自己的前途感到渺茫,"不可知论"正是当时下层民众彷徨不安的矛盾心理的反映。作为一个思想流派,不可知论在佛家兴起之后归于消失,但它对后世一直都有影响。①

---

① 刘健等,《印度文明》,第81页。

第二章 "轴心突破"

"轴心突破"为何？

理性的开显，就是讲人类心智的脱魅。这往往以理性突进或突破的形式表现出来。

除文明的诞生本身就是一次伟大的突破外，西历纪元前1100年左右至西历4—5世纪即"古典时期"出现并繁荣的各主要宗教/哲学同样是伟大的突破。在《历史的起源及目标》(1949年)中，雅斯贝斯表达了这一看法，即在西元前8至前2世纪这六百年间，此前大体上不相往来的各大文明中，不约而同地发生了"哲学的突破"。① 他把这发生突破的时代称之为"轴心时代"，把突破本身称之为"轴心突破"(德文为 Achsenzeit，英文为 Axial Age，也译为"轴心期突破"、"轴心时代突破"；参见本章末节"'轴心突破'说的局限")。

可是"哲学的突破"到底指什么？如"导言"所说，雅斯贝斯虽然使用了"哲学"一词来修饰"突破"，但是从上下文以及其整体论述来看，"哲学"的意涵明显大过该词通常的意涵，不仅包括通常所谓"哲学"，也包括通常所谓"宗教"，当然还包括同时期中国诸子百家和印度诸"达摩"或"道"，所以不妨用"精神形态"或"生命样式"等来概括。从今人立场看，雅斯贝斯对轴心时代的描述虽语焉不详，但大体上仍表达了以下几方面的意思。

在叙利亚世界，以色列人中出现了阿摩斯、何西阿、埃利雅、耶

---

① Jaspers, *The Origin and Goal of History*, p. 1.

■ 理性的开显

利米、以赛亚和以西结等一系列新时代先知。他们大力宣扬一种近乎绝对的唯一神思想和极为严格的伦理道德。他们猛烈抨击以色列同胞中仍然盛行的偶像崇拜以及种种他们认为不道德的行为。在他们看来,偶像崇拜意味着精神堕落,道德沦丧,一种从合乎雅赫维意旨的唯一神崇拜之正道倒退到先前那不符合其意旨的偶像崇拜之邪门歪道。在前8—前2世纪,后来成为世界性宗教的基督教(包括现天主教、各基督新教教派和东正教)和伊斯兰教虽尚未崛起,其基本价值理念已包含在先知们张扬的严格一神论中,时机一到,便成沛然之势,横扫整个西亚和欧洲。

在西亚的另一端即波斯,先知查拉图斯特拉这时正宣扬一种善与恶、灵魂与肉体、天国与尘世、天堂与地狱、精神与物质二元对立的学说,琐罗亚斯德教便在此基础上形成。所有这些观念都在因禁于巴比伦时期的犹太人所吸纳,使犹太教一神论思想迅速定型,并通过犹太教影响了后来基督教和伊斯兰教的教义。琐罗亚士德教兴起后,很快流行于西亚,在今日伊朗和印度仍然有少量信徒(在印度,他们被称为"帕西教徒")。

此时印度北部正是《奥义书》时代,也就是释迦牟尼和玛哈维拉[①]等思想家、宗教改革家的时代,《薄伽梵歌》可能就在这一时代结束时成形。他们正在宣扬一种关于众生平等的革命思想,奋力反抗主流精神样式婆罗门主义尤其是祭司们所竭力维护的种姓制度,并提倡一种具有道德自觉的人生观,由此形成了佛陀主义或佛家、耆那主义或耆那教等新型精神形态。这就明显提升了整个南亚的精神水平。经过几百年的传承和演进,佛家播散到整个南亚以及南亚以外的东南亚大多数地区和整个东亚,深刻影响了这些地区的文明气质。

这时华夏世界发生了什么?此时华夏大地正值"礼崩乐坏"之时,西周初年周公等政治家奠定的社会政治秩序已经崩溃。作为对乱局的回应,出现了"百花齐放"、"百家争鸣"的思想局面,人类

[①] "玛哈维拉"(Mahavira)是一个称号,意为"伟大的英雄"(旧译"大雄"),耆那教徒通常用它来指创立其宗教的主要人物筏驮摩那。

心智异常活跃,涌现出孔子、孟子、荀子、墨子、老子、庄子等一大批思想家。他们的学说为秦汉以降中国乃至整个东亚的历史演进提供了基本的理念范式。今天每个东亚人之所以是东亚人,极大程度上正是因了先秦诸子思想的濡染和培养。

希腊这一时期发生了什么?此时希腊正是"爱智慧"或"哲学"——从泰勒斯、赫拉克利特、巴门尼德、毕达哥拉斯到苏格拉底、柏拉图和亚里士多德,再到伊壁鸠鲁学派、斯多亚学派和新柏拉图主义之"爱智慧"——萌芽并走向繁荣的时代。在这几百年当中,希腊哲学或从无到有,渐具声势,不仅影响了整个希腊罗马文明的精神历程,而且为三大亚伯拉罕宗教犹太教、基督教和伊斯兰教教义的形成和发展提供了重要的思想资源。[①]

"哲学"抑或"精神"的突破?

事实上,所谓"轴心突破"虽然常常被称为"哲学的突破",但这里"哲学的"在很大程度上可以理解为"理性的",甚至"宗教的"。换句话说,轴心突破是理性的突破,甚至宗教的突破。为何这么说?不妨看看雅斯贝斯对"突破"的具体描述:

> 人意识到了作为整体的"在"(Being),也意识到了他们自己及其局限。他们体验到了世界的恐怖和自己的无力。他们问了一些根本的问题。面对空虚,他们努力寻求解放和救赎。由于清醒地意识到了自身的局限性,他们为自己树立了最高的目标。他们在自我的深处和超验实在的明晰性中体验到了绝对……意识又意识到它自身,思维成为它自身思考的对象。精神上的冲突出现了,并伴随着通过思想、理智和经验的交流来

[①] 关于"轴心时代",也参见约翰·希克,《宗教之解释:人类对超越者的回应》(王志成译),成都:四川人民出版社1998年,第33—38页,以及约翰·希克,《多名的上帝》(王志成译),北京:中国人民大学出版社2005年,第30—31页。

理性的开显

说服他人的努力。种种最相互矛盾的可能性被尝试了……在此时代,我们今天仍然藉之思维的最基本的范畴产生了,人类今天仍然藉之生活的宗教肇始了……理性和理性地阐明的经验对神秘发起了攻击;进而,唯一上帝的超越性发起了反对并不存在的鬼神的斗争;最后伦理开始抵制不真实的神怪形象。宗教具有了伦理性,神性的光辉因而更加耀眼。神秘的旧世界渐渐消逝,但它仍然通过大众对它的继续信仰而在不太显眼处保留了一席之地……哲学首次出现了。人类作为个人竟然敢于依靠他们自己……人类证明自己能够将其内在自我与整个宇宙相对比。他们在自身内发现了提升自己并超越自己和世界的动能。①

很明显,这段话的关键词是"宗教"和"理性"。不仅如此,在雅斯贝斯的语汇中,"宗教"与"理性"紧密相联,合而为一,向旧时代的魑魅魍魉和妖魔鬼怪发起了攻击,"理性和用理性阐明的经验对神秘发起了攻击,唯一神的超越性发起了反对那并非存在的鬼神的斗争"之语便是证明。除此之外,伦理道德的觉醒对雅斯贝斯来说也非常重要:"伦理开始抵制那些不真实的神怪形象。宗教获得了伦理价值,神性的光辉因之变得更加耀眼。"无论如何,在轴心时代,"神秘的旧世界渐渐逝去",不仅"我们今天仍然藉以思维的最基本范畴产生了",而且"人类今天仍然藉以生活的宗教肇始了"。

雅斯贝斯对希腊罗马式的"哲学"虽然并非没有提及,但是不难看出,他论述的重点并不是所谓"哲学",而是宗教或轴心时代新兴的汤因比所谓的"高级宗教"。② 这个意义上的宗教不仅与巫觋

---

① Jaspers, *The Origin and Goal of History*, pp. 2 - 3.
② "高级宗教"一词取自阿诺德·汤因比。见《一个历史学家的宗教观》(晏可佳、张龙华译),成都:四川人民出版社 1990 年;也参见《历史研究》(三卷本,曹未风等译),上海:上海人民出版社 1997 年。在《历史研究》下卷,汤因比所列举的"高级宗教"不仅有世界性宗教基督教、伊斯兰教、佛教及其诸多变种或教派,也包括犹太教、琐罗亚斯德教、中国道教、苏美尔的塔木斯崇拜、埃及的奥西里斯崇拜、古希腊的太阳神崇拜和新柏拉图派等等(《历史研究》下卷,第325页)。

第二章 "轴心突破"

卜筮、鬼神崇拜即"神秘主义"相对待,更重要的是,与伦理道德高调地结盟——"人类今天仍然藉以生活的宗教肇始了"、"伦理开始抵制那些不真实的神怪形象"、"宗教获得了伦理价值"等语便是证明。这清楚地表明,所谓"哲学的突破"很大程度上是宗教的突破,或者说是一种涵括在宗教里边或有着宗教面相的精神的突进。考虑到轴心时代之后兴起的基督教、伊斯兰教的精髓是唯一神信仰,也考虑到波斯先知创立的琐罗亚斯德主义通常被视为"教",印度的佛陀主义、耆那主义、婆罗门主义和兴都主义(印度教)等同样被视为"教",甚至中国儒家和道家也往往被视为"教",雅斯贝斯的"突破"就更是宗教意义上的突破了。

当然还有一个他并非十分强调的关键点:各大文明在相互间几无联系的情况下,几乎同时发生了精神的突破,而代表这种突破的,又是一些伟大思想家的出现和思想史乃至文明史上一些关键理念——如唯一神、"梵"、"仁"等——的诞生。正是这些伟大思想家和关键理念为此后两千多年的文明演进定下了基调。对于采用雅斯贝斯视角者而言,西历纪元前8至前2世纪这六百来年对于人类历史如此重要,以至于完全应该称之为"轴心时代"。

这里,用什么术语来指称一个时代其实并不那么重要。更重要的,显然是"理性和用理性阐明的经验"。因为无论是"宗教"还是"哲学"的突破,轴心时代是一个人类精神狂飙突进的时代是无疑的,诸文明这时经历了一种革命性的脱魅是没有疑问的,先前支配人类思维的怪力乱神不可逆转地隐遁、退却了是无疑的。事实上,在表现为叙利亚"宗教"、希腊"哲学"、中国诸子百家或印度达磨或法、道——的精神活动中,各大文明中的人类几乎不约而同地具备了把握社会和事物之普遍联系与洞察事物本质的思维能力。他们第一次进行了关于万物本原和归宿的系统而沉潜的思考,第一次获得了有深度的推理、分析和抽象能力,也第一次进行了关于伦理道德的严肃讨论,并几乎不约而同开启了身心修炼的伟大传统。

在此意义上,完全可以说,"轴心突破"是理性的突破、精神的突破。

理性的开显

需要注意的是：在充当一个文明的精神支柱这一极重要的方面，一直以来被中西学人看作哲学"正宗"的希腊 philosophia，其表现既比不上中国诸子百家或诸子百教，也比不上源于南亚和叙利亚的世界性宗教。它未能像儒家之于中国文明那样，婆罗门主义/兴都主义之于印度文明那样，或伊斯兰教和基督教之于伊斯兰文明和西方基督教文明那样，在价值理念或意识形态方面担当起传承希腊文明、延续希腊种族的角色。如我们所知，作为历史文化共同体的希腊或希腊罗马早已不存在了。[①] 从这个角度看，把轴心突破视为一种大体上表现为哲学—宗教的或精神的突破，理由似乎就更充足了。

然而，由于此时宗教与哲学之间本来就没有一条泾渭分明有界线，而是你中有我、我中有你，不仅希腊的"爱智慧"是哲学，中国的儒家、道家通常也被认为是哲学，甚至印度的佛陀主义、耆那主义等也完全可以视为哲学。但从相反的角度看问题，希腊"爱智慧"和中国儒家、道家也并非不可以视为宗教，印度佛陀主义、耆那主义和婆罗门主义以及叙利亚的唯一神信仰就更是通常意义上的宗教了，尽管它们所达到的理性化水平或精神高度绝不亚于通常所谓"哲学"。[②] 这显然是一个问题。对这个问题的解决办法是，既不要把轴心突破称之为"哲学的突破"，也不要称之为"宗教的突破"，而用另一些术语来指称它，如"生命样式"的突破、"精神"的突破"或"道"、"法"的突破。

先发文明对轴心突破的影响

以上讨论了轴心时代各文明中发生的主要表现为宗教的精神

[①] 当然，希腊人的"爱智慧"或哲学并非一无所是，至少其中某些成分作为辅助元素参与了基督教、伊斯兰教和东正教等文明的形成或理性化形塑，确切地说，参与了这些宗教的神学论证；文艺复兴尤其是启蒙运动以降，希腊哲学在西方文明中的作用似乎更是显得越来越重要。

[②] 详见第一章"现有术语的麻烦"的相关讨论。

第二章 "轴心突破"

突破,即"轴心突破"或"轴心期突破"。现在要问的问题是,为什么各文明中的突破不约而同地发生在同一个时期?对此雅斯贝斯并没有提供详细解释。但有一点很清楚,即在轴心时代,冶铁技术在各大文明之间和文明内部迅速传播,结果是各文明区域的生产力水平几乎同进得到了明显的提升。随着生产力水平的提升,各文明的经济、社会结构乃至政治形式发生了天翻地覆的变化。事实上在此时印度、中国和希腊,几乎同时发生了经济、社会和政治意义上的大革命。随着硬领域里革命的发生,意识形态之软领域的变革——希腊哲学的出现,叙利亚一神论的勃兴,华夏儒家和道家思想的崛起、印度沙门思潮的突进——也将不可避免。

这时的"突破"不仅是精神的突破,更是经济、社会、政治意义上的突破,不仅直接影响了轴心时代五六百年及之后几百年的历史进程,也奠定了之后两千多年文明演进的总轨迹。就是说,在现代之前两千年的时间里,各文明的历史进程一直沿着轴心突破所设定的方向展开,或者说各文明全面继承和发扬了轴心期革命的精神。这也意味着,各文明的历史演进是基本同步的;18世纪中叶以来工业革命所造成的文明间发展差异,很可能是暂时的、短暂的——最能说明这一点的是东亚在短短一百多年便迎头赶了上来。很大程度上因此缘故,"轴心时代"给各文明以同等地位,吹响了破除西方话语中心论的号角。

但是,面对各文明历史演进中极其复杂的具体情况,面对极复杂的文明间互动,"轴心时代"说甚至"轴心突破"说是否有简单化之嫌?它们能否提供一个真正令人满意的解释?除了冶铁技术几乎同时在各大区域传播,突破是否还必须有其他重要条件方才成为可能?甚至不妨问这么一个问题:在各文明中,突破是否都恰恰发生在前8至前2世纪?①

---

① 对此,本书第三章"多样的理性化路径"提出了不同看法:在印度和中国,思想突破发生的时间明显早于轴心突破说的前8—前6世纪,早好几百年。换句话说,轴心突破说似乎更适合古叙利亚和古希腊。

41

理性的开显

《历史的起源及目标》问世时,西方各国的"分科之学"已颇具规模,不仅科学(以及社会科学)和人文学的分野已森严壁垒,在文学内部文、史、哲诸学科也已泾渭分明,于是雅斯贝斯可以心安理得地从"哲学"立场提出自己的观点,而不必担心从跨学科角度看,自己的立论是否有足够的正当性。但是,"理性和用理性阐明的经验对神秘发起了攻击……伦理开始抵制那些不真实的神怪形象"云云,毕竟只描述了各文明在特定时期所展现的一些共同的精神现象,却并没有试图寻找这些精神现象背后有何根本的历史文化原因。换句话说,雅斯贝斯对各文明中被认为同时发生的突破何以可能,并不感兴趣。

但谁也不能否认这一基本事实:西方哲学诞生其中的希腊文明并不是一个原生文明,一个白手起家的文明,而是一个次生文明,一个建立在埃及和两河流域诸多原生和更古老文明基础上的后发文明,一个经历了大规模引进先进技术和文化的"东方化革命"[①]的文明。同样地,希伯来先知所主张的严格唯一神论诞生其中的叙利亚文明,也不是原生文明,而是一个次生文明,即建立在苏美尔、埃及、赫梯、巴比伦和亚述等更古老文明之上的一个后发文明。如所周知,古代亚欧大陆和非洲产生了四个大河文明:两河流域、尼罗河流域、黄河流域和印度河流域的古文明。它们有一个共同之处,即都是原生文明,都崛起在大河流域的中下游大平原,那里不仅降雨量充足,土壤肥沃,而且水道密布,交通方便,而非诞生在希腊和叙利亚那样的气候干旱、土地贫瘠、缺乏大河、交通不便之地。

为何四大文明不约而同地萌生在大河流域?这是因为在上古时代,人类在与大自然作斗争中掌握的技术很有限,只有在大自然的挑战度适中的条件下,只有在大河流域,才能大规模发展农业。

---

① Walter Burkert, *The Orientalizing Revolution: Near Eastern Influences on Greek Culture in the Early Archaic Age* (translated from the German by Margaret E. Pinder and Walter Burkert, London, 1992)全书各处;也参见阮炜,《另一个希腊》(上海:上海三联书店 2010 年)第一章"东方化革命"。

第二章 "轴心突破"

只有大规模发展了农业才能获得较多农业剩余,而只是在获得较多剩余后,一部分人才可能摆脱为获取食物的束缚,得以专事手工业、商业、占卜、行政和军事活动,以及艺术、音乐、文学创造。正是在这种摆脱了为食物而劳作的人类活动中,城市诞生了,文明诞生了。同样重要的是,大河流域为一望无际的大平原,不仅适合大规模的农耕,而且地势平坦、水道密布、交通方便。这种地理条件与干旱少雨、重峦叠嶂的希腊和叙利亚地区相比,显然更有利于物质和信息的流通,更有利于技术的发明,理念的传播。

明白了这一点,便较容易理解为什么在贫瘠、少雨的古希腊和古以色列,在前8世纪之前一直处在蒙昧之中的古希腊和古以色列,之后突然之间涌现出一茬又一茬长于思辨的哲学家,一个又一个信仰坚定的先知。不仅如此,此时希腊还出现了爆发性的艺术、文学、音乐和科学繁荣。可是,如果没有之前西亚和埃及两千多年的文明演进,这一切可能吗?从历史发展规律来看,任何有意义的技术或文化创新,都经历了一个渐进甚至漫长的发展过程。那么文明诞生至为关键的农业和牧业究竟是何时发明的?对于这样的问题,最多只能回答个大概,如距今一万年左右。艺术和音乐又是何时出现的?对于此问题,也只能回答个大概,比方说距今约二万年至一万年某个时候。对于人类何时掌握了火这样一个问题,就更只能说一个大概了,比如大约在十万年以前某个时候。

很显然,希腊从泰勒斯到亚里士多德的哲学"突破",以色列从阿摩斯、埃利雅到以赛亚和耶里米等一系列先知的精神"觉醒"(正是在这种觉醒中严格唯一神论诞生了,由是三大亚伯拉罕宗教最终崛起),都不是无源之水,无本之木,而是融合了多个先发文明的物质和精神创造的结晶。种种证据显示,在雅斯贝斯轴心突破说里,希腊和以色列两个民族虽然占有极其重要的地位,但是在西亚地中海世界的历史进程和地缘经济、地缘政治和地缘文化中,它们并非处于中心位置。甚至可以说,没有西亚、北非更古老文明的影响,希腊和以色列的"突破"根本不可能发生。如果说前8世纪以降希腊的科学技术、文学、艺术、神话、宗教、哲学是吸纳了埃及和

■ 理性的开显

西亚(含小亚)先发文明的成果才得以发展起来的,①那么同样地,前8世纪以降叙利亚文明也是在汲取了埃及、西亚的先发文明的营养,才成长起来,只不过严格唯一神信仰恰好最先出现在犹太人当中,而使一个文明赖以立足并赋予其根本特征或者说使其区别于其他文明的,不可能仅仅是一条信奉某个唯一真神的戒律(尽管是一条至关重要的戒律),还必须有诸多其他重要元素的参与和作用。

事实上,除一神论信仰以外,叙利亚文明还有其他一些重要特征:源于农业活动的宗教崇拜形式,其中一个最为显著的特点是祭祀收获季节死去、来年春天又复活的神祇;与这种祭祀相关的神话和仪式;广泛活动于叙利亚世界,具有结构性社会政治影响的先知;严格唯一神信仰兴起后出现的神圣(但并非神化)统治者主持行政和祭祀或政教合一的格局;藉以强调神性内在于人性、内在于自然的非表现性或半表现性艺术形式;族内婚姻制度,以及相应的排他性的宗教内部或者教派内部婚姻制度;基于排他性宗教团体的社会、政治和法律组织。除此之外,还有宗教建筑上的圆拱顶、蒸汽浴,以及相似的习俗、节庆、服饰、食物等次要因素。源于苏美尔的楔形文字经过两千年发展,传播到叙利亚世界的腓尼基人手中终于演变成字母,而腓尼基字母又为包括犹太人在内的世界上大多数民族所采用。②怎么强调也不过分的是,这一切都不是犹太人"创新"的结果,更不是为犹太人所独享或专有。

从希腊方面看,恰好在轴心期肇始时,希腊人正紧锣密鼓地引入西亚和北非的艺术、宗教、神话和科学技术。正是在此时,希腊人从腓尼基人那里引进了对于文明进步至为关键的字母。稍后,希腊人又从吕底亚人那里学到了对经济发展极为重要的铸币。同样值得注意的是,现代西方人引以为荣的希腊哲学一定程度上也

---

① 参见《另一个希腊》第一章"东方化革命"的相关讨论。
② 关于叙利亚文明的更详细的讨论,参见阮炜,《"历史"化内的叙利亚文明》,《读书》2002年第8期。

44

源自东方:古希腊第一波哲学家("米利都学派")全都来自小亚西岸爱奥尼亚城邦,泰勒斯、阿那克西曼德、阿那克西米尼、赫拉克里特、色诺芬尼等人无一不是小亚沿岸的希腊人。毕达哥拉斯主义创始人毕达哥拉斯出生在小亚沿岸的萨摩斯岛,思想成熟后才移居意大利南部。同样,"医学之父"希波克拉底也出生在小亚西南角的科斯岛。为什么这些杰出人物不是出生在雅典、底比斯或斯巴达?

另据普鲁塔克,梭伦(雅典的变法者,活跃时间为前6世纪下半叶)、吕库古(传说中的斯巴达变法大家,大约生活在前7—前6世纪)曾到埃及游学。甚至在轴心时代高潮期即前6至前4世纪,也就是希腊人进入历史前台之后,柏拉图、毕达哥拉斯一类有哲学追求的希腊思想家仍然到埃及留学,来到埃及寺庙"与祭司们同吃同住"。毕达哥拉斯在与埃及祭司交往中,还"试图仿效他们的象征符号语言和神秘传授方式,而将自己的理论包裹在谜团之中",结果是,毕达哥拉斯学派受埃及影响如此之深,以至于"在所谓圣书文献(译按,指埃及宗教经典)和大部分毕达哥拉斯派的格言之间,并没有任何区别"[1]。

从民族成分来看,叙利亚文明也并非单单由犹太人构成,而是由一个大得多的叙利亚社会中的多个民族所共同造就的。在这些民族中,不仅有讲闪米特语(简称"闪语",也译作"塞姆语")的犹太人、阿摩利特人、腓尼基人、亚述人、阿拉姆人,也有语言分类上与闪米特语毫无渊源、血缘上与闪米特族(也译作"塞姆族")毫无关系的非利士人和撒马利亚人。叙利亚文明的历史还可以追溯得更远。据《旧约》记载,犹太人曾长期寄居在埃及;同样据《旧约》记载,犹太人远祖亚伯拉罕的部落最初位于苏美尔帝国的乌尔(位于

---

[1] 参见普鲁塔克,《伊希斯与俄赛里斯》(段映虹译),北京:华夏出版社2009年,第28—29页;也参见希罗多德,《历史》2·143(所用版本的译者为王以铸,北京商务印书馆2005年版);Burkert, *The Orientalizing Revolution*,全书各处;也见本书第六章"劣迹斑斑的希腊诸神"以及《另一个希腊》第一章"东方化革命"的相关讨论。

现伊拉克南部)附近。这时,在北非和西亚文明进程中唱主角的是埃及人、苏美尔人、迦勒底人等。作为一个落后民族,犹太人不可能不受到先发文明的影响。正是寄居埃及之时,犹太人才从游牧民族转变为农业民族。他们的神庙概念、神庙建筑、祭拜理念及方式、年月日概念和记数方法等无不源自两河流域。甚至《圣经》中著名的创世神话也不是以色列人的发明,相同的故事早已流传于两河流域。同样的,类似于《出埃及记》中诺亚方舟故事的大洪水故事,也早在犹太人登上历史前台一千多年前,便有多个版本流传于两河流域。①

西亚地中海世界的突破

如此看来,发生在希腊人和犹太人身上的突破(希腊哲学和首先出现在犹太人中的一神论信仰在西方文明中均处于核心位置),其实是近三千年来多个古代文明协同发展、共同演进的果实。为文明进程中的这种大跃进做出贡献的民族也远不止希腊人和犹太人,也包括埃及人、腓尼基人、腓力士人、亚摩利特人、迦勒底人、亚述人、赫梯人、吕底亚人等。这种突破所涉及到的地区也远远不止古希腊和古以色列,还包括埃及、推罗、西顿、两河流域北部以及小亚中部和西部等地在内的一片巨大的区域。换句话说,作为哲学家的雅斯贝斯所看到的发生在希腊人和犹太人中的精神突破,其实是西亚地中海世界漫长的理性化进程的灿烂结晶。如此看来,他的"轴心时代"提法,一种并非他所首创(参见"链接一'轴心时代'说的智识背景")、但在学术界(尤其是中国学术界)已引起很多注意的提法,所强调的是流而非源,是果而非因。

但没有源哪有流?没有因哪有果?

---

① 《圣经神话前身》,参见 http://truthbible.net/biblehorror/copycatbible, 09/10/2010;《巴比伦神话——走近神之门》,参见 http://shrewd.yourblog.org/logs/601560.html, 09/10/2010。

第二章 "轴心突破"

仅仅从现象上看,由于希腊和叙利亚文明的族群构成、文化特征、精神气质与埃及、西亚的先发文明差异非常大,一直以来西方学界虽并不否认这两个后起文明所受到的先发文明的影响,但总的说来,倾向于将它们看作完全独立的文明。这一点不仅从较通俗的古典学读物和基督教历史读物中可以看到,从汤因比等人的文明分类中也不难看出。当然,把它们视为完全独立的文明是无可厚非的,甚至可以说,只有采用这种文明分类,西亚地中海世界古代历史的非连续性方可凸显出来。然而纵观西历纪元前2000年以降(含轴心时代)西亚、北非和欧洲文明演进的历史,不难发现,没有一个新兴文明——无论在古典时期、中世纪,还是在现代——能够不汲取原生文明或更古老文明的养分而发展繁荣、绵延至今;也没有一种真正意义上的"突破"能够不汲取先发文明的物质和精神成果而成为可能。

同古代华夏和南亚的文明历程相比,西亚地中海世界的文明演进表现出一种明显的断裂性。这一点,很多论者已注意到了。这不仅是时间和空间意义上的断裂性、种族构成和文化心理意义上的断裂性,也是共同的地缘历史统一性中的断裂性,因为这种断裂发生在一个单一的地缘区域之内,发生在一种单一的地缘经济、地缘政治和地缘文化里边,简言之,发生在单独一个历史共同体之内(参见"链接二 '地缘共同体'")。尽管从文明诞生之时起,西亚地中海世界便呈现出一种诸文明此起彼伏、前赴后继,一波又一波往前推进的格局,但没有疑问的是,这一切都发生在一种不断向前伸延、扩展的统一的地缘经济、地缘文化、地缘政治共同体或者说同一个历史文化共同体之内。

印度和中国的突破

以上讲的是从文明演进的角度看,古希腊、古以色列的轴心突破有何渊源。那么相比之下,印度的轴心突破又有何特点?

如所周知,今人所知的印度文明,主要是由西历纪元前1500

理性的开显

年左右开始进入南亚次大陆的讲印欧语的"雅利安人"创造的。前2300年至前1750年左右,印度河流域一度存在过相当发达的哈拉巴文化。① 在已有的考古发掘结果中,还未能找到该文化与印度文明存在亲缘关系的确凿证据。这表明,至轴心时代开始之前约七八百年,古印度人并没有诸如埃及、苏美尔、巴比伦一类先发文明的成果可资利用,即今人熟知的印度文明与中国文明相似,是一个三千五百年来自成一体、生生不息、绵延不绝的文明。

这也意味着,古印度如果真出现了某种宗教或哲学"突破",那大体上也是一种不依外缘发生的独立自主的突破。这与西亚地中海世界形成了鲜明对比。在那里,精神的突破似乎发生在突然间崛起的"新文明"即希腊和叙利亚文明中。② 一直以来不少人认为,这两个新文明是独立发展起来的,几乎没有受到什么外来文明或文化的影响。

比之印度,中国文明的精神突破就更是一种自本自源的独立突

---

① 1922年,考古学者在今巴基斯坦旁遮普省境内发现了前3000—前2000年代的青铜器文化遗物,包括火砖建筑、下水道、工具、陶器、艺术品等。还发现刻在印章上的文字符号,至今尚未完全解读。经过数十年的发掘研究,整个印度河流域目前已发现大小城镇遗址二百余处,范围西起伊朗边境,东近德里,北及喜马拉雅山麓,南临阿拉伯海,分布在一个约一百三十万平方公里的巨大三角地带。这种青铜文化以南部的摩亨佐·达罗和北部的哈拉巴为中心,习称哈拉巴文化。该文化的文字符号尚未释读成功,故其具体内容目前还不清楚。哈拉巴文化的起止时间,说法不一。科学家阿格拉瓦尔把考古和碳14定年技术结合起来,断定为前2300—前1750年。《哈巴拉文化》,http://baike.baidu.com/view/129883.htm,2009/10/2010。

② 在西历纪元前8世纪之前,古以色列人只有一些现保留在《圣经》中的神话、传说、故事和赞美诗。此时希腊刚刚走出"黑暗时代"(前12—前9世纪)。"黑暗时代"之前的希腊虽然有过迈锡尼时代(大约前1600—前1000年)和克里特时代(约前3000年—前1200年),或者说存在过两个更早的"文明",但今人所熟知的希腊文明与这两个"文明"的精神气质差异极大。即便它们,尤其是后者,也受到了埃及的深刻影响。迈锡尼和克里特文化各自都有过不同于希腊字母的非字母书写体系,在古典学界被分别称之"线型文字A"和"线型文字B"。至于创造这两种文化的人类族群身份怎样,语言归类如何,学界至今尚未达成共识。

破了。古代中国与外部文明——披上了佛家外衣的印度文明——首次接触发生在两汉之交,即西历纪年开始之时。此前,华夏先民在中原乃至中原以外所遇到的是"东夷"、"西戎"、"南蛮"、"北狄"。但及至此时,所谓"突破"已然结束。需要特别注意的是,学界通常认为中国文明的轴心突破发生在东周列国时期,因为这一时期恰恰处在前8—前2世纪这六百年的范围之内。

然而,这一时期在很多情况下虽被称为"春秋战国时代",但它毕竟属于周或东周,而周承商,商又承夏。现有考古证据和文献典籍表明,在族群构成、文化特征、精神气质、历史沿革和政治承袭方面,夏、商、周完全可以视为三个早期国家,各自都建立并维系过一个由部落联盟构成的大型早期国家联合体。它们之间虽有过商代夏、周代商的更替关系,但也有着同时存在和平行发展的关系,更有着宗主与臣属的政治关系,例如商曾臣属于夏,周曾臣属于商。尤需注意的是,夏商周不宜视为三个独立的文明,而应视为一个"相革相异"又"相因相承"[①]的单一文明,或可称之为"三代文明"。

区域整合是突破的必要条件

如上所述,古代南亚和华夏世界的精神突破,大体上是一种自本自源的独立的突破。古希腊和古叙利亚文明情形大不相同。在西亚地中海世界,它们是两个后发的文明。它们姗姗来迟,最终在前8世纪甚至前6世纪以后才最终登上历史前台。在此之前,尼罗河流域和两河流域的上古文明——埃及、苏美尔、巴比伦、亚述等——已存在了约两千多年。这些更为古老的文明一直对埃及和两河流域以外的西亚和地中海世界产生影响。仅就埃及和两河流域两大地区而言,两地之间在文明诞生后虽然逐渐有了一定的经济交往和文化联系,但直至前15世纪,并没有发生实质性的军事、政治互动。

---

① 王晖,《商周文化比较研究》,北京:人民出版社2000年,第15页。

理性的开显

不难想见,远古时代相邻的人类群体之间如果只有经济、文化交往,这种互动无论如何也是有限的,而随着彼此之间开始军事、政治意义上的接触,它们之间的经济、文化交流才变得频繁密切起来。由于空间距离和地理障碍,埃及和两河流域的互动在很长一段时间内很有限,而且仅局限于少许贸易往来和文化交流。但随着经济的进步,这种情形迟早最终发生了变化,也就是说,埃及和两河流域的区域间关系不可避免地由贸易往来、文化交往发展到军事冲突和政治互动。只是及至此时,两者之间才开始了全面整合。①

这大约开始于西历纪元前15世纪。从该世纪上半叶起,图特摩斯三世和拉美西斯二世等埃及君主走出尼罗河谷,②在叙利亚和两河流域北部展开了大规模军事行动,一度占领了大片亚洲土地,直至遇到一个同样强劲的对手即赫梯帝国,埃及的扩张才得到遏制。可以说,及至此时,西亚地中海世界终于呈现出一幅加速整合的景象。在此之前,埃及和两河流域之间虽有一定的接触,但两个文明基本上是互不相交、互不干扰的。它们虽然都对周边未开化地区施加着文化影响,但相互之间毕竟还没有发生实质性的军事和政治互动。可是从长程历史的角度来看,前15世纪埃及和赫梯两个帝国都未能扮演好整合西亚地中海世界的角色。这两个帝国至多仅奏响了区域整合的序曲,没有这种区域整合,唯一神信仰的开创,希腊哲学、基督教、伊斯兰教等等的兴起将统统不可能。

后来在现伊拉克北部,又兴起了著名的亚述帝国。亚述人在区

---

① 当今时代全球化运动如火如荼,但历史地看,全球化的萌芽早在西历纪元前15世纪便已出现在西亚地中海世界。并非不可以把这种最早的全球化视为一种"区域整合"或"区域性一体化",但是严格意义上的全球化无不建立在区域整合或区域一体化的基础之上。与前15世纪以降北非—西亚的文明扩张或区域一体化进程可比的是,秦朝统一黄淮流域后,中原华夏文化开始向今中国北部南部、越南北部、朝鲜和日本各个方向扩张;孔雀王朝统一北印度后,印度文化开始向南印度、中亚和东南亚扩张。

② 此时国力强盛的埃及人同时也沿尼罗河逆流而上,在南方努比亚地区进行扩张。

第二章 "轴心突破"

域整合方面比埃及人和赫梯人做得好一些,但也远非功德圆满。亚述帝国一度在各个方向都进行了扩张,但是最终却未能建立起一个直接辖制或行政管理(遑论社会文化)意义上的稳定帝国。只是至前6世纪上半叶波斯帝国兴起后,西亚地中海世界才开始了一种史无前例的深度整合。事实上,在人类历史上,波斯帝国首次建立了一个行政管理意义上相对稳定的大帝国,比秦始皇统一中国还要早三百多年。这是一个地跨亚洲、非洲和欧洲的超级大帝国。

尽管两百多年后波斯帝国衰落了,却有后来一个又一个民族前仆后继,接着波斯人往下做。正是这些民族建立了亚历山大帝国以及继起的诸希腊人帝国、罗马帝国、拜占廷帝国和阿拉伯帝国等。虽然从区域整合或者说文明坩埚之作用的角度看,后起诸帝国成就均不如波斯人,尽管从享"祚"长短来看,后起诸帝国也不如波斯,但这些帝国仍以各自的方式为基督教和伊斯兰教的崛起和亚欧非文明的形成做出了贡献。

伴随大帝国出现的,是深度的区域整合,这对于西亚地中海世界轴心期两个最重要的区域——叙利亚和希腊——的精神突破是至关重要的。无论中国、西方,还是印度意义上的文明样式,都必须具有某种可以明确界定的精神品质(尽管这种精神品质藉以形成的历史原因极其复杂),都必须包含某种可以清晰描述的文化统一性。那么这种统一的精神品质来自何处呢?来自经济、文化、政治发展所带来的区域一体化之需要,更来自这种一体化需要所产生的区域性的经济、文化和政治上的一致性。

不难想见,无论区域一体化最终能够达到一个什么样的水平,它都要求有一些"硬件"的基础,这种"硬件"基础就是帝国治下的相对和平以及和平条件下频繁的政治、经济和文化交流。事实上无论在黄河—长江流域、印度河—恒河流域,还是在西亚地中海世界,古代的区域一体化都无不采取帝国的形式,甚至可能表现为像波斯、希腊、罗马、阿拉伯帝国这样的跨民族、跨文明的巨大洲际帝国。

■ 理性的开显

　　事实上,希腊人和犹太人走向历史前台之日,正值波斯帝国崛起之时。波斯人虽然未能完全征服希腊,①甚至未能成功地控制埃及,但在对待被征服民族方面,他们开启了一种新的理念或传统,他们所建立起来的大帝国毕竟比先前的帝国胜出一筹,也比先前称霸西亚和北非的各个帝国——埃及、巴比伦、亚述、新巴比伦帝国等——更仁慈,更宽宏大量。正是这种相对宽厚的统治,有效刺激了西亚地中海世界不同区域间的政治、经济和文化交往,提升了整个区域的经济、政治、文化交流水平。这使不同地区和民族之间出现了比先前频繁得多的互动。波斯人甚至出资出力帮助被新巴比伦帝国掳到巴比伦的犹太人重返家乡,从而为一神论宗教的最后形成,为叙利亚社会最终的精神突破做出了直接贡献。

　　如果说及至前 8 至前 7 世纪,西亚地中海世界经过漫长的发展,已然变为一只盛满七彩矿石的文化"坩埚",那么波斯帝国的建立不啻在坩埚下燃起了一把劲火,使各地区各民族性质迥异的文化材料开始熔融、结晶。②尽管及至前 4 世纪后期,波斯帝国已腐朽不堪,一经打击便土崩瓦解,尽管接管波斯帝国遗产的亚历山大帝国和其他希腊人帝国也未能持久,但随后崛起的罗马帝国却成

---

① 在波斯—希腊战争中,波斯远征军虽然于前 490 年和前 480 年两度被希腊联军打败,但是在马其顿王国崛起之前,波斯人一直没有失去对小亚和大多数小亚沿岸希腊城邦的控制。更糟糕的是,虽然希腊人赢得了希波战争,但一度团结起来的希腊城邦立即又爆发了内讧,城邦林立、一盘散沙的格局依然如故;而波斯人虽然在入侵希腊半岛的战争中遭受挫折,却仍能藉着充足的财力和仍然相当强大的军力,继续介入希腊人的政治军事角逐,此一时支持此邦,彼一时支持彼邦,把雅典和斯巴达之类的希腊超级大邦玩弄于股掌之上。这种格局只是到亚历山大东征之后才告结束。
② 关于"坩埚"说,参见 Adda B. Bozemann, *Politics and Culture in International History: From the Ancient Near East to the Opening of the Modern Age*, New Brunswick (New Jersey): Transaction Publishers, 1994, p. 47;也参见 Arnold Toynbee, *A Study of History* (12 volumes), Oxford: Oxford University Press, 1934-1961, Vol. 5, p. 121。

第二章 "轴心突破"

绩菲然。① 罗马人凭借其强大的军事力量、娴熟的管理技巧和卓越的工程技术才能,把欧洲和西亚很大一部分地区和整个地中海区域都囊括到罗马帝国这一相当有效的政治经济共同体中,使地中海成为其"内陆大湖"。②

罗马帝国的寿命相当长,从西历纪元前3世纪一直持续到西历纪元6世纪后期拜占廷帝国的查士丁尼时代。③ 即便在罗马帝国晚期,"通过从西班牙和高卢(现法国中部南部)到叙利亚和小亚细亚海岸的航运,地中海沿岸仍继续保持了几个世纪以来在帝国共同体内形成的经济统一"。④ 尽管这可能算不上一种严格文化意义上的统一,因为各地区各民族的文化和宗教差异仍然太大,或者说所谓"帝国"其实只是一个民族、宗教和文化的拼盘,但罗马人的确把西亚地中海世界千差万别的地区和族群⑤连接成一个相对紧密的整体,从而为一个巨大但散裂的地理和文化区域提供了经济、政治、文化、精神整合所必需的基础设施——不仅物质意义上而且制度意义上的基础设施。这不仅意味着道路、驿站、航道、港口、供水工程的营建和维持,还意味着比先前更有效的管理。这样,就有了所谓"罗马治下的和平",有了各地区和各族群之间比先前频繁得多的物质和精神交流。

在这种情况下,不同地区原本秉性迥异的精神元素得以融合,

---

① 从享"祚"长短看,罗马帝国与诸希腊人帝国的关系有点像汉之代秦、唐之代隋;汉、唐在秦朝和隋朝末年的起义和动乱中崛起,汲取了短命前朝覆灭的教训,故其国祚都相对较长。
② 亨利·皮雷纳,《中世纪的城市》(陈国栋译),北京:商务印书馆2006年,第1页。
③ 西元476年,罗马帝国皇帝罗慕路·奥古斯都路斯被西哥特人废黜。通常,该年被视为罗马帝国终结之年。但这只是西罗马帝国终结之年。如果把东罗马帝国即拜占廷帝国的历史也计算在内,则罗马帝国之"祚"持续到1453年土耳其人征服拜占廷之时。
④ 皮雷纳,《中世纪的城市》,第1—16页。
⑤ 指西亚、埃及、小亚、欧洲南部、欧洲东部和欧洲中部,以及居住在这些地区的诸多部落、部落联盟或王国;这些地区不仅因地理障碍,也因民族冲突和文化差异而四分五裂。

西亚地中海世界出现了前所未有的文化新局:基督教和伊斯兰教兴起了。如所周知,犹太教、基督教和伊斯兰教都是叙利亚宗教——以唯一神论为信仰核心,以高水平的道德自律为社会文化底色——结合希腊哲学要素而形成的宗教。从以上讨论不难看出,不仅三大亚伯拉罕宗教本身是在区域性的文明整合的背景下诞生的,构成三大宗教核心要素的精神突破,或者说使三大宗教成为可能的信仰要素和文化、知识材料,如唯一神论信仰及相应的文化和崇拜形式、希腊式哲学及相应文化要素,以及希腊罗马的旧宗教等,同样是在区域性文明整合的大背景下发生的。

"轴心突破"说的局限

提出"轴心时代"的论者,是讲德语的瑞士哲学家卡尔·雅斯贝斯。如上所示,使用这个概念是比较方便的,但是我们不能受它的束缚。所谓"方便",是指可以用这个概念进行比较,比方说,在西元前 8 到前 6 世纪,印度、中国、古希腊,还有古代以色列,这些地方不约而同地出现了一大批伟大的哲学家,而在他们手中成形的思想或观念,奠定了不同文明之后二千多年的走势。换句话说,我们现在很多基本理念在两千五六百年以前就已经形成了,那个时代的思想家的思维方式一直都在影响我们,塑造我们。

可是这个概念并非没有问题。它很可能遮蔽了或者淡化了在西元前 8 至前 2 世纪以前人类文明的长期演化和发展。如埃及文明崛起的时间大约为西元前 3500 年,两河流域文明大约也在此时兴起。这是有硬证据的,不仅有文字、文献,还有大量的出土文物和遗址来证明那时的文化已高度发达。那么中国呢?就连我们的"五帝",黄帝、颛顼、帝喾、帝尧、帝舜等传说中的人物,其大概所在时间都明显晚于两河流域和埃及文明。

即使只从中国来看,也早在西元前 8 到前 2 世纪以前,文明就已经相当发达了。比方说"夏"的出现就相当早。尽管现在没有太硬的证据证明"夏"作为一个"朝代"是存在的,但商肯定是有非常

第二章 "轴心突破"

硬的证据的。大量青铜器传下来,而且流传至今的文献里也讲得非常清楚。甚至一代又一代有哪些王,他们叫什么名字、他们之间的血缘关系,以及他们做了什么事情都有实实在在、无可辩驳的证据摆在那里。商存在于西元前16世纪到西元前11世纪,存在于华夏区域黄河流域中下游一带。它非常发达,它的青铜文明如此发达,以至于到我们用现在的技术还无法还原当时铸就的那么多精美的礼器、食器、武器,或其他器具。

西元前11到西元前8世纪之间,又有周代。周是更加伟大的一个历史发展阶段。周人的思维太现代了。他们相对较少谈神论鬼,不像其他古代民族那样动辄求神问卜,而更多是依据经验、观察和推理来做出重要决定。尽管不能说周人从此就完全没有祭祀了,没有占卜了,但求神问卜的做法在周人那里被明显淡化了。最重要的一点是,周人为了巩固其政权,提出了一个极其重要的学说,即天命流转说。他们从历史经验中认识到,"天命靡常,唯德是辅",就是说,天命是变动不居的,不可能永远眷顾或驻留于某一个家族、民族或者政治集团。统治者如果做得不好,无"德",对自己管理下的"民"不仁慈甚至不够仁慈,天命就可能转移到另一个集团或部族手里边去。这个概念的提出,对于后来华夏文明的社会政治理念的演进起到一种强大的定位或定向作用。直到现在,执政党所谓"权为民所用,利为民所谋,情为民所系"的亲民主张或宣示,最终说来都源自周人的这一重要学说。

不妨再回到"西方"。它是一个很大的概念,不是指现在的西方,而指古代的"西方",一是指埃及,一是指两河流域。这两个文明都是希腊罗马文明的祖先,出现得非常早,西元前3500年左右甚至更早就出现了,而从这时到西元前8世纪,有2700来年的时间。在这2700年里,很多文明几乎走完了自己的全部历程。希伯来文明也好,希腊文明也好,都是后起的文明,都是建立在两河流域和埃及这两个更古老文明基础上的新文明。这两个更古老的文明在它们之前差不多已经有3000年的历史,已经发展到其最后阶段,到了寿终正寝之时。新文明终于兴起了,于是现在学

理性的开显

者们追随雅斯贝斯,说"轴心文明"诞生了,"轴心时代"兴起了古希腊、古罗马、以色列的文明,它多么伟大,仿佛之前什么也没有发生似的。

但只要稍稍留心一下有关文献、文物和遗址,就会发现古希腊经历了一个所谓"东方化革命"的时代。什么叫"东方化革命"?之前希腊很野蛮,很原始,只是在大量引进东方文明元素即发生了"东方化革命"以后,才逐渐发展起来。现在我们一提到希腊罗马,脑子里立马浮现种种形象。那些庙宇何其壮观!那些神像何其壮美!希腊的多利式柱形甚至影响了中国的人民大会堂的建筑。人民大会堂外面怎么会有那些巨大雄伟的石柱?中国传统建筑根本没有这个概念,它是希腊罗马的东西。可是希腊罗马最初根本也没有这些,连神庙概念都没有。它们是希腊人从埃及舶来的。如果我们能有机会到埃及走一趟,尤其到旅游胜地卢克索玩一玩,会发现希腊罗马样式的神庙那里可谓应有尽有。不光有,而且有过之而无不及:一根石柱直径可达到 2.5 米多,高达十几米,是希腊罗马根本没法比的。

不妨再回到"轴心时代"。如前所述,希腊罗马和希伯来这两个"轴心文明"的辉煌,是建立在两个更加古老的文明基础之上的。完全可以说,没有埃及和两河流域的文明,便没有希腊罗马的文明,便没有希伯来文明。同样的道理,中国文明在所谓轴心时代之前,已经有商周物质文明和政治文明的大发展,不能因为时兴"轴心时代"之概念,就无限夸大那五六百年历史的重要性。那几百年的确重要,但之前文明历程之筚路蓝缕、披荆斩棘,同样居功至伟。"轴心时代"概念的确学术界提供了富于生产力的话题,但不能受它的束缚。

● 链接一 "轴心时代"说的智识背景

一些西方学者如 Robert N. Bellah 和 Hans Joas 认为,雅斯贝斯的"轴心时代"说在韦伯(Max Weber, Alred Weber, Ernst Troeltsch,

Wilhelm Bousset)[①]等人的比较宗教史的基础上发展出来的。这个判断看似有理,但"轴心时代"说不可能仅仅源自韦伯一系的比较宗教学者。斯宾格勒和汤因比的思路是不可能不对雅斯贝斯产生影响的。第一次欧洲大战(常被误称为"第一次世界大战")的爆发在欧洲知识界产生了一个根本的疑问:如果欧洲文明最优越、最先进,为什么是欧洲人而非中国人、印度人在文明内部打了一场如此大规模、如此惨烈的现代化战争?正是在这种智识背景下,斯宾格勒撰写了《西方的没落》(两卷本,1919年)一书。接下来,汤因比又出版了十二卷本的《历史研究》(1934—1961年)。

这两部著作的核心论点是,西方文明并非唯一的文明,其他许多文明具有与之相当的内在价值。两部著作都是在雅斯贝斯《历史的起源及目标》之前问世的。斯宾格勒和汤因比认为,目前的西方文明只不过是多个文明——苏美尔、埃及、赫梯、巴比伦、玛雅、阿兹台克、印度、中国、阿拉伯等文明——中的一个,也就是说,它并非内在地优越于其他文明。尽管二人的观点并没能完全摆脱了西方中心论倾向,但在大半个世纪以前的欧洲,这毕竟意味着对流行已久的西方中心论的反动,产生巨大影响也是情理中的事。

雅斯贝斯的"轴心时代"假设,一种把各大文明摆在相同位置的论说,很大程度就是在这种背景下产生的。

● **链接二 "地缘共同体"**

如果从前15世纪图特摩斯三世和拉美西斯二世等埃及君主侵入亚洲时算起,及至前8世纪希腊人兴起之时,西亚地中海世界的文明整合已持续了整整七个世纪。如果从西历纪元前3000年(此时克里特岛等地已处在埃及文化的影响下)时算起,则及至前8世纪,西亚地中海世界的文明互动已进行了近三千年。与只持续了几百年的轴心期相比,这以前的文明互动和整合历史要悠久得多,

---

① Hans Joas, "The Axial Age as a Religious Discourse", in Robert N. Bellah and Hans Joas (ed.), *The Axial Age and Its Consequences*, p. 10.

而这种文明互动和整合对于特定地区的精神突破又至关重要,是突破藉以成为可能的物质和制度前提。换句话说,特定地区的轴心突破——哲学在希腊的诞生、一神论信仰在叙利亚的兴起,以及琐罗亚斯主义在波斯的流行——是一个大得多的地缘历史区域里漫长的文明演进的产物,是各地区之间悠久的文明互动、整合的结晶。

但假如能够使用一个"地缘共同体"概念,欧洲文明和北非、中东文明的统一性,或者说西亚、北非和欧洲之间的地缘历史和地缘文化统一性便可立即变得清晰起来。使用"地缘共同体"的概念,古代希腊和叙利亚文明对多个先发文明的继承关系也可立马变得清晰起来,尽管这种统一性中充满了东亚和南亚历史上并非存在的断裂性或非连续性。如果能够使用"地缘共同体"概念,不仅可以方便地将埃及、苏美尔、赫梯、巴比伦、亚述等多个上古文明纳入考虑范围,也可以方便地将现欧洲文明、现中东北非伊斯兰文明视为一个地跨三大洲的超大文明,即亚非欧文明。

使用"地缘共同体"概念,全球文明的分布也一目了然。在东亚,有地缘历史、经济、文化意义上的超大的东亚文明。它不仅包括中日韩、东南亚各国和蒙古国在内,最终还可能把中亚诸国整合进来,从经济方面看尤其如此。在南亚,有包括印度、巴基斯坦、孟加拉、斯里兰卡等在内的南亚文明。在西亚和欧洲,有包括俄罗斯以外的欧洲各国和北非中东的伊斯兰国家在内的亚欧非文明。在美洲,有包括美国、加拿大、墨西哥和巴西等国在内的美洲文明。在撒哈拉以南非洲,则有非洲文明(目前已有非盟充当初级意义上的超国家机构);最后还有既可能被亚非欧文明和东亚文明整合,也可能继续独立存在的俄罗斯文明。①

---

① 参见阮炜《地缘文明》(上海:上海三联书店 2006 年)第一章的有关讨论。

第三章 多样的理性化路径

引　言

当雅斯贝斯说西历纪元前8—前2世纪各文明不约而同发生了"哲学突破"时,他触及了文明史研究(以及宗教史、哲学史等)中的一个重要现象,即理性的开显并非总是匀速前行或依次渐进,而是至时机成熟便出现一种爆发性局面,表现为一种精神意义上的狂飙突进。当他用"理性和用理性阐明的经验向神秘发起攻击"[①]语来总括这种现象时,又涉及另一个重要问题,即各大文明的精神突破或突进式脱魅究竟采取了何种形式。

问题也可以这样问:"理性和用理性阐明的经验"是如何"向神秘发起攻击"的,或者说不同民族或文明究竟采取了何种脱魅路径,或者说究竟表现出何种理性化形式。与这个问题密切相关的另一个问题是,轴心时代各文明区的理性化究竟达到了何种高度。事实上,不仅各文明理性化路径有很大的差异,不同时期各文明所达到的脱魅水平也有高低之分。在希腊和叙利亚世界,前6—前4世纪即轴心时代高潮时期所发生的精神突破,分别表现为希腊哲学和叙利亚一神教神学之精神形态。

轴心时代兴起的希腊精神样式虽蕴含现代哲学的雏形,但在幼年时期所达到的理性化程度并不那么高,甚至可以说,在某种意义

---

① Jaspers, *The Origin and Goal of History*, p.1.

理性的开显

上不如印度和中国同一时期的哲学型宗教和诸子百家。正如在第五章"Philosophia：作为神学的哲学"和第六章"劣迹斑斑的希腊诸神"中将要看到的那样，即便古典启蒙时代的希腊哲学也包含着太多的怪力乱神成分。因此与其把它视为一种神学式的哲学，还不如干脆把它视为一种神学。

事实上，在南亚和中国，早在前11—前9世纪或更早而非前8—前6世纪，便发生了人类心智的跃进。这表现为吠陀经典中关于宇宙本原和生命意义的哲学思辨——这也可视为一种神学式哲学或哲学式神学——和《尚书》中神学色彩浓厚的关于天命和"德"的政治哲学思考。这"轴心突破"说并未触及的。而在前6—前5世纪亦即轴心时代高潮期，印度和中国又不约而同地发生了第二次理性跃进，沙门思潮和诸子百家勃兴。

希腊的"爱智慧"或"哲学"

在希腊，大约从前6世纪初开始，出现了一种新的思维样式。这就是后来被称为"爱智慧"或"哲学"（philosophia）的思维样式。在此之前，希腊人中占主导地位的认知模式是"迈索斯"（Mythos）。迈索斯是什么？一种叙事或叙事结构，通常译为"神话"。不能说迈索斯是绝对的愚昧或迷信，而应把它视为理性开显所必须经历的一个阶段，视为人类在认知世界上的一种不乏理性精神的努力，甚至可以视为一种用系统性的思维活动来认知或把握世界的尝试。因此不妨说，迈索斯代表了一种程度低于哲学或宗教的理性思维。

问题是，迈索斯到底表现为何种形式？不妨用赫西俄德笔下的宇宙创生故事来回答这个问题。宇宙万物是如何诞生的？根据赫西俄德的描述，在元初之时宇宙洪荒中，有一个张开巨口的空间，名曰"卡俄斯"或混沌；卡俄斯生下大地之神该亚，又生下黑暗的化身厄瑞玻斯和黑夜神纽克斯。接下来发生了什么呢？诸神不断交合，生出世界上的一切。厄瑞玻斯和纽克斯交合，生下光明之神埃

第三章 多样的理性化路径

忒耳和白昼之神赫莫拉;有了光明和白昼后,该亚独自生下乌兰诺斯,亦即广天,还生下山脉和深海;之后该亚又与乌兰诺斯交合,生下了海洋神俄刻阿诺斯、大母神瑞亚和时间神克洛诺斯。①②

这便是希腊人对宇宙起源的迈索斯式解释,或一种诉诸神祇故事的解释。事实上不仅在早期希腊,就是在古典启蒙时代的希腊,人们也仍然主要用神祇故事来解释世界的起源、自然现象如风、雨、雷、电和季节的更替,以及植物周期性的一枯一荣。古典时代(西元前510年至西元前323年)的希腊人甚至用神祇来表示抽象概念(或者说把概念神圣化),如"正义"是神,"胜利"是神,"爱"或"爱欲"是神,甚至"说服"也是神。总之,在古风时代和古典时代的希腊,迈索斯或神话仍然是大多数人的思维样式。③

及至前6至前5世纪,希腊人在迈索斯之外突然多出了一种新的认知世界的方式,即不用神祇而用经验中能观察到的实实在在的物质现象甚至抽象概念来解释宇宙万物的起源:例如世界起源于水(泰勒斯),或"气"(阿那克西米尼),或"火"(赫拉克里特),或"无限"(阿那克西曼德)。此即希腊哲学的起源。准确地说,此时的希腊哲学仅仅是一种被现代哲学从业者叫做"宇宙发生论"的学问。作为一种基于观察和经验的新型思维,哲学代表了一种认知世界的新努力,一种更多基于经验观察、逻辑推演、概念分析,因而理性化程度明显高于迈索斯式或神话式的思维形式。

实际上,此时的哲学只是极少数享有闲暇且富于知识好奇心的人们的智识追求,即便像雅斯贝斯所说的那样向"神秘"发起了"攻击",也不可能是有意而为之。无论如何,相对于传统迈索斯式的认知模式来说,新兴哲学毕竟代表了"逻各斯"精神,或者说代表了

---

① 赫西俄德,《神谱》,110—240(所用版本为《工作与时日 神谱》(张竹明、蒋平译),北京:商务印书馆2006年)。
② 应注意,希腊世界散裂为多个城邦,各自形成了自己的神话传统,所以希腊创世神话版本不止一种,赫西俄德的神谱只是一种经典化程度最高的版本。
③ 本书第六章"劣迹斑斑的希腊诸神"中有关于希腊人迈索斯思维更为详细的讨论。

理性的开显

一种有取代迈索斯之潜力的、理性化程度高得多的新思维。当然，在前510—前323年即狭义的古典时代，逻各斯式的新思维对既有社会政治秩序构成了非常严重的挑战，而当新旧两种思维与城邦政治纠缠在一起时，这种挑战显得尤其严峻。①

同样重要的是，在新兴的哲学运动中，还出现了一种被哲学从业者称作"伦理转向"的动态。大约从西历纪元前5世纪下半叶起，苏格拉底等"爱智慧者"或哲学家不再满足于探究自然万物的本原，而开始大力倡导勇敢、自制、正义、虔敬、智慧之类美德。② 他们不仅亲身修炼这些美德，也呼吁人们用同样的方法来规约自己的行为，过一种类似于儒家修身养性的生活。关于伦理道德的哲学诞生了。在苏格拉底所提倡的美德的基础上，亚里士多德又增加了中道、慷慨、大方、大度、好名声、温和、诚实、机智、友善、有耻、义愤等次要的美德。③ 这些美德与同时代儒家所主张的行为准则，如仁爱（"仁者爱人"④）、忠、恕、恭、宽、信、敏、惠、智、勇、孝、悌、友等大同小异，都是普世价值。

尽管苏格拉底倡导的美德是针对个人的，但它具有潜在的、长久的社会效应却无疑。这种美德意味着修炼身心或修身养性，用内省、沉思的方式进行自我控制、自我规训，使怪力乱神挂在口上、很容易陷入迷狂的希腊人得以摆脱鬼神的控制，进入一种清明朗然的精神状态。如果苏格拉底式的修身养性能够成为一种风气或时尚，那么进入清明朗然之精神状态的就不仅是个人，而是整个共同体。更何况从逻辑上讲，个人的自我控制和规约最终必然意味

---

① 参见阮炜《另一个希腊》（上海：上海三联书店2010年）第七章"苏格拉底审判背后的政治"的相关讨论。
② Gregory Vlastos, *Socrates: Ironist and Moral Philosopher*, Ithaca (New York State):Cornell University Press, 1991, pp. 200 - 203。
③ 亚里士多德，《尼各马科伦理学》，1094a—1181b；《优台谟伦理学》，1220b35—1221a1—10（所用版本为苗力田主编，《亚里士多德全集》[卷VIII,苗力田、徐开来译]，北京：中国人民大学出版社1992年）。
④ 《孟子·离娄下》。

第三章 多样的理性化路径

着社会性的道德自觉,而社会性的道德自觉又可能导向更大的社会和谐。虽然从时间顺序上看,希腊人的道德觉醒似乎脱胎于迈索斯式的神话思维,但诸神崇拜与伦理道德并没有必然的联系。事实上,在人类早期历史上,神灵崇拜与伦理道德长期处于分离状态。个人或部落可以对鬼神显得无比虔敬,但这种虔敬与其说是出于对鬼神的真心崇拜或爱戴,还不如说是出于对鬼神的恐惧。与此同时,人们可以表现得毫无羞耻之心!

可以说,道德自觉是迈索斯思维盛行时人类社会所普遍缺失的一个精神维度,而道德维度缺失的神灵崇拜并不是什么宗教,而是迷信。实际上在古代社会,直至较晚的时候才出现了真正意义上的道德觉醒,先秦中国人所谓"君子德行焉求福,故祭祀而寡也;仁义焉求吉,故卜筮而希也"[1]便是这种觉醒的生动写照。可以说,只是到了这时,才出现了宗教(儒家在被视为一种哲学的同时,也被视为一种人文主义的宗教);只是到了这时,人们才"不再有那种出于对神明之力的恐惧而对之顶礼膜拜,并遵从其命令的敬畏之情";也只是到了这时,宗教与伦理道德才融为一体,宗教本能才与个人意识和道德法则紧密结合起来。[2]换句话说,道德自觉与逻辑推演相似,也是理性思维的一个极重要的方面。正是道德自觉对"神秘"或神灵崇拜构成了一种重大挑战。

以此观照同一时期希腊人的"伦理转向",不难发现它不仅意味着身心的修炼和美德的培养,更重要的是,也意味着对传统神祇观或"迈索斯"式旧思维的摈弃。尽管在整个古典时代乃至更晚时期,大多数希腊人——包括苏格拉底和柏拉图之类"爱智慧者"在内——仍然沉迷在传统的神话思维中,但现在他们终究已意识到,在处理个人与他人的关系上,在对社会和谐的追求上,可以更多依

---

[1] 《马王堆帛书易传·要》,转引自陈来著,《古代宗教与伦理:儒家思想的根源》,北京:生活·读书·新知三联书店1996年版,第11页。
[2] 亚奇伯德·亨利·萨伊斯,《古埃及宗教十讲》(陈超、赵伟佳译),合肥:黄山书社2009年,第5—6页。

理性的开显

靠个人的修身养性和伦理道德,而不是遇事便求神问卜。正是在古典时代,新潮智术师和"爱智慧者"涌现于希腊社会,开始怀疑、批评,甚至嘲笑荷马之类诗人那种拟人化的神祇观。他们从相当于社会学和人类学的角度,用相当于社会学和人类学的方法,来解释神话传说和鬼神崇拜现象。①

并非偶然的是,也正是在这时,新兴的希腊悲剧中出现了儆戒式的伦理自觉:血亲性行为不仅毫无例外地发生在无意之中(这与奥林帕斯山诸神的为所欲为和毫无羞耻之心,形成了何等鲜明的对比)②,而且一邪恶毫无例外地会导致一更大的邪恶。正是在此时,俄底浦斯终于意识到自己的乱伦行为是多么地可耻,甚至能够为此羞愧得痛不欲生,弄瞎自己的双眼不说,还自我放逐,流浪他乡。也正是在这时,希腊神话开始迅速"净化",希腊精神开始摆脱周作人所谓"恐怖与愤怒",转向"和平与友爱"。③

然而对于研究希腊的现代人来说,前6世纪兴起的哲学固然是一种精神突破,这种新思维固然把古代科学推到了一个令人目眩的高度,但忽略希腊小世界与西亚地中海大世界之间的连续性,却是非常错误的。启动希腊哲学运动的泰勒斯以水为万物之母,可这种宇宙发生论很可能并非其原创,相同的说法早已存在于巴比

---

① J. V. Muir, "Religion and the new education: the challenge of the Sophists", P. E. Easterling and J. V. Muir (ed.), *Greek Religion and Society*, Cambridge (UK): Cambridge University Press, 1985, pp. 198 - 199, pp. 216 - 217.

② 俄底浦斯王在无意中娶自己的母亲为妻,导致了这一后果:生出两个妹妹—女儿。这又连锁反应般地导致其母亲—妻子自杀;更为严重的是,这导致底比斯遭罹瘟疫。俄底浦斯因此羞愧得无地自容,弄瞎了双眼不说,还自我放逐,流浪他乡。除这一例子外,奥德赛与女巫客耳刻所生的儿子忒勒戈诺斯在无意之中杀死父亲,娶了父亲的妻子佩涅洛佩;奥德赛与佩涅洛佩所生的儿子忒勒马科斯则在无意中娶了父亲的情人客耳刻;叙斯特斯在无意之中与女儿同房,生下了埃癸斯托斯,此人后来成为阿伽门农妻子的情夫,伙同她杀死阿伽门农,这又导致阿伽门农的儿子和女儿为父报仇。Jan Bremmer (ed.), *Interpretations of Greek Mythology*, London and Sydney: Croom Helm Ltd., 1987, p. 52。

③ 周作人,《新希腊与中国》,载张明高、范桥编,《周作人散文》第三集,北京:中国广播电视出版社1992年,第141页。

第三章 多样的理性化路径

伦史诗《恩努马·埃利什》里。这部史诗一开章便说,太初有水;上无天,下无地,但有淡水海之神阿普苏;阿普苏乃天地之元,世界万物一切皆出自于他。① 值得注意的是,着迷于宇宙万物起源的那一系列哲学家(即"米利都学派")全出身在小亚。这决非偶然。同其他古代民族相比,此时希腊人的哲学思辨固然非常活跃,但与他们的形形色色、不断花样翻新的宇宙发生论相比,那种穷究世界本原的最初的智识冲动可能更为关键。②

还可以用其他例子来说明,为什么希腊小世界与西亚地中海大世界之间的连续性不容贬低,为什么希腊人的"原创性"不宜夸大。这就是相(Idea, Form)论的起源。在西方思想史上,关于"相"或"理念"的学说占有极重要的地位,通常认为肇始于柏拉图。其实这并不是柏拉图的发明,而源于巴比伦。早在希腊人走上历史前台一千多年,巴比伦便流行这一观念:完美无瑕的纯粹造物早已存在于天国,世间相应事物不过是按照其天国原型被创造出来的。③ 看来,柏拉图仅仅是对流行已久的观念"述而不作"。总之,希腊哲学作为爱琴海地区理性化运动中的一大突破,是以整个西亚地中海世界理性化运动的推进为基础的。就连此前盛行于希腊的迈索斯故事,很多也是舶来品,即从埃及和西亚引进的东西。即便这种理性化程度较低的思维样式,也不是希腊人独立取得的成果。④

所以,不能夸大希腊理性化运动所达到的高度。五四以来,一波又一波中国知识人中存在着一种误解,以为希腊人与其他古代

---

① Walter Burkert, *The Orientalizing Revolution: Near Eastern Influences on Greek Culture in the Early Archaic Age* (translated from the German by Margaret E. Pinder and Walter Burkert, London, 1992), p. 92;由于巴比伦宇宙发生论可追溯到苏美尔,也参见"Sumerian Cosmogony and Cosmology", http://history-world.org/cosmogony_and_cosmology.htm。
② 应注意,巴比伦故事中的宇宙本原或第一因阿普苏并非纯粹的人格神,而是自然现象与神的结合体。
③ Isidore Epstein, *Judaism*, London: Penguin Books, 1979, pp. 228-229.
④ Burkert, *The Orientalizing Revolution*,全书各处;阮炜,《另一个希腊》(上海:上海三联书店 2010 年)第一章"东方化革命"。

民族——包括古代中国人——相比,是最聪明、最智慧即理性化程度最高的民族。事实可能并非如此。正是在轴心时代高潮期"古典启蒙"如火如荼展开之际,一方面是哲学、历史学、政治学、修辞学、艺术、音乐前所未有的繁荣,另一方面是广大群众对怪力乱神一如既往的陶醉。在这种情况下,就连大力张扬科学,在理性化进程中扮演了前卫角色的智术师们也还不敢公然宣称自己是无神论者。① 这解释了为什么就连标杆性的思想家苏格拉底也万分诚笃地相信自己身上有个"精灵"(daemon),自己的行动总是受它的指引。② 这也解释了为什么在柏拉图的诸多"对话"中,他或她所认可的笔下人物总是假定诸神不仅存在,而且积极干预人类生活,尽管他/她们并不具有人类的外形和性情。这也解释了为什么在雅典入侵西西里的战役中,将军尼西阿斯一方面行军途中也不忘修炼美德,另一方面却深信随军巫师的话,事事求神问卜,结果是,他所率之雅典舰队被叙拉古人包围之后,本来有大把机会突围,却因他笃信神喻,拒绝突围而屡屡贻误战机,最后致使雅典远征军全军覆没,他本人也被叙拉古人俘虏处死。

不难看出,尽管古典时代希腊的理性突进大体上发生在两个方面,即哲学思辨和道德修养,但对整个希腊文明而言,这种理性化运动远不是彻底的。甚至可以说,理性化运动中兴起的哲学很大程度上是一种神学式哲学,或干脆就是一种神学。为什么这么说?除了上文提到的柏拉图相论或理型说能支持这个观点外,他的灵魂不灭说③在其思想中所占有的核心地位,这种论说在基督教崛起

---

① J. V. Muir, "Religion and the new education: the challenge of the Sophists",载 P. E. Easterling and J. V. Muir (ed.), *Greek Religion and Society*, Cambridge (UK): Cambridge University Press, 1985, p. 209。
② 参《另一个希腊》第七章"苏格拉底审判背后的政治"之"链接二","苏格拉底的'美德'与'灵魔'"。
③ 灵魂不灭说并非是柏拉图(或他笔下苏格拉底)的发明,尽管他极大地提高了这一论说在希腊思想中的重要性。早在前5世纪上半叶,希罗多德就已意识到灵魂不灭说源自埃及:"埃及人第一个教给人们说,人类的灵魂是不朽的,而在肉体死去时,人的灵魂便进到当时正在生下来的其他生物里面去;而在(转下页)

第三章　多样的理性化路径

时代与一神教上帝观和天堂地狱说的契合,以及希腊罗马文明晚期流行的新柏拉图主义中那种无比繁琐的神秘主义的灵魂论,也都说明这一点。

同样能够说明这一点的还有:古典时代盛行的奥尔弗斯密仪(Orphism)的一个核心观念——个人应当用禁欲的手段把囚禁于肉体里的灵魂解放出来,以使自己获得拯救——实际上源于柏拉图思想中的灵肉二元论;[①]通常被视为一个哲学流派的伊壁鸠鲁主义建立了一个极为严格的宗教式的禁欲主义组织;斯多亚主义的核心理念——天命(Divine Providence)——也无法纳入通常意义上的哲学,而更应该视为一个神学概念。凡此种种说明,通常所谓"希腊哲学"很大程度上是一种神学(详见第五章"Philosophia:作为神学的哲学")。

从这个意义上讲,古希腊的哲学的突破,并非不可以视为一种宗教的突破。当然,这时发生了所谓古典启蒙,但即令是"启蒙",其性质和理性化程度与现代意义上的启蒙也显然不在同一个层次。即便这时出现了"爱智慧"或哲学,古希腊的精神氛围大体上仍然是一种传统宗教——脱魅程度很有限的迈索斯式宗教——式的氛围。尽管同黑暗时代甚至古风时代相比,此时希腊人的精神品质的确发生了跃进,但这种跃进毕竟只是一种发生在迈索斯式思维的大环境(一种理性化程度较低的宗教环境)里的跃进。基督教崛起后,希腊神学或神哲学里的相论、灵魂不灭说、"逻各斯"说等与新宗教教义非常契合的元素很快被整合到新的宗教神学中,不久后甚至较严格意义上的哲学要素如亚里士多德式三段论也将在基督教神学论证中扮演一个重要的角色,多少也说明了这一点。

尤需注意的是,古典时代兴起的哲学或神哲学,其实只是一小

(接上页)经过陆、海、空三界的一切生物之后,这灵魂便再一次投生到人体里面来……希腊人也采用了这个说法,就好像是他们自己想出来的一样。"希罗多德,《历史》,2·123(所用版本为王以铸译,北京:商务印书馆2005年,上下册)。

① James Shiel, *Greek Thought and the Rise of Christianity*, London: Longman, 1968, p. 20.

▎理性的开显

撮精英分子的事,与大众并没有太大的关系。不难想见,既然是少数派,哲学家们、道德家们和智术师们即便自己"启蒙"了,"觉悟"了,也不敢冒天下之大不韪,断然否认诸神的存在,从而与城邦或者说构成城邦的广大群众发生公开的对抗。事实上,此时的先知先觉者——如苏格拉底、柏拉图,甚至亚里士多德——自己也像广大群众那样,继续信神拜神,尽管已经不大相信神具有人类身上的种种缺点和毛病,而倾向于认为神在道德上是完美的,至少是正确的。

出于政治报复的动机,雅典人指控苏格拉底"不虔敬",不信奉城邦诸神,以稀奇古怪的新思想"腐蚀"青年,最后将他判刑处死,[①]可是柏拉图笔下的苏格拉底并非"不虔敬",完全是一个真诚相信城邦诸神存在,虔诚祭神拜神的人。同样,柏拉图自己也真诚相信诸神存在。甚至先进者如色诺芬尼(前570年—前480年),也并非不相信诸神存在,而只是嘲笑人们把诸神描绘成具有人类的相貌和性情,抨击荷马把人类的丑行和罪恶强加在诸神身上。在古典启蒙时代所有哲学家中,只有德谟克利特(前460—前370年)似乎是一个较彻底的唯物主义者,可即便他也并非无神论者(详见第五章"Philosophia:作为神学的哲学")。

叙利亚的一神论宗教

如果说希腊的理性化运动有着"爱智慧"的美称,开出了柏拉图式的神学式哲学或哲学式神学,叙利亚的精神突破所采取的路径又如何呢?这是一条迥然有别的路径。在叙利亚文明中,理性化运动的标志并不是什么"哲学"或"爱智慧",而是具有至为浓烈的伦理道德取向的唯一神信仰及相应的戒律和信条。在这里,理性化运动的标志性人物也不是一些着迷于探究世界万物本原者如泰勒斯、阿那克西曼德之辈,或有着喜辩名声的"爱智慧者"或"智

[①] 参见《苏格拉底因何牺牲?》,《读书》2015年第2期。

第三章 多样的理性化路径

术师"如苏格拉底或普洛塔哥拉一类人,而是对思辨并非感兴趣的"先知"。

先知何许人也?他们是叙利亚社会的道德家,是不怕孤立的政治抗议家,是精神导师和政治领袖。也许他们太相信自己真理在握了,太相信他们向人世间传递的乃是神的真谛或旨趣。无论如何,他们不顾一切地坚持崇拜那唯一真神,而且一再呼吁同胞们放弃旧日的偶像崇拜,坚信那唯一真神,过一种有严格道德约束的生活。因此可以说,以色列先知主要是道德家。无法想象他们会像希腊的泰勒斯、阿那克西曼德和阿那克西美尼等人那样,痴迷于对宇宙万物起源的思索,不断花样翻新地搞出一套又一套万物本体论或"宇宙发生论"来。他们更不像尼西阿斯(著名的雅典将军)一类希腊式道德家那样,又要修炼美德,又无比虔敬神灵,压根儿就没有摈弃求神问卜习惯的意思。

但以色列先知们不也信神吗?他们当然信神。他们信的是唯一真神。这与苏格拉底一再宣称受心中"精灵"指引和尼西阿斯出征时带着随军卜师,事事占卜,有何不同?以色列先知的确信神,但在他们的观念体系中,所信之神不仅是唯一真神,而且是超验之神,一个超越于时间之上的永恒之神,一个创造了世界万物、无所不知、无所不能的至上神。这样一个神与迷信意义上的鬼神的差别,何止天壤?毫不奇怪,他们不屑于希腊人此时深信不疑的神喻,比方说道德家尼西阿斯所相信的那种神喻,如某年某月某日某时,被团团包围在叙拉古港湾的雅典舰队如要实施突围,将凶多吉少。很明显,以色列的唯一神与多神崇拜环境中的希腊诸神大为不同,以色列先知与希腊占卜师或巫师也迥然有异。

因了这些缘故,以色列宗教与希腊宗教在品质上差别极大。可以说,希腊宗教的核心在于仪式。令今人无比诧异的是,希腊宗教竟缺乏我们所熟知宗教的一个根本维度:信条。[①] 由于没有信条,

---

[①] A. H. 阿姆斯特朗,《希腊哲学与基督教》(瞿波译),载 F. I. 芬利(编),《希腊的遗产》,上海:上海人民出版社 2004 年,第 369 页。

理性的开显

希腊宗教的主要内容便在于人们在祭祀仪式上做什么、如何做,也在于人们在仪式上的行为规范或操作方法是否正确、恰当,而完全不像在叙利亚宗教中那样,人们所信仰和信奉者是否正确或恰当占有关键的位置。① 事实上,希腊宗教对于应信仰何种原则或理念,遵守何种戒律,是不感兴趣的。正由于它并不试图规定希腊人在日常生活中应该或不应该做什么,所以缺乏一个伦理道德的向度。简言之,希腊宗教只有仪式,没有信仰、信条和戒律,而以色列宗教既有仪式,又有信仰、信条和戒律。

为了更好理解叙利亚思想的核心理念,即一神论,不妨先看看神的概念在希腊社会究竟意味着什么。如所周知,希腊世界中神灵泛滥,难以计数;而且诸神大多是非道德的,甚至可能会像人类那么卑鄙、小气、嫉妒成性、恣意妄为、暴烈残忍;人与神之间并没有一种明显的分界,不仅祭司、卜师可以是人与神的中保,某些神祇也能充当神与人的中介,用柏拉图描述爱洛斯(他认为,爱洛斯是一种积极干预人间事务的"精灵")的话说,这些神"往来于天地之间,传递和解释消息,把我们的崇拜和祈祷送上天,把天上的应答和诫命传到地上;由于居于两界之间,他们沟通天地,把整个乾坤联为一体,成为预言、祭仪、入会、咒语、占卜、算命的媒介"。② 对希腊人来说,诸神实实在在地栖身于奥林帕斯山上,也可能混迹于城邦中,甚至赫然现身于人民大会(Agora)或议事会现场,而人类也随时能够因卓越战功或在奥林匹亚赛会上获胜,被宣布为神。不仅神圣与世俗之间没有一条泾渭分明的界线,不仅人间与神界之间有着连续性,两者之间甚至还有着一种渐次不断的神圣性等级。

希伯来圣经(基督教圣经之《旧约》)中先知所宣扬的神观与希

---

① Paul Cartledge,"The Greek Religious Festivals",载 Easterling and Muir (ed.),*Greek Religion and Society*, p. 98。
② 柏拉图,《会饮篇》,203A(所用版本为《柏拉图全集》[四卷本,王小朝译],北京:人民出版社2003年,第2卷);让-弗朗索瓦·马特,《论柏拉图》(张竝译),上海:华东师范大学出版社2008年,第129—130页。

第三章　多样的理性化路径

腊人的神观形成了鲜明的对比。大约在前7—前6世纪,叙利亚社会出现了一种新的神观:耶和华对于以色列人来说是唯一的;他在宇宙之外,宇宙是他的创造物,"却与他对立,未被他渗透";[1]他要求献祭,却不倚赖献祭,而且根本不受巫术的影响。恰成对照的是,在传统的神话式宗教中,人类献祭或施行巫术,目的在于影响神,使其做出有利于自己的决定。

现在,叙利亚的神不仅被认为创造了世界,也被认为是唯一的神——如果不是全宇宙唯一的神,至少也是唯一对以色列人至关重要的神。他出现了,竟没带什么伴侣或配偶,更没有后代!这与希腊主神的拈花惹草的行径形成了何等鲜明的对照!他是在孤独中创造世界的,这又与苏美尔、巴比伦和希腊的迈索斯叙述中男女诸神均参与创世,并为此目的而相欢交合形成了何等鲜明的对比!他向以色列人提出了苛严而彻底的道德要求,[2]除了要他们只信奉他一个神以外,还要求他们孝敬父母,不可杀人,不可奸淫,不可偷盗,不可作假见证陷害人,不可贪恋他人房屋、妻子、奴婢、牛驴等,[3]这又与缺乏道德意识和自律精神,不知羞耻为何的希腊诸神何等不同!

希伯来圣经中的唯一神观念不仅是一种至关重要的信仰,也包含着一整套世界观和相应道德律令。需要特别注意的是,以色列人的新的价值观并非像"伦理转向"时代的希腊哲学那样,只是一小撮"爱智慧者"、智术师或道德家的爱好或玩物,跟大众没有什么关系,而是一些容易普及到大众中的价值观,这些价值观不仅体现在人人都能信守的宗教教义和道德戒律中,也体现在人人都能参与的社会生活中。这就意味着,此时叙利亚与希腊理性化路径有一个重要的区别,那就是,这里不会出现希腊那样的群众与精英的

---

[1] Peter L. Berger, *The Sacred Canopy: Elements of Sociological Theory of Religion*, New York: Doubleday and Company, Inc, 1969, p. 115.
[2] Berger, *The Sacred Canopy*, pp. 114—116.
[3] 《圣经·出埃及记》20·1—17;另参见《圣经·利未记》19·1—37。

理性的开显

分裂和对立。正是在这种分裂和对立中,一方面希腊大众依然沉迷在魑魅魍魉、巫觋卜筮的旧思维中,另一方面少数希腊精英发动了一场新潮思想运动,此即所谓"古典启蒙"。当新旧两种精神样式与城邦政治纠缠在一起、难分难解之时,二者间便不可避免地发生激烈冲突。这种冲突是有后果的,甚至可以说有致命后果,即苏格拉底、亚西比德和克里提亚式的悲剧。[1][2]

看上去,一神教思想除了不能有效解释世界上的邪恶究竟源自何处或何个神祇[3]外,从哪方面看也是一种更为合理的观念。然而从根本上讲,一神教并不是古代以色列人在某个时期的天才发明,

---

[1] 苏格拉底、亚西比德(贵族出身,伯里克利的养子,前5世纪雅典著名的政治人)和克里提亚(柏拉图母亲的堂兄弟,贵族出身,前5世纪雅典著名的政治人)三人的死都与激进民主密切相关,甚至可以说都直接死于激进民主政治。亚西比德被雅典民主派借波斯人之刀杀死。克里提亚在试图阻止民主派推翻"三十僭主"的战斗中阵亡。苏格拉底则在民主派推翻"三十僭主"统治后,以"腐蚀"青年和"不敬"城邦神的罪名判刑处死。事实上,精英与平民的激烈矛盾是古典希腊的普遍现象。

这种矛盾的根本原因不仅在于社会经济地位的不平等,也在于战争频仍的大环境下激进民主制度的实行。激进民主派与贵族寡头派极为惨烈的政治冲突当然可以视为社会不平等和激进民主政治的结果,但在精神层面,精英与平民的结构性矛盾却表现为哲学或"逻各斯"新思维与"迈索斯"(神话)式旧思维的冲突。可以想见,在大众的巨大数量和强大的力量面前,精英们不得不妥协。这一定程度解释了为什么在古典时代中后期,即令大力张扬"科学"的新潮智术师也不敢冒天下之大不韪,一味坚持神乃子虚乌有,并非存在。其实,苏格拉底和柏拉图之类"爱智慧者"从根本上讲都是折衷主义者,因为他们不仅不是无神论者,甚至明确宣称神是存在的。

[2] 关于雅典民主派与贵族寡头派的政治冲突,参见 Josiah Ober, *Mass and Elite in Democratic Athens: Rhetoric, Ideology and the Power of the People*, Princeton [New Jersey, USA], Princeton University Press, 1989,全书。

[3] 耶和华固然是一个愤怒之神、惩罚之神,甚至杀戮之神,但对以色列人来说是一个"好"神,却是没有疑问的,否则他通过摩西向以色列人传达十诫并与之立约便无法解释了;但是,如果只存在一个唯一真神,而且绝对是一个"好"神,真真确确且无处不在的邪恶又该由谁来负责?为什么全知全能的唯一真神创造世界万物和人类的时候,不把邪恶完全排除在外?相比之下,对于传统多神论来说,这样的难题根本不存在,因为邪恶跟"好"神没有什么关系,都是由"坏"神造成的。

第三章　多样的理性化路径

而是历史发展、理性开显的产物。以色列人与其他民族的不同处在于把一神信仰和一神教推到了极致。他们发展出了一种极严格、极纯粹的一神论思想。从宗教社会学的角度看问题，他们这么做是合理的、必然的。在周边强敌虎视眈眈，随时可能遭到入侵，随时可能战败，遭受灭顶之灾的情况下，为了求生存，求发展，就必须把有着分裂倾向的各个部落或氏族凝聚起来，形成合力，产生集团效应。要达到这一目的，严格的一神教不失为一种成本低、效果好的思想武器或意识形态手段。事实上，在各大文明的早期历史上，都发生过诸神逐渐减少为少数几个主要神祇的转变。这与部落整合成部落联盟、部落联盟又整合成国家乃至帝国的历史趋势是相适应、相吻合的。

相比之下，中国上古时代虽也有过类似于唯一真神的"上帝"，但人们更多信仰一些神化的人或由人变来的半人半神。这种神祇本来很多，但至"三皇五帝"时代已减少到伏羲、轩辕氏（黄帝）、神农（炎帝）、少昊、颛顼、共工、帝喾、帝尧和帝舜等主要的半人半神。不难想见，这些神祇并非同时被崇拜，而属于不同的时代。也就是说，一个时代只祭拜某些特定的神，后来不断加祭新神，最终便祭拜长长的一串神。后人编定的经书虽把"三皇五帝"相提并论，但最初某特定华夏族群是不可能同时祭拜所有这些神的，而是黄帝为轩辕氏统领的部落联盟所崇拜、炎帝为神农氏统领的部落联盟所崇拜，其他神祇则为其他族群所崇拜。只是当不同族群合并后，不同的神祇才会被相提并论，并同时受到崇拜。比方说只是在轩辕氏和神农氏两大部落联盟合并后，其各自首领或半人半神英雄才一并被祭拜，这也就是为什么华夏族后来总是黄炎合祭，黄炎并提。应注意，"三皇五帝"并非严格意义上的神，而是传说中被神化了的人。同样应注意，他们不仅不同时代，而且都是道德上完美无暇的神。

如果把目光转向印度世界，也不难发现那里最初同样是一种多神崇拜的环境。那里尤其能够见到众多的自然神，例如太阳神苏里亚、天神婆楼那、雷神因陀罗（后演变为战神）、暴风神摩鲁特、雨

73

神帕尔迦尼耶、火神阿耆尼等。随着时间的推移,印度出现了自然界中并没有直接对应体的概念神,如恶神阿修罗、魔神罗刹,以及跟死亡有关的神阎摩("阎摩王"),甚至还出现了关于信心、爱、语言的神。再后来,印度人从众多的神祇中拣选出一个或一些更为重要的神——如因陀罗——作为主神,因为此时人们已经有了这样的意识:在能够对人类发生影响的诸多神祇中,有一个或者一些与众不同的神,它们的力量比其他神更大,不仅直接干预人类的日常生活,而且主宰、统治着其他神祇。[①]

同样,在两河流域,苏美尔人从诸多神祇中拣选出恩利尔作为主神,巴比伦人从诸多神祇中挑出马尔杜克作为主神,而亚述人从诸多神祇中选出阿舒尔作为主神。

即便在神祇多如牛毛的古风时代希腊,也出现了一种向唯一神演变的明显趋势——赫西俄德的《神谱》中虽有众多男神女神,却唯宙斯是众神之父,也是最有力量和能耐的神。及至古典时代哲学兴起,打扮成"理念"的唯一神更构成一种不可逆转的精神倾向。

一神信仰的多神起源

如前所述,叙利亚文明是一个次生文明,即在先发文明的影响和薰染下形成的文明。这意味着,"犹太文明"或"希伯来文明"的提法不那么妥当,应该是"叙利亚文明";从根本上讲,唯一神信仰并不是以色列人所单独开出的,而是整个叙利亚社会乃至整个西亚的文明演进的成果。这里,还应该对另一个事实给予足够的注意,那就是,以色列人的一神信仰是在多神论的环境中萌生、成长的。

在历史的演进中,理性的开显固然会采取狂飙突进或"突破"的方式,但这种突破往往不是一蹴而就,而是分阶段发生的。虽然

[①] 参见姚卫群,《印度宗教哲学概论》,北京:北京大学出版社 2006 年,第 20—21 页。

第三章 多样的理性化路径

不能说多神崇拜中完全不包含任何理性的成分,但与唯一神信仰相比,其理性成分毕竟少得多。另外,一神论样式的突破还需要有一个重要的前提,或者说必须经过一种漫长的演进过程,亦即经济和社会发展水平达到了一种可谓水到渠成的程度,"突破"才会被最终提上议程。这就意味着,在理性化程度更高的一神教开出之前,必然会有一个理性化程度仍不那么高的多神崇拜阶段。这一判断适用于任何一个古代民族,即令以唯一神崇拜著称的以色列人也非例外。

这么说有何根据?在《旧约》开篇几章里边,就可以找到证据。如所周知,先知摩西是以色列历史上最重要的一个神人中介,正是他把耶和华"十诫"传达给以色列人。但从希伯来《圣经》中耶和华对摩西的训诫来看,以色列人绝对不是从一开始便相信全宇宙只有一个神。他们在祭拜耶和华的同时,还信奉其他部族的神,或者说仍不得不信奉其他神祇:"耶和华证明他在战争方面擅长,但他却不是滋养大地之神。当他们在迦南地定居下来,以色列人本能地转向崇拜迦南地的主神巴力,他从元始以来便使谷物得以滋长。"[①]以色列人信奉其他神祇,还有其他重要原因,如与多神崇拜的迦南本地人的通婚:"以色列人竟住在迦南人、赫人、亚摩利人、比利洗人、希未人、耶布斯人中间,娶他们的女儿为妻,将自己人的女儿嫁给他们的儿子,并事奉他们的神。"[②]

甚至晚至以色列王国的鼎盛期即所罗门时代,以色列人仍然不断转向或倒退到对太阳神巴力和其他神祇的崇拜,因为所罗门王本人便对大量外族嫔妃滥施宠爱,她们"诱惑他的心去随从别神,不效法他父亲大卫,诚诚实实地服顺耶和华他的神"。[③] 作为以色

[①] 凯伦·阿姆斯特朗,《神的历史》,转引自高春常,《世界的祛魅:西方宗教精神》,南昌:江西人民出版社 2009 年,第 94 页。
[②] 参见《旧约·士师记》3:5—6。
[③] 《旧约·列王纪上》11:1—13。

列历史上最成功的一位国王,所罗门的所作所为起到了一种上行下效的作用。毋庸置疑,以色列人既身处多神崇拜的大环境,其一神崇拜无法做到纯粹。

无论原因为何,以色列人的多神崇拜招来了先知们的强烈谴责。先知们这样做,既是出于伦理道德的是非对错的考虑,也很大程度是出于维护共同体团结的实用主义动机,因为背离对耶和华的崇拜,转而祭拜异民族神祇的人很可能是为维护个人私利:"有少数持怀疑态度和没有爱国心的人,出于对国家的绝望,可能转而崇拜被亚述人祭拜的太阳神巴力或各种星神,希望通过即时改变他们的信仰来拯救他们自身以及保护他们的私人财产。"① 无论以色列人的多神崇拜的原因是什么,他们事奉耶和华之外的其他神祇并不是一种"可能",而是一个事实,一个白纸黑字地记载在《圣经》里的事实。

如果实际情形不是这样,如果一神信仰一开始便非常纯粹,就根本无法解释所罗门王之前各个时代经文里的记述。例如,耶和华与摩西"立约",晓谕他告诫以色列人,不要信奉其他部族的神祇,而只能敬拜他们自己的神——耶和华。再如在《出埃及记》中,耶和华给摩西以训诫:"我今天吩咐你的,你要谨守。我要从你面前撵出亚摩利人、迦南人、赫人、比利洗人、希未人、耶布斯人。你要谨慎,不可与你所去那地的居民立约……却要拆毁他们的祭坛,打碎他们的柱像,砍下他们的木偶。不可敬拜别的神,因为耶和华是忌邪的神,名为忌邪者。只怕你与那地的居民立约,百姓随从他们的神,就行邪淫,祭祀他们的神。"② 事实上在相当长一段时间内,以色列人"背约"转而祭拜其他神祇之事如此频频发生,以至于神

---

① 乔治·桑塔亚那,《宗教中的理性》(犹家仲译),北京:北京大学出版社2008年,第65页。
② 参见《旧约·出埃及记》34:10—16;也参见 Becking, "The Boundaries of Israelite Monotheism", 载 Korte & de Haardt (ed.), *The Boundaries of Monotheism*: p. 12、p. 13。

第三章 多样的理性化路径

不得不让"约"中所警告的诅咒降临他们。①

在以色列人看来,耶和华是一个嫉妒心特强、极端排他的神。他"拣选"出以色列人来加以眷顾,是有条件的,那就是他们必须只祭拜他一个神,不允许他们拜其他任何神。② 从历史的角度看,这不分明在说,以色列人除祭拜耶和华以外,也祭拜其他神祇?按照耶和华的意思,对包括摩西在内与他立约的人们而言,只有他才是以色列人必须敬拜的唯一真神。但值得注意的是,这里,就连耶和华也没有明示他是宇宙间唯一的神。尤其应注意的是,耶和华并不否认除他之外,其他神祇也存在,这不啻间接承认,他并非普天下唯一的神祇。耶和华所要求于摩西和以色列人的,是只能敬拜他,而不要去祭拜其他神祇。

如所周知,流传至今包括《出埃及记》在内的《圣经》经文,是被历史上的教父——早期基督教的神学权威——所一字一句编辑修订过的文本。在西元纪年开始之后的最初几百年里,绝对严格并排他的一神论——即人们只能信奉耶和华,不仅如此,还必须相信他们崇奉的神是全宇宙唯一的神,其他神不仅不能祭拜,而且压根儿就不存在——最终成为绝对不可动摇的真理,不仅能从犹太教教义中看出,也能从形形色色的基督教派别的教义中看出。为了使这一教义显得连贯一致、神圣无比,绝对不容违逆,神学家们对经文进行了反复增删和修改(即便如此,一神教从多神崇拜中脱胎而来的痕迹也无法彻底抹去,详下)。考虑到不否认其他神祇存在因而间接否认了自己为绝对唯一神的竟是耶和华自己,一神教的成

---

① 关于以色列人的"背约"以及神因此对他们的诅咒,参见《圣经·利未记》26:27—45;《申命记》28:64—68;《列王纪下》17:7—23,18:1—46,21:10—15,23:26—27;《以赛亚书》2:6—18,41:21—29,47:1—15;《耶利米书》2:20—28,10:1—15,31:27—34。也参见约翰·德雷恩,《旧约新论》(许一新译),北京:北京大学出版社2004年,第142—143页。

② 如果采用人类学或心理学的立场,这一情形也可以这样表述:以色列人用耶和华的名义来确立一种纯粹的民族身份,树立一道民族的屏障,以便分清敌我,最大限度地获得集团凝聚力。也就是说,先知们对纯粹唯一神论的坚持,可以理解为出于维护共同体的政治动机而采取的姿态。

形经历了一个多么漫长的过程,就更清楚了。

尚非纯粹的一神崇拜成形前以色列人与所有古代民族一样,崇拜多个神祇之事实还能得到其他方面的证明。实际上,《圣经》一开章便在证明这个。在《创世记》中,神造天空和大地、光亮与黑暗、白昼黑夜、山脉河流、植物动物包括鱼虾和飞禽时都独自一个,唯独造人时不再孤独,有一个女神来协助他,似乎古以色列人虽信奉唯一真神,却并非不懂得必须有一父一母或一男一女,才能生出人来。今日流行的《创世记》版本在历史上虽经过教会反复修订,却仍保留了这些语句:"我们要照着我们的形象,按着我们的样式造人。"①

这里第一人称复数代词意味着,造人的行为主体不止一个神,除一个男神外还有一个女神。尽管在删定后的《圣经》的其他部分,唯一神之外其他神祇要么不存在,要么被指为邪神或撒旦,但至少在《创世记》里,参与创造人类的女神仍隐约在场。也就是说,以色列人的唯一神思想至少在创世故事中尚不严格。那么为何在当代《圣经》版本中,与唯一神思想相矛盾的字句也仍保留着?如果不采用基督教神学或虔诚信徒的立场宣称第一人称复数代词"我们"指圣神和圣灵,就只能说,以色列人唯一神崇拜是从多神崇拜演变而来的;"我们要照着我们的形象,按着我们的样式造人"之语其实恰好是多神崇拜的痕迹。

考古发掘表明,迟至前9—前8世纪,以色列人仍然不仅只敬拜耶和华。除敬拜他外,他们还祭拜其他神祇,包括耶和华的女伴阿舍拉(Ashera)。② 既然此时以色列人还是游牧民,逐水草而居,每到一个地方便入乡随俗,祭拜当地的神灵,便再自然不过。他们甚至可能是什么神灵验,便拜什么神。同样能说明问题的是,《旧

---

① 《圣经·创世记》1:26。此处译文出自1920年代最终问世的全本官话和合《旧约全书》。
② Patrick Chatelion Counet, "Early Jewish Monotheism and the New Testament",载 Korte & de Haardt (ed.) *The Boundaries of Monotheism*, pp. p. 43。

第三章　多样的理性化路径

约》中除了使用 Yahweh（耶和华）一词来指唯一真神以外，通常还使用另一个词来指相同的唯一真神，即 Elohim，而 Elohim 原本是 El（即神）的复数形式，指众多的神。[1] 这也间接但清楚地表明，以色列宗教源于迦南地区的多神信仰，只是在"巴比伦之囚"以后，才发展出严格的唯一神崇拜。[2][3]

即令绝对排他的唯一神的开出，也远非一蹴而就。如前所述，以色列人的唯一神崇拜起初并不那么严格、纯粹。《出埃及记》中那个要求以色列人只能祭拜他，同时也不得不承认其他神祇存在的耶和华，便是证明。在《以赛亚书》中，先知以赛亚向以色列人反复强调，是耶和华将把他们从亚述人的奴役中解救出来，因此耶和华不仅是其唯一的真神，也是他们唯一的"救主"；因此，以色列人只能崇拜耶和华，而绝对不能崇拜其他任何神祇。[4] 这里，禁止崇拜其他神祇本身，即不啻间接承认了其他神祇的存在。

尽管如此，这种禁止依然是相对温和的。它更多意味着，此时的唯一神崇拜仍然仅仅针对以色列民族的内部成员。只是到后来，这种要求还不高的早期一神论思想才变得越来越苛严。再后来，及至轴心时代结束西元纪年开始，基督教诞生之初，集团内部排他性的唯一神才最终升格为普天之下的唯一真神。矛盾的是，这个神虽然号称是普天之下的唯一真神，看似更霸道、更专横，却不再是一个排他的神，因为他不再只是以色列人的神，而是一个包容的神，向所有民族和所有阶级开放的神。一种全新的宗教样式诞生了。这与基督教打破犹太民族界限，向所有民族敞开怀抱的

---

[1] 秦家懿、孔汉思，《中国宗教与基督教》，北京：生活·读书·新知三联书店 1990 年，第 96 页。

[2] Counet, "Early Jewish Monotheism and the New Testament", 载 Korte & de Haardt (ed.) *The Boundaries of Monotheism*, pp. 43 - 44。

[3] 在宗教学界希伯来圣经研究中，一神教作为先知运动的直接产物从多神崇拜演变而来的看法，已经成为一种主流观点。迄于今日，仍看不到任何论家对此观点提出实质性挑战。王立新，《古代以色更历史文献、历史柜架、历史观念研究》，北京：北京大学出版社 2004 年，第 51—54 页。

[4] 参见《圣经·以赛亚书》37：21—38、42：1—6、43：1—21、44：6—28。

新形势是相适应的。

再次强调,以色列人著名的"非偶像"的(aniconic,"不得为神造像")、排他性的一神教思想并非由他们单独开出,也不仅仅是他们在与迦南人互动中,汲取其多神崇拜形式后开出的。以色列人与埃及人、腓尼基人、腓力士人、迦勒底人、亚述人等多个古代民族的互动也起了很大的作用。也就是说,一神教在很大程度上是在接受其他宗教、文化影响的过程中形成的。① 如前所述,只是在寄居埃及时以色列人才从游牧民族转变为农业民族。他们的神庙理念、祭拜方式,还有年月日的概念和记数方法等,无不源自两河流域。甚至《圣经》的创世神话也不是以色列人的发明,类似故事早就流传于苏美尔和巴比伦,而类似于诺亚方舟故事的大洪水传说早在以色列兴起前一千多年便以多个版本流传于两河流域。

最后应指出,不仅以色列周边乃至整个西亚北非世界长期存在着一种多神崇拜的文化环境,而且在其早期历史上,以色列人内部也存在过类似的多神崇拜传统,甚至盛行过一种不断造神的习俗——众天使神(Angel-gods)的存在,对各种自然现象或抽象概念进行拟人式的神化(hypostases),把族长、先知、国王和高级祭司等加以神化,便是证明。② 这清楚地表明,一神教诞生于多神崇拜的文化环境中。当然,即便是以色列人内部的多神崇拜,最终说来也源自周边闪族或非闪族的宗教大环境。也就是说,唯一神思想及相应崇拜样式最终说来,是西亚北非的整个文明生态的产物,是漫长文明演进的结晶,必须有一个比单单"以色列"、"希伯来"或"犹太"文明深厚得多的物质和精神基础,方成为可能。③

---

① Becking,"The Boundaries of Israelite Monotheism",载 Korte & de Haardt (ed.), *The Boundaries of Monotheism*, p.13。
② Counet,"Early Jewish Monotheism and the New Testament",载 Korte & de Haardt (ed.) *The Boundaries of Monotheism*, pp.45-46。
③ 参见阮炜,《"历史"化内的叙利亚文明》,《读书》2002年第8期。

第三章　多样的理性化路径

沙门运动中的哲学宗教或宗教哲学

在"轴心突破"说中,轴心时代的南亚次大陆是佛陀和玛哈维拉(大雄)等宗教创始者的时代,是佛陀主义或佛陀主义、耆那主义或耆那教等思想派别崛起的列国时代。① 这个时代与中国春秋战国时期非常相像,这从"列国时代"名称可见一斑。这时出现的新思想流派往往被称为宗教,但准确地说,它们是一些精神样式。当然也并非不可以说,它们是一些哲学色彩极强的宗教,或如某些论者所说,是宗教哲学,或者说就是哲学。它们不仅宣扬众生平等的革命学说,不仅表现出高度的伦理自觉,也有精深的理论思辨。问题是,这些精神形态在何种意义上是革命性的?它们在何种意义上具有高度的伦理自觉?或者说按照雅斯贝斯的论说,轴心期印度的精神突破究竟有何内涵、特点和表现方式?

无论此前南亚发生过什么,佛家此时出现了。它不仅意味着一种新生命样式的诞生,也意味着一种新的哲学思想的兴起。为什么这么说呢?佛教以是否合乎理性和经义为检验真理的标准,认为"达磨"(Dharma)或"法"、"道"是一种支配宇宙万物和人类社会,可以用理性加以把握的普遍法则;世界上所有物体和事物,有形无形,或实或虚,或大或小,统统是法;一切法自无始以来本来如是,并非为佛所创造,更非为神鬼所创造。② 这种思想堪称现代,或者说,与现代人对宇宙、自然和人生的认知大体相符。佛家的论证

---

① 在西元前6—前4世纪这两百来年之间,印度经历了一个类似于中国春秋战国时代的"列国时代"。在前6世纪初,南亚次大陆北部出现了十六大国,其中拔只和末罗两国是贵族共和国,其余均为王国。除了十六大国,还有诸多较弱小的共和国,如释迦牟尼所由出的释迦共和国等。在较大的王国里,王权一直在强化,政治权力越来越向少数精英手里集中。与此同时,列国之间不断进行着兼并战争,在战争中出现了伽尸、居萨罗、摩揭陀等强国。后来摩揭陀胜出,臣服了其他国家,成为统一次大陆的大帝国。
② 《简明不列颠大百科全书》(十二卷),北京:中国大百科全书出版社1985年,第三卷,第144页。

方法也很现代,其逻辑推论和概念分析等,都是现代科学和哲学常用的方法。

然而,佛陀主义的学说既不是叙利亚宗教式的神学,也不是现代意义上的科学,而可以视为一种藉以论证其思想观念的哲学。当然,当人们说佛理含有精湛的哲学思想时,主要指的是一种关于人生真理的思想,一种具有深刻思辨特征的教导,以及论证人生真理的理性方法。事实上,佛陀主义对于跟人生意义和求证觉悟无关的问题,如宇宙万物从何而来,世界有限还是无限,灵魂和肉体为一体还是两种不同的实体等形而上学问题,不太感兴趣。佛陀主义的教导包括缘起(十二因缘)、四谛、因果业报等等,可大致分为两大方面:一、关于生命和世界真相的方面,其思辨性也更集中地表现在这个方面;二、关于善恶因果与修行的方面,这也是佛陀主义作为一种宇宙大法的道德向度之所在。

正如在春秋战国时代儒家并非一枝独秀那样,在"列国时代"的印度,佛家也是在众多思想流派的竞争中诞生的,准确地讲,是在同其他思想运动一道,共同反抗婆罗门统治的斗争中崛起的。前6—前5世纪,出现了与婆罗门教统治相对立相反动的沙门思潮("沙门"即 Samana,意为息心、净志),也涌现出一大批反对吠陀天启、祭祀万能和婆罗门至上的思想家。他们过着与婆罗门祭司大为不同的生活,有的隐居森林,有的执著于苦修,或践行瑜伽;有的从事某种社会职业,如医生、占星家;有的创立新思想派别。沙门思潮中影响最大者为命定论派、顺世论派、耆那主义、佛陀主义、不可知论派。

这些派别虽有各自的思想倾向,但在反对吠陀权威和婆罗门教统治的斗争中,却有着一致的社会政治立场。耆那主义和佛陀主义除反对婆罗门教的神灵崇拜和祭祀万能外,还反对在祭祀中杀生,宣扬众生平等、种姓平等和非暴力主义,强调禁欲、苦行。因了这些主张,沙门思潮尤其是其中的佛陀主义至今对印度人仍具有感召力,对印度以外的世界尤其是东南亚和东亚的吸引力就更大了。在对世界的认知方面,沙门思潮中的各流派大多从自然或现

第三章 多样的理性化路径

实生活出发,认为自然和现实生活本身中的原因(或规律)比归诸神灵的原因更为重要,来源于生活实践的知觉和经验知识比吠陀天启更为有效。这与先秦时代儒家"敬鬼神而远之"的精神气质何其相似乃尔!在社会政治方面,沙门思潮各派别都反对婆罗门祭司的精神统治,反对繁琐仪式,这又与儒家、道家、墨家乃至希腊哲学的精神品质如出一辙。各沙门流派都相信业报轮回,反对种姓制度,佛陀主义、耆那主义和命定论派尤其如此,只有顺世论派是例外。[①]

沙门思潮兴起之前,婆罗门教或婆罗门主义鼓吹吠陀天启、祭祀万能、婆罗门至上;婆罗门祭司垄断着知识和文化,控制着人们的精神生活。佛陀主义、耆那主义、顺世论派等沙门派别兴起后,婆罗门祭司的垄断地位受到了严重的挑战。因多种理念体系同时流行、相互竞争,各自都拥有大批信徒,吠陀经典的权威地位动摇了。此时,印度精神世界可谓一派百花齐放、百家争鸣的景象,甚至可以说发生了一场天翻地覆的革命。既然发生了革命,那么是谁革谁的命?是各低种姓革高种姓祭司阶级婆罗门的命。为什么革他们的命?因为他们用一整套神哲学意识形态和祭祀仪式来维护其统治地位,把自己包装成高贵者、神圣者,以压制和剥削其他种姓,如作为体力劳动者的首陀罗、作为商人、手工业主等的吠舍,以及作为武士的刹帝利,更遑论贱民了。

不难看出,这种革命与华夏历史上的农民起义不同,主要是一种旨在改变不合理社会秩序的思想或精神运动,而非有组织的暴力行动。这是令人诧异的。发生在印度的革命与古典时代希腊哲学的兴起也大不相同,因为它主要是由中下层民众参与的一种新型思想运动,或一种有着类似于宗教理念和组织形式的哲学运动。希腊情形刚刚相反。那里,古典时代崛起的那种新的精神样式——"爱智慧"或哲学——只是一小撮精英分子的事,其所反对的恰恰

[①] 参见刘健、朱明忠、葛维钧,《印度文明》,福州:福建人民出版社2008年,第73—74页;也参见《沙门思潮》,载《百度百科》,09/10/2010。

理性的开显

一如既往地崇拜诸神的中下层民众。这也是令人惊讶的。

为什么会出现如此截然相反的情形？不妨先看看希腊方面的原因。由于高度散裂的地缘格局和干旱少雨的自然环境，希腊进入早期国家后，在相当长一段时间内无法像其他文明中那样，统一成为一个较大的政治共同体，而是分裂为数百个小国或城邦。它们之间纷争不自断、征战不已。在频繁而激烈的战争条件下，原本就存在的氏族民主传统很快演变为一种发达的古典军事民主。[①]于是，这里的情形与大多数古代民族刚刚相反，平民所享有的政治权利不是越来越少，而是越来越多，以至于在前6世纪末至前4世纪后期的古典时代，开出了所谓激进民主即democratia。[②]可以说，希腊样式的激进民主是氏族民主在古代条件下所能达到的一种极端的形态。恰成对照的是，印度作为一个大河文明，进入早期国家以后，平民阶层所享有的政治权利不是越来越多，而是越来越少；氏族民主的成分虽仍然存在，如贵族共和国拔只与末罗国的情形所示，但君主制正迅速成为主流形态的政体。

为什么会形成这样的局面？在印度次大陆，国家的形成与来自中亚的"雅利安人"对次大陆的征服是同步发生的。"雅利安"征服者在向次大陆的纵深推进的过程中，逐渐从氏族社会演变为阶级社会，从游牧生活转变为农业定居生活，原本相互之间可以通婚的武士、祭司和牧民这三种人，也逐渐演变为相互之间壁垒森严的三个血缘性的等级或"种姓"。由于当时战争频仍，也由于神灵崇拜盛行，祭祀被视为战斗取得胜利和部族兴旺发达的首要保证，于是祭司成为第一等级，即婆罗门。同样因战争频繁，武士们在征服土著部族的战斗中立下了汗马功劳，也因其在战争中掠夺了大量的人口和财物，他们掌握了很大权力，所以成为第二等级刹帝利。从

[①] 以雅典为例：为了维系霸权，雅典必须发展一支强大的海军；要操作大量海军舰只，必须有大量穷人来充当水手；穷人在军事上的重要作用又不可能不加强其社会地位，提升其政治权力方面诉求。

[②] 参见阮炜，《不自由的希腊民主》（上海：上海三联书店2009年）第五章"民主的演进"。

第三章　多样的理性化路径

事牧业、农业、手工业生产和商业活动的平民则成为第三等级吠舍。沦为奴隶的土著,以及因这种或那种原因被较高种姓驱逐出去的"雅利安人",则被迫从事洗衣、屠宰、制革、收尸等低贱的职业,成为第四等级,即首陀罗。为了维护其统治,掌握最高权力的婆罗门祭司发展出一整套意识形态为这种制度提供理论根据。正是在繁琐的祭仪中,在强有力的"合理化论证"①的支持下,种姓制度才最终确立:不同种姓不得通婚,其各自职业也必须世代相袭,不得变更,以确保血统界线或"种姓"的清晰。②

任何革命都不可能凭空发生,这没有疑问。但也产生了一个问题:沙门时代印度的思想革命究竟发生在什么样的社会情境和文化氛围中？或者说,从经济、社会发展和思想史的角度来看,沙门革命之前的南亚次大陆究竟发生了什么样的精神事件？

考虑到在西元前6至前4世纪这两百来年中,那场被称为"沙门"的思想运动开出了如此严密的逻辑推论、概念分析等理性思维形式,③问题还可以这样问:这场思想革命究竟是一场理性反对蒙昧的革命,还是一场由一种哲学宗教(也可称之为"宗教哲学",详上)运动反对另一种哲学宗教的革命,一场表现为佛陀主义、耆那主义等思想流派反对居主导地位的婆罗门主义的精神革命？不难想见,佛陀主义和耆那主义等所代表的精深理性思维,不大可能是

---

① "合理化论证"概念出自彼得·贝格尔,《神圣的帷幕》(高师宁译,上海:上海人民出版社1991年)。它指的是用各种样式的思想、文化和宗教方法来论证现有社会、政治秩序的合理性。在贝格尔看来,人类文明在其演进过程中存在四个层次的合理化论证:1)前理论层次,可以看见对传统的简单肯定;2)初期理论层次,合理化采取了谚语、道德箴言和传统格言的形式;3)具有明显理论性的层次,出现了专门化的"知识体系"以解释和证明社会秩序;4)高度理论化的层次,所有不全面的合理化论证都从理论上被整合进一种包罗万象的世界观或观念体系中。贝格尔认为,历史上使用得最广泛的合理化论证形式是宗教。贝格尔,《神圣的帷幕》,第36—62页。

② 参见刘健等,《印度文明》,第69—70页。

③ 后来在高度组织化的佛教和耆那教僧团中,这些特征并没有消退,而是变得更为明显。

从魔术师手中无中生有般飞出的一只美丽白鸽,而只可能在深厚的理性思维传统中才可能诞生,只可能在肥沃的精神土壤里才可能生根、开花、结果。

不妨看一看在经济社会领域,轴心时代的南亚究竟发生了什么。正如在华夏世界,冶铁技术传播和铁器的使用使生产力得到了大解放,社会经济水平得到了大提高那样,在印度次大陆,铁器所带来的结构性的技术进步也使经济、社会得到"跨越式"发展,农业、商业和手工业获得了前所未有的繁荣。在经济大发展的形势下,农民、商人和手工业者以及更低种姓或无种姓可言的人们(贱民)获得了一种从未体验过的自由,获得了一种从未享有过的表达其利益诉求的发言权。以佛陀主义、耆那主义、顺世论等为代表的沙门思潮便是中下层民众的利益诉求在思想上的反映。毫无疑问,沙门革命的对象是吠陀天启、祭祀万能和婆罗门至上。这种革命既是对社会经济大发展形势下的历史需要的反映,也顺应了这种需要,或者说为新一轮历史演进起到了推波助澜的作用。

沙门运动前的精神突破

尽管各沙门流派表现出严密的逻辑推论和概念分析等特征,但如果说这都是这些流派的发明,便言过其实了。事实上,它们很大程度地使用了先前被婆罗门祭司们所垄断的思想武器。因为,即便现在看来极不合理、极具压迫性的种姓制度,在不小程度上也是一种依靠理性的论证(及繁琐的祭祀)而建立起来的一种社会政治秩序。为了维护他们的统治,婆罗门祭司依赖吠陀经典发展出了一整套宗教意识形态,以之为种姓制度提供理论根据(尽管繁琐的祭礼可能起了更重要的作用)。正是在婆罗门教的理性化论证中,在不乏神圣气息的严密教理和教义中,种姓制度才获得强大的意识形态支持,才得以最后巩固。这就意味着,在沙门革命发生之前,其革命对象本身已然经历了一场理性化洗礼。

第三章　多样的理性化路径

最能说明这一点的,是大约前9世纪起形成的《奥义书》。作为吠陀经典的最后一部,《奥义书》不再像之前的吠陀文献(如《吠陀本集》和《梵书》)那样,以婆罗门教的祭祀活动为关注焦点,不再热衷于讨论举行祭祀的时间、地点、方法、目的和意义,而开始提出哲学性的论题,进行论证、推理、分析,展开对宇宙本源、人的本质、人与自然的关系、人生意义和最终命运等大问题的思考和探究。[①]《奥义书》的作者大多隐居森林。他们长于思索,崇尚自由,追求永恒,对诸如生与死、苦与乐、灵魂是否存在、如何"解脱"等根本性问题,给出了其自圆其说、自成一体系的回答。

需要注意的是,在印度文化语境中,"梵"是一个至关重要的概念。它究竟何指?指"宇宙最高本体,万物的本源和始基,其本身是纯粹的精神实体,不具有任何形式和属性"[②]。尽管"梵"并非在《奥义书》中最早提出,但只是到了《奥义书》时代,"梵"作为一个抽象的哲学概念,才在印度人的思维中占据了中心位置。也可以说,只是在《奥义书》中,早期吠陀中的人格神意义上的"梵天"才转化成为抽象意义上的"梵"。[③]

也是在《奥义书》时代,印度思想家提出了"梵我同一"说。这一学说试图回答一些根本性的问题,如人的本质是什么,宇宙的本质是什么,人与宇宙的关系如何。除了把宇宙本质概括为"梵",《奥义书》还把人的本质概括为"我"(Atman)或"灵魂"。"我"也是纯粹的精神实体,位于人的肉体中,代表人的精神本性。关于人与宇宙的关系,《奥义书》认为,人的灵魂或"我"只是宇宙灵魂或宇宙本质"梵"在世界中的显现,"二者同源同体,在本性上同一不二"。所谓"精神解脱",指的是使人的灵魂从肉体的束缚和业报轮回之中彻底解放出来,达到永生不灭、永福永乐之境。但如何才能达到"解脱"?学习吠陀、祭祀、布施和苦行吧。此外,还要舍弃世俗名

[①]　刘健等,《印度文明》,第100—101页。
[②]　同上书,第101页。
[③]　姚卫群,《印度宗教哲学概念》,第28—29页。

利,断绝与家人亲朋的关系("出家"不是好玩的,其源头便在此),修习瑜伽禅定,达到"梵我一如"的虚寂状态,即"解脱"。

不仅梵我同一这一婆罗门教(以及西元7至8世纪后婆罗门教的更新版——兴都主义)的标志性教义起源于《奥义书》,而且业报轮回和精神解脱——二者均为印度本土主要宗教哲学或宗教哲学流派(顺世论是明显的例外)所共同信奉的教理或所追求的目标——也同样源于《奥义书》。[①] 事实上,梵我同一、业报轮回和精神解脱构成了婆罗门主义的基本教理。从现代人的观点看,这三大观念均属于"宗教"的范畴。

但是,包括佛家在内的大多数本土达磨都相信生死轮回。这是典型的印度思维样式。按此思维方式,生死轮回的根本原因在于"业"。何为"业"?它是人类行为善恶的造作,产生于人之所以为人那似无穷尽的"欲",以及无始以来便一直纠缠着他们的"无明"。于是形成了以无明为始,依"欲"而成意志,由意志而有业,由业而受果的"轮回"圈子。此外,婆罗门教或婆罗门主义还认为,"'我'是生命轮回中的主角,人的身体因'我'而生,人的活动也由'我'而起。所以,'我'是恒常存在的、现世人生的苦,由前世行为招感而来;今生行为的善恶,同样也会连带前世的业缘,影响到下一世的人生。"[②]

从以上讨论中可以看出,婆罗门教为种姓制度提供了强有力的意识形态支持。然而无论种姓制度多么不合理,哲学化的婆罗门教导的出现,怎么说也应视为印度理性化进程的一个重要内容。大约在前1500年前后定型的《梨俱吠陀》中的《原人歌》里有这样的歌词:"原人之口,是婆罗门;彼之双臂,是刹帝利;彼之双腿,产生吠舍;彼之双足,出首陀罗"。[③] 不仅四大种姓的高下顺序在《原

[①] 刘健等,《印度文明》,第102—103页;姚卫群,《印度宗教哲学概念》,第31—32页;《婆罗门教》,《百度百科》,09/10/2010。

[②] 此处有关"业"、"无明"、"我"的讨论,《婆罗门教》,《百度百科》,09/10/2010。

[③] 巫白慧译解,《〈梨俱吠陀〉梵文哲学诗选》,载中国社会科学院哲学研究所东方哲学研究室编,《东方哲学与文化》,北京:社会科学文献出版社1995年,第21页。

第三章 多样的理性化路径

人歌》里有了明确界定,而且天地日月和其他自然现象也源于"原人":"彼之胸脯,生成月亮;彼之眼睛,显出太阳;口中吐出,雷神火天;气息呼出,伐尤风神。脐生空界,头现天界;足生地界,再生方位,如是构成,此一世界。"①这里,《原人歌》把天地日月等自然现象与人类社会实际紧密联系起来考虑,表现出了一种把人类本性与世界本质视为同一的思想倾向。在《奥义书》中,这种思想倾向又得到了进一步发展,演变为"梵我同一"说,后来成为印度主流思想流派的基本观念。②

不仅婆罗门主义的理性化运动深刻影响了其他印度达磨的学说和教导,而且轴心时代印度诸种哲学——宗教在祭祀方面也经历了深刻的理性化洗礼。甚至早在沙门思潮兴起之前,古老祭拜仪式中的迷狂成分就已遭到婆罗门祭司们的摈弃。事实上在比《奥义书》成书早五六百年(约前15—前14世纪)的《梨俱吠陀》中,在耕地上举行仪式性性交的做法、灵根崇拜(这里"灵根"即林加或Linga,象征湿婆神;所谓林加或灵根崇拜,简单说来,就是对男性生殖器的性力即所具有的神秘力量的崇拜)、对现形为肉身的神灵如带有性爱迷狂意味的丰饶女神的崇拜,以及对其他神魔的崇拜,便已经被大大淡化,或至少不再被提及。在婆罗门祭司们看来,这些神魔灵怪及相应的崇拜仪式显得卑俗不堪,完全应该否弃。

这种对旧宗教仪式尤其是其中神魔和迷狂成分的拒斥,至为深刻地影响了印度文明的精神气质和演进路径,其重要性再怎么强调也不过分。即便在后轴心时代,被婆罗门祭司们所否弃的那种神魔崇拜在印度文化中很大程度上仍保留了下来,或者说,作为民间巫术仍然被主流观念所容忍,但是婆罗门祭司对怪力乱神的破除无论如何也应视为印度理性化进程的一个极重要的组成部分。正是在婆罗门"正道"以及沙门"外道"等诸如此类异端各自的理性

---

① 参见巫白慧译解,《〈梨俱吠陀〉梵文哲学诗选》,载《东方哲学与文化》,第21—22页。
② 姚卫群,《印度宗教哲学概念》,第23页。

化运动中,神魔崇拜和巫觋卜筮永远丧失了其从前享有的地位。①

如我们所知,印度古代历史上的祛魅运动并非仅仅表现在推理、分析等精致的思维方式的开出,也并非仅仅表现在对旧宗教仪式中的迷狂和神鬼的否定,而在很大程度上也表现在一种前所未有的伦理自觉上。事实上早在沙门运动兴起之前,婆罗门主义便已经历了道德觉醒。在这方面,印度文明中理性的开显与其他文明并无根本不同。早在前15—前9世纪,印度精神样式中便已存在诸"德目"或人类应当具有的美好品质如慈悲、忍耐、不嫉妒、纯洁、平静、正行(ārjova)和不贪婪等。在较晚成书的《摩奴法典》中,这些"德目"演化成更明确更积极的美德,如寡欲、自制、不偷盗、虔敬、知识、诚实、不动怒等,甚至已浓缩简化为所有种姓都必须遵守的五戒:勿杀生、勿妄语、勿窃盗、勿行邪、勿贪瞋。②

也不难发现,及至列国时代沙门革命发生以后,这些美德已不再局限于主流的婆罗门主义,在异端思想流派如佛陀主义和耆那主义中也能找到,甚至处于显要位置。这些美德与中国儒家的基本原则如仁("仁者爱人"之仁)、忠、恕、恭、宽、信、敏、惠、智、勇、孝、悌、友等,与"伦理转向"时代希腊爱智者所倡导的美德如勇敢、自制、正义、虔敬、智慧,与希伯来先知以神的名义所颁布的戒律如孝敬父母,不可杀人,不可奸淫,不可偷盗,不可作假见证陷害人,不可贪恋他人房屋、妻子、仆婢、牛驴等等,③几乎如出一辙。

事实上,在沙门革命前的印度,婆罗门祭司的理性精神绝不亚于同时期其他文明的类似运动,如果不是高于其他文明的话。可以说,西元前15—前9世纪吠陀传统中的理性精神不仅高于同时期希腊和叙利亚社会,甚至可能高于华夏文明。这时候,希腊世界仍处在迈锡尼和黑暗时代的蒙昧之中,叙利亚世界以色列人的一

---

① 此段讨论的主要信息来自马克斯·韦伯,《印度的宗教——印度教与佛教》(康乐、简惠美译),桂林:广西师范大学出版社2005年,第173—177页。
② 韦伯,《印度的宗教》,第231页。
③ 《圣经·出埃及记》20·1—17;《圣经·利未记》19·1—37。

第三章 多样的理性化路径

神论思维仍不见踪影,或者说还很不严格,而华夏世界理性精神极强的周初政治哲学也是在相对较晚的时候——前11世纪——才出现。婆罗门祭司的理性精神一定程度上解释了为何从短期看,沙门思潮虽然对婆罗门主义构成了强有力挑战,但从长远看种姓制度非但没有废除,反而得到了加强,并成功延续到近现代,甚至经受住了有平等主义倾向的伊斯兰教和共产主义运动的冲击。

这也在一定程度上解释了为什么在历史上的印度,婆罗门祭司一整套繁琐的祭祀从来没有中断过;为什么他们在吠陀时代便已获得了极大的权力,后来在不同时期虽或多或少有过式微,但总的说来与历史上中国的儒生士大夫一样,不衰反盛。[1] 在很大程度上,这是因为在种姓制度和婆罗门祭司的权力背后,有一整套基于精密思辨的哲学或"法"、"道",有一个自成一体的"合理化论证"系统作为支撑。在其基本的价值预设范围之内,婆罗门主义的哲学论证是非常有效的,这就有力地支持了既有的社会政治秩序,使之得以保持稳定并成功地延续。当然,不仅在婆罗门主义中也在后来的兴都主义中,已经祛除了迷狂和巫魅的宗教仪式同样起到了维系社会政治秩序的作用。

婆罗门祭司的理性精神很大程度上也解释了为什么印度文明对于社会正义和秩序的理解迥然有异于中国文明,为什么历史上印度大体上没有发生中国式的农民起义,遑论每个朝代末期大规模的农民战争了。如果人们今生社会状况是前世造"业"的结果,他们就应该安分守己,而不要犯上作乱;如果他们对今生境遇不知满足,提出非分的要求,甚至挑战乃至推翻既有社会政治秩序,那么很显然,这么做便又造了"业",而此"业"又会影响来生,届时他可能想做个贱民也做不了,而变牛作马,甚或投胎成为虫子也未可知。既然如此,还不如老老实实、规规矩矩一点。在"合理化论证"的意义上,灵魂不死、业报轮回和精神解脱等本土精神样式所共同遵守的教导效力之强,由此可见一斑。

---

[1] 刘健等,《印度文明》,第200—202页。

所以，完全不必拘泥于轴心时代假说所划时间界限，更不必拘泥于雅斯贝斯提到的仅仅两个伟大人物即佛陀和玛哈维拉，而把当时居于主流地位的婆罗门主义或婆罗门教排斥在理性开显的历程之外。没有保守的婆罗门主义，便没有激进的佛陀主义、耆那主义以及其他革命性达磨。事实上，灵魂不死、轮回业报、精神解脱等独特的印度观念不仅是顺世论派、命定论派、佛陀主义、耆那主义等沙门运动中兴起的理念体系所共享共有的学说，更是主流达磨婆罗门主义的基本教导，即便沙门思潮并非总心甘情愿地接受梵我同一这一根本信条。这意味着，所有印度本土"法"、"道"在根性上是家族相似的，正如中国精神形态儒家、道家或墨家等和西亚精神形态犹太教、伊斯兰教、基督教等都具有各自的家族相似性那样。

同样值得注意的是，古印度文明在科学——尤其是在代数学、文法学、医学、解剖学方面——也有卓越的表现。[1] 古代印度科学取得了如此杰出的成就，所留下的遗产如此丰富，以至于当代印度兴起了"种族科学"或"后殖民科学"，即要跟源自西方的现代科学相抗衡的印度本土科学。[2] 如果说这种科学仅仅局限于少数印度人，那么起源于印度的"植根于对精神肉体机能的精微控制"的冥思技术[3]早已传播到世界各地，已经对其他文明产生了不小的影响（20世纪前，西方乃至全世界的人们对之熟视无睹，但现在兴趣越来越高）。所有这些成就都与婆罗门主义为载体，轴心时代之前便已肇始的理性化进程有密切的联系。

周人的政治哲学

正如南亚的理性化进程并非肇始于沙门思潮，而可以追溯到好

---

[1] 韦伯，《印度的宗教》，第214页。
[2] 蔡仲，《宗教与科学》，南京：译林出版社2009年，第160—168页。
[3] 参见韦伯，《印度的宗教》，第215页。

第三章　多样的理性化路径

几百年之前即已出现的吠陀思想那样,在华夏世界,理性化运动的滥觞也并不是以春秋战国时代诸子百家的兴起为标志,而至少可上溯到前11世纪周初的政治哲学。尽管周人的政治思想仍披着天命论的神学外衣,尽管这种思想的枢轴仍然是"天",一个人格化的最高主宰,但一种道德主义色彩浓厚的哲学思维已清晰可见。面对未来的不确定性,周人在华夏思维发展史上第一次明确主张,神意或天"命"彰显在人心的向背中;统治者只要有"德",只要"以德配天",顺乎"民"之意志,至少不违逆"民"意,上天就会眷顾他们,对他们青睐有加。

很明显,这是华夏思维的一种重大转向。也很明显,这种思维将产生直接的社会和政治效应。什么社会政治效应? 先前至关重要的祭祀占卜,现在不那么重要了。现在,人们应通过自己主观努力和正确行为来掌握自己的命运。既然如此,先前处于主导位置的祭司和巫师们,其地位现在必然下降,其巫术—政治职能现在应由更专业化的政治人来履行。后者履行职能的方式不再仅是卜筮,而主要依赖于日常经验和冷静的观察,也依赖于客观的分析、判断和筹划。不妨说,周初政治家们所鼓吹的,是一种带有神学意味的精神形态,一种基于"天命"和"德"的政治哲学。这种精神样式或哲学的理性化程度非常高,考虑到此时希腊人还处在蒙昧时代,以色列人仍沉迷于多神崇拜,就更难能可贵了。

从这种新型精神形态的品质来看,周人的理性思维大体上与同一时期婆罗门祭司的吠陀主义宗教—哲学处在相同的水平。从时间的先后来看,周人的政治哲学是先于叙利亚的唯一神信仰、希腊的神学式哲学(之所以称之为"神学式哲学",是因为苏格拉底、柏拉图、亚里士多德一类人的"爱智慧"是一种裹挟着神灵崇拜的精神样式或"哲学",详见第五、六章)而出现的,也早于印度列国时代兴起的被视为"哲学"或"宗教"的佛陀主义、耆那主义、顺世论等思想运动,所以完全可以看作雅斯贝斯意义上的"哲学"的突破。

问题是,周人为什么到了前11世纪才得出这样的认识,而非更早或者更晚? 这主要是因为,此时看似强大无比的商,在被认为十

理性的开显

分弱小的周及其盟邦的打击下,竟然一下子便土崩瓦解了。在"殷鉴"面前,周人总结一下历史的经验教训,追问一下自己为什么能够以弱胜强,与前宗主国易位,或者说为什么貌似强大的商会突然灭亡,是非常自然的。正是在对历史的经验和教训的总结中,正是在对长久享有天命的期待中,周人获得了一种前所未有的历史自觉。他们认为,先前商统治者用来吓唬被统治的弱小国家或部落的上帝崇拜,是没有根据的;商之所以灭亡,根本原因在于统治者未能以"德"配天,未能敬"德"保民,而并非主要因为他们不祭拜上帝,或祭拜的态度和方法不好,惹得上帝生气,不再关照他们了。其实早在灭商前,文王(姬昌)便说过"殷鉴不远,在夏后之世"一类话,①这表明他已意识到,殷纣王不重视夏后氏被商汤灭亡的教训,后果很严重。

在后世史家如司马迁看来,文王之所以能有这种历史意识,很大程度是因为他是一个仁德之君,能够"遵后稷、公刘之业,则古公、公季之法,笃仁、敬老、慈少"。② 事实上,作为商"朝"的一个臣属国的首领,文王不光仁德,也勤于政事。他礼贤下士,以至于"日中不暇食以待士","士以此多归之"。③ 此时,周虽仍只是商的一个属国,但经过多代贤明头人的经营,势力已相当强大。于是,文王对商的附庸国(部落或部落联盟)实施分化瓦解政策,甚至充当这些小国或部落联盟之间纠纷的调解人,使之纷纷前来归附,把文王视为天命所属之君。后方巩固以后,文王开始实施东进战略,扫除了一个又一个障碍,获得一个又一个据点。在不断削弱商人势力的政治军事经营中,文王为武王灭商打下了坚实的基础。

灭商之后,武王、周公、召公等人对先人尤其是文王的品德和功绩进行总结,认为周人之所以受上天眷顾,是因为文王"明德慎

---

① 《诗·大雅·荡》;也参见王晖,《商周文化比较研究》,第 182—183 页。
② 《史记·周本纪》。
③ 《史记·周本纪》。

第三章　多样的理性化路径

罚","不敢侮鳏寡",①②上帝为之感动,遂降命于周人。相比之下,殷人"弗吊天",因此天"降丧于殷","坠厥命"。但是"我有周既受(命)",却不知能否长久有"祥"。怎么办呢?不可"宁于上帝命",而应"时(恃)我",也就是说要依靠自己。具体说来,就是"罔尤违",即不要犯过错,不要有违失。不仅如此,还要采取正确的方针来因应情势,尤其要以仁德政策治理各方民人,即以"德"配天,这样就能掌握主动,克服未来的不确定性。总之,保天命事在人为:"惟人"!③

有着强烈忧患意识的周初政治家意识到,商虽"坠厥命",但毕竟称霸了好几百年,没有一些圣君贤王进行有效的治理,根本不可能,于是对其成功原因进行总结,学习其经验,以期周政权能长治久安。平息管叔、蔡叔伙同武庚所发动的叛乱以后,周公把武庚统治下的殷民分封给幼弟康叔,告诫他好好学习商先哲王的治国之道,要求他"往敷求于殷先哲王用保乂民……别求闻由古先哲王用康保民。"④⑤周公还指出,纣之亡国,很大程度上是因他"腆于酒";恰成对照的是,"殷先哲王迪畏天显小民,经德秉哲;自成汤至帝乙,成王畏相惟御事,厥棐有恭,不敢自暇自逸,矧曰其敢崇饮?"⑥⑦周公告诫康叔,殷夏亡国教训"不可不监"⑧,"不可不监于有夏,亦

---

① 《尚书·康诰》。
② 伪古文《尚书》之《蔡仲之命》篇里有"皇天无亲,惟德是辅"语,对"德"之意涵作了更加明确的表述。《蔡仲之命》虽是公认的《尚书》伪文,但必须承认,"皇天无亲,惟德是辅"之语的精神旨趣与"正"经《尚书》是完全相符的。
③ 本段引文均出自《尚书·君奭》。
④ 《尚书·康诰》。
⑤ 周秉钧将此段经文译为:"要遍求殷代圣明先王用来保养百姓的方法……还要另求遗闻于古时圣明帝王以安百姓。"周秉钧注译《尚书》,长沙:岳麓书社2001年,第146—147页。
⑥ 《尚书·酒诰》。
⑦ 周秉钧将此段经文译为:"殷的先人明王畏惧天命和百姓,施行德政,保持恭敬。从成汤直到帝乙,明君贤相都考虑着治理国事。他们的辅臣很敬慎,不敢自己安闲逸乐,何况敢聚众饮酒呢?"周秉钧注译《尚书》,第155—157页。
⑧ 《尚书·康诰》。

理性的开显

不可不监于有殷"①；告诉他"古人有言曰：'人无于水监，当于民监'；今惟殷坠厥命，我其可不大监抚于时"②；要他牢记这个道理："天畏棐忱，民情大可见，小人难保。往尽乃心，无康好逸豫，乃其乂民"③④。

如果要用一个字来对周人摈弃鬼神、高扬理性进行概括，该字非"德"莫属。"德"是"以德配天"之"德"。它意味着祭天拜天虽然仍很重要，但同样重要甚至更重要的，是统治者正确的行为或者说亲民的表现。正是这种行为或表现才能符合"天"之期待，才能"配天"。"德"不仅体现在周初政治家们的"明德慎罚"、"不侮鳏寡"方面，也体现在他们追随后稷、公刘、古公、公季等先君"笃仁、敬老、慈少"方面。当然，后一种意义上的"德"较为明显地带有司马迁之类后世史官——先秦及秦汉时代的知识分子——的道德主义立场。但对于周初政治家甚至更早时代的文王等人来说，"德"就是"德治"，与其说是一个伦理学概念，毋宁说是一个政治哲学概念，尽管这种政治哲学有浓厚的神学底色。但无论是何种思想观念，也无论它是何种精神形态，哲学抑或神学或其他，其目的都是要解决现实政治问题。对于周这么一个极为成功的政治体来说，统治者所面临的现实政治问题是什么？简单说来，就是不仅要生存下去，还要发展、繁荣；在华夏世界特定的地缘环境——一个适合农耕的超大陆地板块——中，这要求在一个巨大范围内建立起一个相对统一、稳定的政治秩序。

这就是为什么早在追述帝尧事迹的《尚书·尧典》中，尧便被认为具有"允恭克让，光被四表，格于上下"之"俊德"。在解决了自

---

① 《尚书·召诰》。
② 《尚书·酒诰》。《尚书·泰誓》虽然公认是伪篇，但必须承认，其中"民之所欲，天必从之"语的精神旨趣，与"正"经《尚书》的旨趣完全相符。
③ 《尚书·康诰》。
④ 周秉钧将此段经文译为："天道辅助诚信的人，民情大致可以看出，百姓难于安定。你去殷地要尽心尽力，不要苟安贪图逸乐，才会治理好百姓。"参见周秉钧注译《尚书》，第146—147页。

第三章 多样的理性化路径

身修德亦即"克明俊德"后,尧又取得了"亲九族"即使家族和氏族和睦的成绩;"九族既睦",又取得了"平章百姓"即明辨其他各族(部落或部落联盟)事务的功业;然后有"百姓昭明"的局面,最后取得了"协和万邦"即使诸侯协调和平之功德。[①] 在周人看来,统治者之所以要有"德"甚至"俊德",是因为有一个现实问题亟需因应,即处理好王或君与其家族和氏族成员的关系;在此基础上,必须处理好本族与其他部族的关系,以达到"协和万邦"目的。但尧"亲九族"、"平章百姓"、"协和万邦"的功绩说到底,是其"俊德"的结果。他之所以能够有"俊德",又是因为他的主观努力和道德修养,跟他是否信神拜神,或信神拜神是否虔诚,并无必然的联系。

华夏文明理性精神的突进,还表现在政治家周公在礼法制度方面所进行的重大改革。此即著名的"制礼作乐",即建立起一种基于礼乐的、上下等级井然有序的社会政治体制,其中不仅同姓和异姓集团间的亲疏远近——特别是主导与服从的关系——必须弄得清楚,不得有丝毫含糊,就连家族内部父子兄弟间关系也必须有严格的界定。对于周初政治家来说,殷政权的土崩瓦解和周初"三监之乱"都是活生生的历史教训和政治现实。为了巩固政权并取得更大发展,周公制定了被称作"礼乐"的一整套典章制度,清晰地界定君臣之间的宗法关系和其他上下尊卑关系,包括嫡长子继承制、"畿服"制、"爵谥"制、"法"制和"乐"制。[②] 在这些宗法关系和典章制度中,最重要的内容是嫡长子继承制和贵贱等级制。

殷商时代,君位继承多半发生在兄弟之间,在三十个实际继位的王中,兄终弟及者竟达二十二位,占总数的百分之七十三以上。[③]鉴于以往的君位继承因未能缺少有效的制度而导致兄弟阋墙,骨肉相残,政局动荡,百姓遭殃,周公决定进行重大的政治和文化改

[①] 此处引文出自《尚书·尧典》。
[②] 叶修成,《周公"制礼作乐"与《尚书》的最初编纂》,《求索》2007年第11期。
[③] 参见张廷锡,《新编先秦史纲要》,南昌:江西人民出版社2004年,第27页;也参见许兆昌,《夏商周简史》,福州:福建人民出版社2004年,第73—74页。

革。灭商之后,他不仅接受殷民的归顺,也接管了部分记录商代政事的典册,从而得以在此基础上"制礼作乐"(这可能并非一步到位,而是在他有生之年及之后逐步充实、损益和完善的),确立起了嫡长子继承制,即以血缘的亲疏远近来确定周天子权位继承者的资格,从而解决了一直以来君位继承方面存在着的严重问题。除了嫡长子继承君位,周公还把其他庶子分封为诸侯卿大夫,让他们管理受封土地,治理土地上的人民。在这种体制下,被分封的庶子与天子的关系是地方与中央、小宗与大宗的关系。

这还仅只处理了当时最关键最重要的政治关系。除此之外,周公也制定了确立君臣、父子、兄弟关系或亲疏、尊卑、贵贱关系的礼仪制度,以此规定和调整中央与地方、王侯与臣民的关系,加强中央政权的统治。[①] 新的礼乐制度维护并完善了周人刚刚建立起来的社会政治秩序,使周政权治下的每个个人和部族都得接受礼法的规约和节制。礼乐制度为周的繁荣强盛发挥了关键性的作用,为华夏文明的茁壮成长打下了坚实的基础。

然而到了春秋时代,由于冶铁技术的传播和铁器的使用,社会生产力得到了大解放,华夏世界的社会经济水平有了突破性提高,农业、商业和手工业获得了一种历史上从未有过的繁荣,出现了一派"跨越式"发展的大好景象。在经济大发展的形势下,从前被束缚于土地的耕种者获得了前所未有的人身自由,自耕农大量涌现;同时,手工业者和商人也获得了更高的社会地位和更大的权力。不难想见,新兴社会力量会想方设法表达其利益诉求。反映在社会政治方面,具有政治和社会学符号意义的礼不断遭到挑战。渐渐地,礼不再能够被贵族所垄断和支配,不再能够维护其利益,社会政治秩序由此发生了深刻变化,周初政治家所奠定的曾使华夏文明繁荣强大的礼乐秩序,处于彻底崩溃的边缘。此即"礼崩乐坏"。

面对"礼乐崩坏"之乱局,孔子作出了看似十分"保守主义"的

[①] 《姬旦》,载《百度百科》,09/10/2010。

第三章　多样的理性化路径

反应。他严厉谴责违反礼法规矩或准则的贵族,所谓"孔子著《春秋》,乱臣贼子惧"即是这种情形的真实写照。在孔子看来,季孙氏一类政客以"八佾"舞于庭院,是悍然违法乱礼(违背周礼)的事件,对之表示了极大的愤慨:"八佾舞于庭,是可忍也,孰不可忍也!"[①]孔子不仅对破坏周礼的行为进行了谴责,更针对性地提出了自己的政治理想或主张。当子路问"卫君待子而为政,子将奚先"时,孔子回答说"必也正名乎!"[②]除正名说外,孔子还旗帜鲜明地维护君与臣的尊卑关系。当定公问孔子"君使臣,臣事君,如之何"时,他回答:"君使臣以礼,臣事君以忠。"[③]孔子对周代政治家尤其是"文武周公"极为推崇,认为"周监于二代(夏和殷)",甚至慨叹"郁郁乎文哉,吾从周!"[④]这里,"文"不仅应理解为广义的文教或文化,包括周礼在内,甚至可以说,周礼是周文化的核心成分之一。

从表面上看,孔子对周礼的态度十分保守,实则充满了进步精神。他当说"克己复礼为仁"时,[⑤]他不仅把仁与礼紧扣起来,更使礼服从于仁这一普世价值。孔子之后,孟子和荀子对礼的认识更加全面和深入。如果说,孔子纳礼于仁,使人与社会的关系在主体的自我修养即"克己"中达到统一,那么孟子则更进一步,把这种统一的根据从人身上具体地落实到人的良知良能即心之中,从而把孔子"为仁由己"[⑥]的主体自觉心学化了。荀子则通过对礼的起源、礼的作用、礼与法的关系以及对祭祀之类活动中礼的新认识,把人与社会的统一置根于社会中,从而把礼所包含的理性精神提升到一个全新的高度。[⑦]

---

① 《论语·八佾第三》。
② 《论语·子路第十三》。
③ 《论语·八佾第三》。
④ 《论语·八佾第三》。
⑤ 《论语·颜渊第十二》。
⑥ 《论语·颜渊第十二》。
⑦ 杨庆中,《先秦儒学的开展与中国文化的历史命运》,载《中国哲学史》1996年第3期。

▎理性的开显

　　面对"礼崩乐坏"的乱局,春秋时代另一个伟大思想家老子有迥然不同的回应。与孔子刚刚相反,他对周礼采取了一种激进主义的进路,至少表面看如此。① 他的《道德经》中有这样的话:"失道而后德,失德而后仁,失仁而后义,失义而后礼。夫礼者,忠信之薄,而乱之首。"②这里,周人所开创、现在为儒家所极力维护的"礼",成了全然负面的东西,甚至被目为"乱之首"。周初即已萌芽,后来演变为华夏社会共同价值观的"圣"、"智"、"仁"、"义"等观念,在老子思想中遭到彻底的否定:"绝圣弃智,民利百倍;绝仁弃义,民复孝慈。"③如果把老子与同时期的印度思想家作一个比较,不难发现其激进主义思想堪比沙门运动中的释迦牟尼和玛哈维拉大雄,而较之不可知论派更是有过之而无不及。

中国印度不止一次突破

　　如果对西历纪元前6至前5世纪的印度、希腊与中国的理性化运动作更详细的比较,不难发现,以孔子和老子为代表的华夏理性化路径明显偏重于政治和伦理,其中虽然包含一定的理论思辨成分,但终究没能像希腊科学(以及希腊哲学的某些方面)、印度《奥义书》和沙门思潮那样,对逻辑推演、概念分析和系统论证表现出强烈的兴趣。在一定程度上,这解释了为什么古代中国精神世界的认识论维度明显偏弱。

　　可是,如果我们把这一时期的华夏思想家跟以色列的埃利雅、以赛亚和耶里米之类人物作一个比较,立马便能发现,他们与以色列先知有很大程度的相似。尽管先知们表面上大力张扬唯一神信仰,但这种信仰与周人敬德保民、以德配天、以德保"命"("命"即天命,准确地说,即上帝意志的显现、上帝的眷顾)的思想异曲同工,

---

① 老子"无为"或"无为而无不为"的理念对后世政治经济思想产生了极大影响,他在思想史和经济史学界也因此被视为政治自由主义和经济自由主义的鼻祖。
② 《道德经》,第三十八章。
③ 《道德经》,第十九章。

第三章 多样的理性化路径

殊途同归,因为伴随这种信仰的是一种强烈的伦理和政治旨趣;或者说,这种信仰具有一种明确的伦理和政治指向,而这种指向又不可能不产生现实层面的伦理和政治效应。

很显然,这一时期的以色列人与西周时代的中国人更为相似。以色列人中国人都未能像印度人希腊人那样,对逻辑推演和概念分析等表现出强烈兴趣。因此可以说,古代以色列人与中国人是两个更具道德主义性格、更注重社会政治实际的民族。[①] 但这两个民族并不是为伦理而伦理,为道德而道德。他们的伦理道德无不具有现实政治内涵。

如上所述,周人对于安邦治国的根本方法表现出了一种古代世界所罕见的,可谓政治哲学式的兴趣。他们敬德保民、以德配天("命")的现实主义政治思想,在时间上又与印度人之对于宇宙本源、人的本质、人与自然的关系以及人生命运等问题表现出强烈的兴趣[②]大体上同步。事实上,《尚书》中极具实用价值的政治哲学与《奥义书》中的哲学式玄想大体上出现在同一时代,即西历纪元前的 11—前 9 世纪。

相比之下,此时希腊人仍处在生产力水平非常低下的"黑暗时代"。当时希腊生产力水平如此之低,以至于国家可能尚未形成,甚至无法产生阶级分化所需要的起码的农业剩余。当时希腊人如此贫穷,以至于先前曾经有过的较为明显的阶级分化竟消失了——从墓葬发掘情况来看,这一时期希腊人的随葬品极其简陋,多为瓦罐甚至泥罐一类东西。[③]

---

① 以色列先知虽然不一定能够准确地预知未来,但有着极强烈的道德感,却是没有疑问的。从《旧约》记载来看,他们时时刻刻都在对作恶行邪、偏离正道的同胞进行道德规训,正告他们再不改邪归正,大灾祸就会降临到以色列人头上。这方面的例子在《以赛亚书》和《耶利米书》比比皆是。也参见王立新,《古代以色更历史文献、历史柜架、历史观念研究》,第 69 页。
② 刘健等著,《印度文明》,第 100—101 页。
③ Oswyn Murray, *Early Greece*, Cambridge (Boston): Harvard University Press, 1993, pp. 68 - 76.

理性的开显

也正是在此时,叙利亚世界的以色列人仍在大搞偶像崇拜、多神崇拜,后来影响世界历史进程至为深远的唯一神信仰仍不见踪影,至多只处于初阶阶段。这时以色列人刚刚超越了部落联盟阶段,国家虽已形成,但仍很不稳定,王权仍相对孱弱(北国以色列尤其如此,改朝换代和弑君篡位之事频频发生便是证明)。[①] 由于强敌环伺,他们随时可能被异族征服甚至吞并,连生存下去都很困难,遑论开出华夏周人那样系统的政治哲学,或印度婆罗门祭司那种关于宇宙本原、人生意义之精深思辨的宗教式哲学。

如果把春秋战国时代的中国与列国时代的印度作一个比较,不难发现,具有文化和政治保守主义倾向的儒家与婆罗门僧侣十分相似,至少这两种人的文化和政治保守主义很值得比较,而老子激进的反传统主义则与沙门运动的主要思想流派尤其是佛陀主义、耆那主义的反传统主义更为相近。当然,从社会效应和政治效果来看,保守主义儒家"仁者爱人"[②]意义的人道主义和"有教无类"[③]意义上的平等思想,与激进的佛陀主义和耆那主义所主张的众生平等、种姓平等更加相似,与婆罗门祭司竭力维护种姓制度的做法则明显不同。在这方面,儒家实际上并不保守,其人道主义和平等主义思想显然比婆罗门主义更具进步意义,与现代理念也更为吻合。值得注意的是,中国和印度的这些思想流派都产生于各自文明环境的理性突进运动,或者说都是各自历史上大脱魅时代的产物。

同样,从社会效应和政治效果来看,激进主义的老子"绝圣弃智"、"绝仁弃义"之社会政治诉求与激进主义的佛陀主义、耆那主义所倡导的众生平等、种姓平等思想虽然一时对既有社会政治秩序造成了强烈的冲击(尤其是后者),但从长远看,对中国和印度文明的总体精神格局和价值构成而言,终究处于明显不如儒家和婆

---

① 王立新,《古代以色更历史文献、历史框架、历史观念研究》,第158—183页。
② 《孟子·离娄下》,第二十八章。
③ 《论语·卫灵公第十五》。

第三章　多样的理性化路径

罗门主义的次要位置。

应当注意,华夏春秋战国时代出现儒、道、墨、法等诸子百家局面,与印度列国时代出现佛陀主义、耆那主义、顺世论派、不可知论派等的沙门思潮,完全可以视为中国和印度文明史上理性化进程中的第二次突破。所谓"第二次"是相对于周人敬德保民、以德配天、以德保命的政治哲学,以及印度伴随吠陀传统和婆罗门主义兴起而出现的宗教式哲学运动而言的第二次。换句话说,文武周公所代表的政治理念与前列国时代吠陀传统中所蕴涵的宗教哲学思想,构成了中国和印度理性化进程中的第一次突破。

恰成对照的是,在希腊和叙利亚世界,唯一神信仰和"爱智慧"式精神形态的开出,应当视为这两个文明理性化进程中的第一次突破。因为在此前的历史上,这两个文明里并没有出现过任何特别值得注意的"脱魅"动向。如此看来,相对于印度和中国,希腊和叙利亚的理性化进程慢了一拍。这两个地区在前轴心时代并没有发生堪比周人的政治哲学和印度婆罗门主义式的理性化跃进。这意味着,迄于轴心时代大致结束,希腊和叙利亚文明中仅仅发生过一次理性化跃进。这就与中国和印度明显不同。①

最后要指出的是,对于西亚地中海世界而言,雅斯贝斯所谓轴心突破分别发生在叙利亚和希腊这两个次生文明——之所以说它们是"次生"文明,是因为它们建立在埃及和两河流域的原生文明基础之上——里;而对于黄河—长江流域和印度河—恒河流域而言,轴心突破分别发生在中国和印度两个原生文明里。尤需注意的是,在中国和印度文明中,轴心突破均为第二次突破,因为此前已经发生了第一次突破。

有西方论者认为,在文明的演进和理性化运动进程中,所谓"崩坏"常常先于轴心突破而出现。这种概括可能太猴急了一点。

---

① 当然,完全可以把文明诞生本身视为人类理性化进程中的一次突破,即第一次突破。如是,则所谓"两次"理性化跃进应为三次,所谓"第一次"和"第二次"突破就应是"第二次"和"第三次"突破。

■ 理性的开显

这不仅是因为它只适用于中国春秋战国时代和印度列国时代的第二次思想突破(沙门思潮出现本身意味着既有秩序的"崩坏"),也是因为在希腊和叙利亚世界,"突破"发生之前并没有什么"崩坏"发生,而中国在西周时代发生第一次突破之前,印度在《奥义书》时代发生第一次突破之前,同样也没有发生过什么"崩坏"。① 当然,这又牵涉到如何理解"突破"。如果把它局限在西元前 8—前 2 世纪,则上述西方论家的说法也并非太说不过去,但这么做明显太机械,太局限了。

---

① 余英时先生虽然正确地指出"关于古代'突破',学术界早有共识,不可以视为雅氏的创见,更不可视为西方学人的独特观察",但他对"崩坏"先于"突破"这种说法的认同却未必妥当:"魏尔(Eric Weil)曾提出一个有趣的观察:在历史上,崩坏经常先于突破而出现。春秋时代的礼坏乐崩恰好为魏尔的观察提供了一个典型的例子。我断定,正是由于政治、社会制度的普遍崩坏,特别是礼乐传统的崩坏,才引致轴心突破在中国的出现。"参见余英时,《轴心突破和礼乐传统》,载《二十一世纪》[香港中文大学中国文化研究所],2000 年第 4 期。参见第二章"轴心突破"链接一"轴心时代"说的智识背景"。

第四章　作为理性工具的宗教

引　言

怎么强调也不过分的是，人类文明的总体脱魅进程中，哲学与宗教、理性与信仰总是并驾齐驱，携手共进的。富于理性的生命形态在人类历史上的开显和演进，不仅靠的是通常所谓的哲学，而且借助通常所谓的宗教，甚至可以说在更大程度上靠的是宗教。与先前盛行的巫术神话相比，轴心时代的新兴宗教（如犹太教、佛教；叙利亚或犹太型宗教很快将收编希腊罗马旧宗教及"哲学"，开出基督教；华夏儒家虽可视为哲学，但其宗教性相当强，故往往被称作"儒教"）理性化程度要高得多。与先前时代的精神样式相比，它们都是理性极富成效的载体，是理性藉以开显、成长的极其重要的工具。宗教与理性关系如此密切，以至于可以说，历史上"每当既崇高又强烈的精神似乎已经获得最高快乐的时候，都是它们已经面临宗教之时，并且是在宗教的意义上才获得了这种快乐"①。

也就是说，通常所谓宗教作为一种理性化的生命形态，意味着一种推理、分析和抽象意义上的思维样式的流行，一种"摆脱蒙昧状态"、"洞察事物的本质和事物的美"的智识努力及成果，一种"统摄世间万物的理想"，一种"在所有地方建立起道德的分界线，永远把正确从错误中区分出来"的生命态度。②显然，这个意义上的宗

---

① 乔治·桑塔亚那，《宗教中的理性》，第6页。
② 同上书，第6页。

教在目标和功能上与通常所谓哲学是一致的。在轴心时代,不仅在通常认为宗教性较少的精神形态如儒家、道家哲学中,而且在通常被看作"科班"宗教的精神样式如犹太教、琐罗亚斯德教、婆罗门教、佛教中,同时也在宗教色彩浓烈的哲学流派如墨家、阴阳家、毕达哥拉斯主义、柏拉图主义、斯多亚主义、伊壁鸠鲁主义和新柏拉图主义中,理性都得到了一种前所未有的呈现和张扬。

"理性化"的宗教

这个意义上的宗教,就是怀特海(Alfred North Whitehead)所谓"理性化"或"理性主义"意义上的宗教,简称为"理性宗教"。他认为,宗教包含四种因素,或者说有四方面的具体表现:仪式、情感、信念、理性化。仪式是确定的程序;情感指人们情绪和感觉的表达以及表达的方式;信念指人们所信奉的观念或确信的看法;理性化则是"将诸多信念调整为一个体系,使之内部贯通一致"。[①] 怀特海认为,在人类历史上不同时期,四种因素的作用并非相等,进入人类生活的顺序也与其"宗教价值的深度"正好相反:首先是仪式,其次是情感,再次是情感,最后才是理性化。在"原始阶段",宗教为仪式和情感所支配,理性尚处于蛰伏状态。理性之光初露时,信念开始凸显出来。信念以神话的形式出现,在大多数情况下表现为部落神崇拜。很明显,神话并不意味着绝对落后。即使出现了理性化程度高得多的"哲学"和汤因比所谓"高级宗教",神话仍是理性开显之宏大进程的一个必经阶段。

但需要注意的是,"高级宗教"兴起之初,希腊罗马世界不同崇拜形式亦即林林总总的旧宗教之间并没有相互宣战,其结果是一种令人惊诧的宽容精神,叙利亚一神教取得支配地位后那种不容异己宗教、不容教内异见的情形,此时仍是闻所未闻。尽管如此,

---

[①] A. N. 怀特海,《宗教的形成:符号的意义及效果》(周邦宪译),贵阳:贵州人民出版社2007年,第3页。

第四章　作为理性工具的宗教

新兴的宗教或"高级宗教"仍然是"一种彻头彻尾的社会现象"①。进入"理性化"阶段以后,"幽居独处的孤独感构成了宗教价值的核心";个人的作用得到了前所未有的突出,甚至代替团体,成为宗教中的一个"单位":"先是有普遍盛行的各类思想;然后是抗议的先知们,他们都是一些行谴责和规劝的孤立之士,其谴责和规劝唤醒了犹太民族;接着便是那个有着十二个门徒的人,他几乎受到举国上下的反对。"②③显然,富于理性的"高级宗教"的出现,是先前盛行的宗教形式或者说巫术、神话长期演进的结果。在这种新的生命样式中,"它(宗教)的信念和仪式得到了重新组织,目的是让它成为一种有条理的生活秩序的中心要素——这一生活秩序之所以有条理,是因为它既可以解释思想,又可以指导行为,使之通向一个符合伦理的共同目标"④。这里,宗教不仅以其信仰,而且以其行为模式造就了一种理性化的生活。

在怀特海看来,《圣经》是一部最全面记述了理性主义或理性化是如何在宗教里边展开的经典。从《圣经》中可以看到,宗教改革者对于旧观念、旧习俗的批判是非常严厉的。事实上,西元前8世纪以后出现的那一系列先知几乎个个都是道德家,人人都强烈谴责以色列人当中仍然盛行的偶像崇拜。怀特海认为,对于历史早期的人类而言,对偶像崇拜的批判是非常必要的,因为与偶像崇拜紧密联系的是愚昧、迷信、落后,甚至"恐怖";以人作祭品、对儿童的屠杀、同类相食、纵情声色的狂欢、种族之间的仇恨、堕落的风俗、歇斯底里、冥顽不化,凡此种种,都是偶像崇拜的结果。⑤伴随

---

① 怀特海,《宗教的形成:符号的意义及效果》,第4—9页。
② 同上书,第4页,第7—9页。
③ 关于这一时期个人地位的凸显,宗教社会学者彼得·彼贝格尔持有相似的看法:"单个的人越来越不被视为神话所设想的集体性之代表(那是古代思想中的特点),而常常被认为是特殊的、独特的个体,以个人身份进行着重要的活动"。彼得·贝格尔,《神圣的帷幕》(高师宁译),上海:上海人民出版社1991年,第142页。
④ 怀特海,《宗教的形成:符号的意义及效果》,第8页。
⑤ 同上书,第10页。

着一神论取得最后的胜利,犹太教成为一种理性化的宗教;在这种宗教中,上述一切非道德行为都遭到严禁,即便尚未能根除,至少也受到了非常严厉且有效的抑制;更为重要的是,个人和共同体的精神面貌和生命品质由此得到了极大的提升。事实上,"观念的明晰、思想的普世性、道德的高尚、生存的能力、在世界上传播的广度"终究成为"理性化"宗教最为突出的特征。[①]

尽管因时代局限,怀特海非常错误地认为罗马帝国建立后直至"今天",世界上的"两大理性宗教"是基督教和佛教,但他对理性宗教本身的观察和描述,大体上是站得住脚的。如果采用他的思路,得出琐罗亚斯德教、聂斯托里派基督教、伊斯兰教、印度教、耆那教、锡克教、道教等也是极富生命力的理性宗教之结论,是顺理成章的事。

基督教是近代科学的摇篮

尽管宗教为理性的开显提供了一个极重要的载体,或者说充当了理性生长、展开和演进的一个极重要的工具,尽管宗教与理性有着一种不可否认的携手并进的关系,但是正如它与哲学之间有一种剪不断理还乱的关系那样,在西方文明中,自文艺复兴以来,宗教与科学之间也有一种说不清、道不明的纠葛。长期以来流行着这么一些看法:宗教代表中世纪,代表落后,是科学的对立面,而科学恰恰代表"现代",代表进步;希腊文明是一种理性和科学的文明,而叙利亚文明是一种宗教的文明;在叙利亚文明或有着该文明的核心品质的基督教占上风的中世纪,正是教会的统治妨碍了科学的发展和科学理念的传播。可实际情况究竟是怎样的呢?近一百年来论者得出的结论刚刚相反:有助于近代科学崛起的,恰恰是基督教;而在不小程度上,阻碍近代科学崛起的,恰恰是过分倚靠推理的古希腊科学和哲学。甚至可以说,中世纪的经院哲学思想

[①] 怀特海,《宗教的形成:符号的意义及效果》,第13页。

第四章　作为理性工具的宗教

恰恰是近代科学思想赖以产生的前提。

为什么这么说？近代科学的产生，必须有一个前提，那就是对科学的信心。既然这种信心如此关键，那么它来自何处？来自对于上帝和上帝所创造的自然万物具有内在理性这一点的坚定信念。在基督教神学中处于核心位置的唯一神论有这么一个核心假定，那就是"有序性和连续性的普遍存在"①。这一假定又来自西元前6世纪以降流行于犹太人中的这一根本信念：除唯一真神外，其他神并不存在；不仅如此，唯一真神不仅是彻底超验的，向人们提出了彻底的道德要求，而且不能等同于任何具体自然现象或世间事物。换句话说，神虽然创造了世界，世界却是跟神相分离、相对立的，世界并不被神所渗透；现在，人被"除去了神话特点"（如以色列的族长们或力士参孙），而处在这样的人与超验的唯一神之间的，是一个彻底祛除了神话特征的世界。② 也就是说，世界的脱魅是伴随着神的超验化而来的。由此生发出这样的信念，即自然界并非被诸神甚或妖魔鬼怪所把持和主宰，而是有规律可循的，是可以为人类心灵所理解的。很显然，超验化的唯一神有利于理性的成长，最终有助于近代科学的产生。事实上，上帝具有理性是中世纪的一个流行观念。既如此，为什么不可以把人们对科学的信心视为基督教的一个结果，一个"使人不知不觉的派生物？"③

中世纪的经院哲学家不仅对于上帝具有理性抱有坚定不移的信念，不仅对人类能够正确认知和解释上帝所创造的世界抱有强烈的信心，而且把《圣经》中关于上帝是规律创造者的观点与古希腊关于宇宙是有序和有规则的和谐结构的观点结合起来考察。④ 换句话说，经院哲学家实际上是希腊和叙利亚文明理性精神的传承者。然而在一个极重要的方面，即观察和实验方面，中世纪经院

---

① 伊安·G.巴伯，《科学与宗教》（阮炜等译），成都：四川人民出版社1993年，第57页。
② 彼得·贝格尔，《神圣的帷幕》，第138—142页。
③ 巴伯，《科学与宗教》，第58页。
④ 同上书，第57—58页。

理性的开显

哲学家又超越了古代科学家和哲学家。如我们所知,对于近代科学的产生,观察和实验起到了关键性的作用。伯特兰·罗素(Bertrand Russell)甚至认为,"神学与科学的冲突,也就是权威与观察的冲突"。[1] 但观察和实验在古希腊科学中并不占有重要的地位;希腊数学和几何学中的推理成分甚至"大大超过实验色彩"。事实上,"古希腊思维方式主要是演绎推理;也就是说,从一般性的原则出发,推演出这个世界的全部细节安排……柏拉图学派认为,物质是纯粹理念(Ideas, Forms)的一种低劣的体现;这种永恒理念的实质,只能通过理性直觉来把握"[2]。这种对演绎推理、纯粹理念和理性直觉的过分依赖,是一种想当然的,甚至极有害的思维形态,不但无助于科学进步,甚至可能对科学的兴起构成障碍。因为"经验表明:从普遍原则出发,进行推理,是危险的,这不但因为原则可能是不正确的,而且还因为根据这些原则的推理是错误的;科学并不是从广泛的假设出发,而是从观察或实验所发现的特殊事实出发"[3]。与希腊人恰成对照的是,经院哲学家认为《圣经》的创世教义包含这一重要假设:"自然界的细节只有通过观察才能够认识"。[4]

中世纪末的欧洲人之所以更重视观察,在很大程度上正是因为在犹太宗教("原生态"的叙利亚型宗教)的创世论中,对自然的肯定态度占有主导性地位;而自然界"具有良好的本质"这一信念,又几乎是犹太教—基督教创世论的"必然结果"[5]。当然,必须承认,

---

[1] 伯特兰·罗素,《宗教与科学》(徐奕春、林国夫译),北京:商务印书馆2005年,第6页。
[2] 巴伯,《科学与宗教》,第59页。
[3] B. R. Tilghman, *An Introduction to the Philosophy of Religion*, Cambridge (Massachusetts): Blackwell Publishers, 1994, p. 142;也参罗素,《宗教与科学》,第4—5页。
[4] 巴伯,《科学与宗教》,第58页。
[5] 同上书,第59页。应注意,直至20世纪上半叶,这种观点仍然不为那些对犹太教抱有偏见的西方知识分子所接受。桑塔亚那在其《宗教中的理性》中写道:"(基督教)教会的创立这件事本身对一个希伯来化的心灵来说,就必然显得是一种讹用,即是异教哲学及其仪式与福音书混合的产物……这种讹用(转下页)

第四章　作为理性工具的宗教

中世纪神学思想中有一种明显的倾向,即肯定天国,否定现世。但这种倾向并没有走极端。尽管在古代世界,曾一度与基督教主流观点进行过激烈论争的诺斯提教派和摩尼教派认为,物质和现世是精神和天国的对立面,因而具有内在、固有的罪愆,但在中世纪经院哲学思想中,这种偏激的二元论观点遭到了否定。① 需要注意的是,古希腊虽然出现过一些杰出的科学家和哲学家,但一般群众却一如既往,沉溺在对怪力乱神的迷信、敬畏和恐惧之中。在很大程度上,正是这种对神鬼、魑魅的迷信和恐惧阻碍了科学精神的进一步发展。可是"在诸如圣本尼狄克、圣弗朗西斯、圣托马斯这样一些人的思想中,我们可以看到,世界的良好本质通过各种方式——实证的、美学的和推理的——而得到了肯定"②。为什么西方中世纪的哲学家竟能像中国的孔子那么"现代",能做到不讲不信怪力乱神?为什么他们如此"现代",竟能相信实证、美学和推理符合上帝的旨意?在很大程度上,这是因为基督教"从来没有把大

(接上页)更适合被称为改编,一种吸收,或甚至就是一种犹太教的文明化……异教比犹太教更为接近理性的生活,因为它的神话更为透明,它的脾性也较少夹杂着狂热成份。"(桑塔亚那,《宗教中的理性》,第 98—99 页)在这里,作者对叙利亚宗教的一神论思想对西方理性化进程的重大作用不仅未能给予足够的重视,反而加以贬低。但是在同一著作的另一处,作者又自相矛盾地承认"异教"即希腊宗教存在着严重的问题:"希腊人本身作为一般宗教传统的后嗣,他们在对(诸)神的崇拜传统中保留了某些孩子气的污秽的习俗。但是这类怪异在清洁而又有益的阳光下会自然消失,会被有利于健康的山风吹散。"(桑塔亚那,《宗教中的理性》,第 56—57 页)这里,桑塔亚那轻描淡写地提到希腊神话不仅有着"孩子气的污秽",而且表现"怪异"。但实际上,旧宗教的"孩子气的污秽"或"怪异"远不是这么无辜,而是对怪力乱神、魑魅魍魉的崇拜和恐惧,以及崇拜和恐惧所导致的血腥、疯狂、暴烈和淫荡。难怪苏格拉底和柏拉图以降大多数思想家对之持否定态度,克莱门甚至对之严加斥责(克莱门,《劝勉希腊人》[王来法译],北京:生活·读书·新知三联书店 2002 年,全书;也参见本书第六章"劣迹斑斑的希腊诸神"里"克莱门猛批旧宗教"一节的相关讨论)。桑塔亚那大概没有认真思考过这个意义上的"异教"如何才能使犹太教"文明化"。他大概也不会承认,最终吹散异教的"污秽"和"怪异"的,恰恰是犹太教—基督教的道德自觉和人道主义这股"有利于健康的山风"。

① 巴伯,《科学与宗教》,第 59 页。
② 同上。

理性的开显

自然的力量和有机体生命的活力加以神化"。也就是说，在基督教的观念和信仰中，宇宙万物从根本上讲是有规律可循的，是完全能够为人类所理解和把握的。自然界的妖魔鬼怪既然被否定了（其实前8世纪以降，坚持一神信仰的先知们在对偶像崇拜的强烈谴责中便开始了这种否定），它们就不再是人们"崇拜的对象"，而是人们"研究的对象"。①②

"有条理的生活秩序"至为关键

可是，如何解释宗教——尤其是三大亚伯拉罕宗教亦即叙利亚型宗教——所赖以立身的诸多"神迹"？耶稣道成肉身（圣母马利亚以圣灵感应未婚而孕，生下耶稣），被钉十字架处死之后又复活升天，甚至让哑人说活、死人复活、瞎子复明，诸如此类的神迹难道不与科学全然相悖吗？

在局部的意义上，或者说在一种浅层次的意义上，宗教与科学（尤其是现代科学）的确是有一定程度的冲突。但是，与基督教思想对神所创自然万物具有理性或者说神按照理性来创造自然万物的坚定信念——这对于现代科学的开出至为关键——相比，与宗教所提供的对于现代科学的诞生至为关键的"有条理的生活秩序"③相比，上述神迹毕竟不算什么。甚至可以说，神迹与基督教本身毫无干系，而只是其"非本质连生物"。④ 据最新研究，原始《新约》文

---

① 巴伯，《科学与宗教》，第59—60页。
② 对于科学在西方中世纪的发展为何不是迅速，而是迟缓这一问题，巴伯给了这样的回答："其原因部分在于亚里士多德的权威和经院派哲学家们过分的唯理论倾向，部分在于制度化的教会统治（文艺复兴运动和宗教改革运动就是反抗这种统治的），当然，也部分在于社会经济的因素。"巴伯，《科学与宗教》，第560页。
③ 怀特海，《宗教的形成》，第8页。
④ 汤因比对人类宗教的"本质"与"非本质连生物"作了区分。参见阿诺德·汤因比，《一个历史学家的宗教观》（晏可佳等译），成都：四川人民出版社1990年，第286—307页。

第四章　作为理性工具的宗教

本中并没有什么耶稣神迹,这是叙利亚型一神教在希腊罗马多神教环境中传播时,抄经者塞进去的私货;①由于迷信的群众喜欢,或者说没这个群众便不信耶稣基督和基督教,经书编撰者和教会当局便顺势而为,默许其成为基督教经典的一部分。

尽管如此,相对于更适合一般群众认识水平的道成肉身、复活升天,以及诸如圣母马利亚未婚而孕,使哑人说活、使瞎子复明之类的"神迹"来说,基督教本身是一个大得多的历史、文化、社会、政治和心理现象。与怪力乱神、巫觋卜筮、魑魅魍魉盛行的前轴心时代相比,基督教所表现出的理性精神不知要高出多少倍。信奉基督教的人们的理性思维水平不知提高了多少。更何况不少基督徒已经得出了这样的结论,"神的道成肉身是一个隐喻的(用神学专业的术语说,是神话的)而非字面的观念"。② 如果道成肉身这一基督教核心理念本身仅只是一种隐喻,为什么不可以说未婚而孕、复活升天、哑人说活、瞎子复明等其实也是隐喻呢?既然"神迹"只是隐喻,便可得出这一认识:历史上的耶稣可能并没有宣称过自己是上帝,或者是上帝圣子,即神圣三位一体的第二位格的肉身化。③

又如何解释在近代科学兴起的过程中,一些著名科学家遭遇到来自教会的巨大阻力,甚至受到教会的严重迫害?这不是宗教与科学发生冲突的活生生证据吗?即便不说宗教是科学的敌人,至少可以说它们是竞争对手吧?④

按照以讹传讹的流行说法,在1507年到1530年这二十三年中,哥白尼把业余时间都花在写作《天体运行论》(*On the Revolution of the Heavenly Bodies*)一书上,但由于害怕教会惩罚,也迫于世俗

---

① Kurt Eichenwald, "The Bible So Misunderstood It's a Sin," *Newsweek*, 2015 January the 2nd–9th.
② John Hick, *God Has Many Names*, Philadelphia (Pennsylvania, USA): The Westminster Press, 1981, p. 58.
③ Hick, p. 58.
④ William Rowe, *Philosophy of Religion: An Introduction* (2nd edition), Belmont (California): Wadsworth Publishing Company, 1993, pp. 115–116.

观念的压力,却一直不敢声张,直到1543年去世前夕才出版了这部革命性的巨著。也按流行的说法,布鲁诺是哥白尼的信徒,他不仅发展了哥白尼学说,还提出自己的"宇宙无限说",故而与教会发生了激烈的冲突;他性格倔强,不愿违背良心,当众宣布放弃心中的真理,最后被教会法庭以火刑处死。①

然而,根据新近科学史研究成果,所谓哥白尼因为害怕受教会迫害,才将他其《天体运行论》的出版推迟了三十年的说法,并非符合事实。历史上真实发生的是,哥白尼并非因为教会将书中思想视为洪水猛兽,而很大程度上是因为他本人认为这部著作还不够完善,才决定推迟出版的。还需要注意,在相当长时间里,教会对待《天体运行论》的态度是宽容的,而是在其出版七十三年以后,才将之列为禁书,而且列为禁书的时间也并不长。② 同样,根据新近的科学史研究成果,所谓布鲁诺因信奉"地动说"而被教会处死这一说法也不符合历史事实。布鲁诺宣讲哥白尼"日心说"的动机,并不是要提出什么数理天文学证据,而是藉以宣扬费齐诺的太阳崇拜和星宿魔法;他之所以最终被天主教法庭处死,根本原因并非在于他的科学信念,而在于他所从事的宗教政治活动,即信奉古代赫墨斯主义,主张彻底改革基督教,回到古埃及的物偶崇拜,尤其是在于他与信奉新教并主张宽容的法国国王亨利四世有非常特殊的关系,宣扬"日心说"只不过是一个附带问题罢了。③

伽利略的经历同样能够说明问题。作为哥白尼的信徒,他把当时粗陋的望远镜加以改善藉以发现了月球上的圆形山脉、太阳表面的黑子、木星的四颗卫星、土星的光环、金星和水星的盈亏,更发现银河系由无数恒星构成,从而以硬证据证明了哥白尼学说的正确性。他个性鲜明,与特别在乎自己权威的教会发生冲突是意料

---

① Tilghman, *An Introduction to the Philosophy of Religion*, pp. 140 - 143.
② 尼尔·波斯曼,《技术垄断:文化向技术投降》(何道宽译),北京:北京大学出版社2007年,第16页。
③ 陈方正,《继承与叛逆:现代科学为何出现于西方》,北京:生活·读书·新知三联书店2009年,第514页。

第四章　作为理性工具的宗教

中事。但他为人灵活，出庭受审时法庭勒令他发誓摈弃其"错误"，都遵命照办，故而只被判监禁而非死刑。可这种结局在一定程度上也说明，着迷于维护其权威地位的基督教会固然感觉到了新思想的挑战，却并不认为科学与自己的关系是你死我活，因而并未一心一意地压制科学，根本不让其发展。

怎么强调也不过分的是，必须要把宗教与教会区分开来，尤其要把宗教与教会当局、教会权威区分开来。宗教是一个比教会大得多的历史、文化、社会和心理现象，教会只是其一部分，尽管是一个重要的部分。如前所述，在轴心时代，理性是在各大文明的新兴宗教—哲学才获得了前所未有的张扬，而正是在此意义上，才可以说宗教是世界精神脱魅的产物，是理性开显的温床。这种看法不难从以下故事中得到支持。

如我们所知，哥白尼以其革命性的日心说对教会权威构成巨大的挑战。但哥白尼并不是无神论者，而是基督徒，甚至被选为弗劳恩堡大教堂的教士。不仅如此，他把自己的划时代巨著《天体运行论》题献给罗马教皇，却丝毫不觉得有何不妥。[1] 布鲁诺虽然最终被教会法庭处以火刑，但他同样不是无神论者。他十七岁时便开始神职生涯，入一修道院隐修，取教名"乔尔达诺"；在修道院中，他学习亚里士多德哲学和圣托马斯神学，获神学博士学位，二十四岁时便被任命为神父；因此，尽管他后来持不同于教会主流的观点，却是一个地地道道的教会中人。[2] 同样为哥白尼信徒，提出行星沿椭圆轨道绕太阳旋转的开普勒，不仅是有名的新教徒，而且是替皇帝和达官贵人占星算命的占星家。[3] 建立古典力学体系的牛顿更是一个出了名的虔诚教徒。他不仅信奉圣灵的启示，更是绝对相信作为"第一推动者"和宇宙"立法者"的上帝的存在。[4] 只有伽利

---

[1] 罗素，《宗教与科学》，第11页。
[2] 《布鲁诺》，《百度百科》，http://baike.baidu.com/view/15028.htm,09/10/2010。
[3] 罗素，《宗教与科学》，第13页。
[4] 同上书，第29页。

理性的开显

略是个例外。他似乎跟教会、虔信没有什么瓜葛。但需注意，就连他也是基督教精神氛围中成长起来的一个科学家。也需记住，曾对他进行大肆迫害的罗马天主教当局已经在1992年公开承认当年的做法是错误的。[1]

如此看来，科学与教会的冲突（在某些情况下的确是悲剧性的冲突），应该视为理性精神样式在其一个极重要阶段的成长所必须付出的代价，正如蝶蛾为了破茧飞向蓝天白云，雏鸟为了破壳进入五彩世界，都必得花费一些力气那样。

"天不生仲尼，万古如长夜"

以上讨论表明，以通常所谓宗教为载体的理性化现象决非局限于西方古代和中世纪。如果作一个纵向比较，便不难发现轴心时代兴起的各大宗教（及相应文明）越到后来，其中的合理性成分便越多，或者说理性化程度便越高。事实上，同怪力乱神、巫觋卜筮盛行的前轴心时代相比，轴心时代的宗教所表现出的理性精神不知要高出多少倍，信奉这些宗教的人们的生命品质和精神状态也不知提高了多少倍。因此可以毫不夸张地说，大约在西元前1100年至西元纪年开始时之间兴起的各种宗教——中国和印度的本土宗教、犹太教、基督教（伊斯兰教晚至西元7世纪才崛起）——是人类在其成长过程中从鬼神崇拜演进到相信理智、德行和主观努力，即从愚昧懵懂中脱愚祛魅，跃升到神清智明状态的结果。

简言之，通常所谓宗教是文明进程中的一次伟大突破即"轴心突破"的结果。仅就华夏而言，完全可以用"天不生仲尼，万古如长夜"之语来描述这种突破。如果没有蕴含在各大宗教及早期哲学里的理性之光，当今人类不知仍然沉沦在何等深重的黑暗和愚昧中。谁能否认，那些拥有数量巨大的信众，但自西方启蒙运动以来很大程度已被污名化的世界宗教——基督教、伊斯兰教、犹太教、

---

[1] Tilghman, *An Introduction to the Philosophy of Religion*, p.142.

第四章　作为理性工具的宗教

各种印度本土宗教——其本身便是理性开显的产物,或理性精神成长过程中的狂飙突进的产物?谁能否认,被五四运动斥为"愚昧"、"迷信",被一概打倒,甚至要扔进茅坑的儒家/儒教、道教和佛教等等,其本身便是古代华夏世界人类精神形态理性化的结晶?这个意义上的宗教,只是在人类社会的生产力发展到一个较高的水平之后方能开出来,其所代表的理性化或脱魅水平虽在形式和程度上与现代理念还有一定距离,甚至可能被误认为与之相悖,却并没有本质的不同。当孔子呼吁"敬鬼神而远之"①,不要执迷于"怪力乱神"②时,当他宣告"未能事人,焉能事鬼"③;"未知生,焉知死"④时,他对待超自然力量或某个神秘主义的绝对主宰的态度,与现代人究竟有何本质区别?

中国儒家固然在先秦时代便已展现出近乎现代形态的理性思维,但这并非意味着在其他文明或宗教传统里,理性精神也有着完全相同的开显过程。在一种浅层次的意义上,那些通常被视为"宗教"的精神样式——如犹太教、形形色色的基督教、伊斯兰教、佛教、印度教等——看上去不仅与儒家有较大差异,而且与希腊罗马式的"哲学"也大相径庭。这些被视为"科班"宗教的生命形态不仅相信超自然的神秘主宰,而且或多或少也相信"神迹"。但如前所述,对于轴心时代涌现出来的"高级宗教"来说,超自然的神秘主宰以及神迹并不居于主导地位,从根本上讲只是一种隐喻。比这些隐喻重要得多的,是新宗教对宇宙的神秘主宰具有理性的坚定信念,对神秘主宰所创造的自然万物具有理性的坚定信念,对完全可以为人类所理解的"有序性和连续性的普遍存在"⑤的坚定信念。除比前轴心时代高得多的伦理道德水平外,新宗教的理性精神便主要体现为这种信念了。这种信念不仅对于开出现代科学来说不

---

① 《论语·雍也第六》。
② 《论语·述而第七》。
③ 《论语·先进第十一》。
④ 《论语·先进第十一》。
⑤ 巴伯,《科学与宗教》,第57页。

可或缺,对于塑造一个理性精神占主导地位的现代社会来说同样关键。

从这个意义上讲,早期基督教教父德尔图良之把形形色色的希腊罗马哲学流派判为"异端",甚至申言"耶路撒冷和雅典,二者有何相干"①,实在只是轴心时代一种理性化的精神形态与另一种理性化的精神形态之间的分歧。列夫·舍斯托夫(Lev Shestov)一类现代思想家或具有神学家气质的哲学家之把信仰与理性对立起来,甚至声称苏格拉底把"完善的知识"即理性归之于神,不仅没有抬高反而贬低了信仰的地位,因为这终究只是一种理性样式与另一种理性样式之间的分歧。② 这种分歧固然并非完全空穴来风,也并非全无意义,但若能采用一种更为宏阔的尺度,就不那么重要了,因为它并不是一种本质性的分歧。

余　言

或可以说,理性与信仰的分歧与宗教内部的教派之争不无相似之处。尽管基督教内部教派林立,不仅有天主教、东正教、新教之间的重大分际,而且在新教内部,还存在着诸多教派,甚至派中还有派。可是,从儒家、印度教,甚至伊斯兰教的立场来看,这些不同形式的基督教之间究竟有何本质区别?而佛教兴起之初的情形与基督教非常相似。面对前轴心时代的愚昧、迷信和"恐怖"③,宗教和哲学难道没有站在同一条战线上,何必一定得分一个彼此来?同前轴心时代的巫觋、卜噬、人殉、同类相食相比,道成肉身、复活升天等隐喻实在太无辜了。这就从根本上解释了为什么西方自启蒙运动以来,基督教、犹太教、伊斯兰教等"科班"宗教能与时俱进,适应现代社会日新月异的发展;为什么通常被目为保守的罗马天

---

① Tertullian, *De Praescriptione*, Chapter vii。
② 舍斯托夫,《雅典和耶路撒冷》,第87页,及全书各处。
③ 怀特海,《宗教的形成》,第10页。

第四章 作为理性工具的宗教

主教当局,也终究承认了哥白尼日心说比教会当局坚持过的地心说更接近真理。只要对各大文明的成长历程稍加考察,便不难发现,通常所谓宗教其实是历史演进到较高水平后才出现的一种精神和社会政治现象,是人类社会发展到轴心时代时才开出的一种崭新精神样式。

也需注意的是,也正是宗教在很大程度上使"文明"的概念得到了有意义的界定。就是说,此文明之所以是此文明而非彼文明,很大程度上是因为该文明的核心品质体现为这种而非那种"宗教"。西方文明之所以是西方文明,不是因为它像萨缪尔·亨廷顿(Samuel Huntington)所说的那样,拥有其独特的自由理念和代议制民主(从根本上讲,这些现代理念和制度是经济和社会发展的产物,而非一种独特的文明品质;如果说西方经济社会发展到一定程度后必然开出现代意义上的自由和民主,非西方国家的经济和社会有了较大发展后照样能够拥有这样的自由和民主;大量事实已经证明了这一点,在此不赘),而是因为它的本质性特征是基督教,或者说拥有基督教这种富于理性精神的宗教的基因,换句话说,西方文明从根本上讲就是基督教文明。同样,东正教文明之所以是其所是,很大程度是因为它拥有东正教的宗教基因;伊斯兰文明之所以是伊斯兰文明,很大程度是因为它拥有伊斯兰教的宗教基因。无独有偶,具有明显宗教特征,常常被视为宗教的儒家为中国文明提供了精神规定性。如果中国文明不是一个儒家本色的文明,难道是基督教或印度教本色的文明?

当然,说轴心突破主要是一种"宗教"的而非"哲学"的突破,并不是贬低哲学,而是要对它进行一种符合事实的描述,同时也还清白于宗教——尤其是在轴心时代诞生的世界性宗教。这个意义上的宗教绝不是愚昧、迷信、落后的代名词,而是一种蕴含理性之光的新生命样式。这个意义上的宗教代表着人类心智的一次大祛魅,人类理性的一次大开显。没有这个意义上的宗教,没有这个意义上的理性的跃进,地球人仍将沉沦在昏昧黑暗之中,各大文明的生命样式乃至整个人类的精神形态就将全然不同。

第五章　Philosophia：作为神学的哲学

引　言

讲希腊文明，不可以不讲古典时代的希腊文明，[①]更不可以不讲 philosophia，即"爱智慧"或"哲学"。

通常认为，希腊哲学是一种高度思辨、非常理性或智性的思维样式，兴起于古风时代晚期，繁荣于古典时代，在希腊化时代和罗马帝国时代更有较大的发展，在基督教兴起时期更参与了新宗教的神学体系建构。这么说，大体上是不错的，但也应当注意，正是在古典时代，传统宗教神话开始转型，逻各斯或理性思维开始享有与迈索斯或神话思维同等的地位。用五四时代时期对古希腊文明兴趣最大的知识人周作人的话来说，正是在古典时代，希腊精神开始"净化"，摆脱"恐怖与愤怒"，转向"和平与友爱"。[②]

同样值得注意的是，philosophia——尤其是"伦理转向"意义上的 philosophia 即"爱智慧"——作为一种精神样式，与激进民主（democratia）、悲剧、修辞学、政治学等同时兴起，与诗歌、绘画、雕

[①] 在西方古典学界，严格意义上的"古典时代"通常指前 480 年希腊人打败波斯入侵至前 323 年亚历山大去世这一时期。与古典时代相对的是古风时代（前 620—前 480 年）和希腊化时代（前 334—前 27 年）。

[②] 周作人，《新希腊与中国》，载张明高、范桥编，《周作人散文》第三集，北京：中国广播电视出版社 1992 年，第 141 页。

第五章　Philosophia：作为神学的哲学

塑和音乐等同步繁荣。[①] 还应注意，通常并不被视为"哲学家"或"爱智慧者"的智术师们（sophists），也活跃在古典时代。现在公认最重要的哲学家之一的苏格拉底，当时却被许多雅典人目为智术师而非"哲学家"或"爱智慧者"。凡此种种都可以视为伴随philosophia而出现的希腊精神产品。事实上，从多方面看，此时希腊人思维都极为活跃，堪比百花齐放、百家争鸣的先秦中国和沙门思潮狂飙突进的列国时代印度。

但只要对这时走上历史前台的philosophia加以细究，便不难发现其所达到的理性化高度，并非符合大多数人的想象。正是在古典时代高潮期即前5世纪下半叶，一方面是哲学、史学、政治学、修辞学、悲剧、诗歌以及美术、音乐前所未有的繁荣，另一方面却是大众对神怪巫卜一如既往的信奉。在这种情况下，就连大力宣扬科学（当然是古代科学）、思想前卫的智术师也不敢公然自称无神论者。[②] 几乎同样前卫的苏格拉底笃信身上有个"精灵"（daemon）存在，自己行动总是受其指引。[③] 在其诸多"对话"中，头号哲人柏拉图——或者说其所塑造的笔下人物——总是习惯于假定，诸神不仅存在，甚至积极干预人类生活。在远征西西里的战役（前415—前413年）中，雅典头号道德家尼西阿斯（也是权力很大的民选将军）在行军途中仍不忘修炼美德，但同时笃信随军巫师的话，事事求神问卜，严格按神的旨意行事，结果一再贻误战机，最后致使两三万人的雅典远征军全军覆没，本人也被叙拉古人俘虏处死。甚至在

[①] 尤其在悲剧这种新兴文学形式中，可以清楚看到希腊人首次展现出一种儆戒式的伦理自觉，甚至可以看到俄底浦斯在意识到自己的乱伦丑行之后，竟羞愧得痛不欲生。Jan Bremmer (ed.), *Interpretations of Greek Mythology*, London and Sydney: Croom Helm Ltd., 1987, pp. 50-51。

[②] J. V. Muir, "Religion and the new education: the challenge of the Sophists", 载 P. E. Easterling and J. V. Muir (ed.), *Greek Religion and Society*, Cambridge (UK): Cambridge University Press, 1985, p. 209。

[③] Daemon 也可译为"精灵"、"神魔"等。参见阮炜，《另一个希腊》（上海：上海三联书店2011年）第七章"苏格拉底审判背后的政治""链接2"："苏格拉底的'美德'与'灵魔'"。

■ 理性的开显

此后几百年以后发展繁荣起来,在整个希腊—罗马世界影响非常大的哲学流派斯多亚学派,也仍然非常迷信占卜,笃信神灵使人预知未来,甚至笃信神灵干预人事。①

凡此种种,难道不与现今人们通常所理解的轴心时代的理性精神相悖?从比较文明史的角度看,既然轴心时代发生在希腊的理性化运动并非那么彻底,为什么不可以说,此时兴起的 philosophia 式的精神形态很大程度上可以视为一种神学式哲学,或哲学式神学?为何不可以说,希腊 philosophia 与同时兴起的中国诸子百家和印度诸"道"即佛陀主义、耆那主义、顺世论、不可知论等一样,都是适合其各自社会经济状况的精神样式?

"哲学"兴起的背景

问题是,为什么会出现这种矛盾的现象?

这应与希腊高度散裂的地缘格局、干燥的气候和贫瘠的土壤大有关系。在这种地理和自然条件下,尤其是在古代早期技术落后的情况下,是不可能开发出大规模农业的。既然不能发展大规模农业,就不可能开创出原生文明,如古代印度、中国、埃及、美索不达米亚之大河流域诞生的那种原生文明,而只可能有次生文明,即在埃及和西亚原生文明基础上成长起来的后发文明。尽管因地理和自然环境之故,希腊注定产生不了原生文明,但这并非意味着希腊人不能从北非、小亚和两河流域引进更为先进的技术和更为先进的宗教、文学及艺术理念,甚至引进文字本身(他们当然对腓尼基字母进行了改造)及书写文化。事实上,作为一个次生文明,希

---

① 此处是黑格尔对西塞罗描述(《论占卜》卷二,49)的斯多亚学派思想的评论。G. W. F. 黑格尔,《哲学史讲演录》(三卷本,贺麟、王太庆译),北京:商务印书馆 1997 年,第三卷,第 20—21 页。

第五章　Philosophia：作为神学的哲学

腊在相当长一段时间里曾不停地"拿来",甚至发生过"东方化革命"。[1] 恶劣自然条件不仅是希腊未能产生原生文明的根本原因,也是诸神崇拜经久不衰的一个根本原因。

随着先进技术的传入和先进的宗教、文学和艺术理念的传入,原本落后的希腊地区得到了"跨越式"的发展。这种"跨越式"发展当然不是希腊人对西亚北非文明照单全收,而必然有诸多的选择、改造、综合和创新。但也正因为它是一种"跨越式"发展,这就注定希腊地区不太可能在短时间内迅速清除先前那种异常发达的神灵崇拜。结果是,一方面后进的希腊在短短两三百年时间里迎头赶上来,达到与西亚北非更古老更先进的文明大致相当的发展水平,而从亚历山大东征起,更从边缘落后之地一跃成为西亚地中海世界的一个强势文明;[2] 另一方面,新石器时代晚期遗留下来的神话式旧思维、旧观念却并没有立马退出希腊人的精神世界。换句话说,古代世界虽然杀出了一匹文明的黑马,希腊社会原本有限的理性化程度或脱魅(用马克斯·韦伯的话说)水平不可能不继续发生影响。

这就是为什么早在五四时代,周作人便援引一英国学者的话批评希腊人"迷信",说他们对身边的哲学家和哲学运动视若无睹:"希腊国民看到许多哲学的升降,但终是抓住他们世袭的宗教。柏拉图与亚利士多德,什诺(芝诺)与伊壁鸠鲁的学说,在希腊人民上面,正如没有这一回事一般。但荷马与以前时代的多神教却是活着。"[3] 周作人甚至发现,希腊宗教与埃及、印度原本没有本质区别,

---

[1] Walter Burkert, *The Orientalizing Revolution: Near Eastern Influences on Greek Culture in the Early Archaic Age* (translated from the German by Margaret E. Pinder and Walter Burkert), Cambridge (Boston, USA): Harvard University Pressndon, 1998, 全书;也参见阮炜,《另一个希腊》第一章"东方化革命"。

[2] 如我们所知,西历纪元 5 世纪以后兴起的西方文明除了秉有叙利亚文明的基因以外,也携带着希腊文明的基因;希腊式相对精密的思维直到今天也仍在影响西方文明乃至人类文明。

[3] 这里作者未给出所引著作及作者名。见周作人,《新希腊与中国》,载张明高、范桥编,《周作人散文》第三集,第 70—71 页。

理性的开显

都富含"恐怖分子"①(详下);只是进入哲学家、诗人、悲剧家、画师和雕刻师的时代,即"启蒙"精神高扬的古典时代之后,即希腊人不再完全受祭司支配,也受这些新型文化人影响后,"恐怖分子"才逐渐被清除,才转变成"美的形象",才被罗马诗人所借鉴利用。② 但这是一个漫长的过程。在长达四五百年的时间里,希腊社会脱魅效果并非理想。这主要是因为诗人、悲剧家很大程度上与旧神话思维同流合污,哲学的启蒙精神虽然明显更强,却因受众面太小而作用有限。只是基督教兴起后,"恐怖分子"才真正遭到扫荡。③ 只是在怪力乱神被真正剔除后,希腊宗教神话真正才变"美"了。

与早期希腊甚至古典希腊相比,罗马世界的"恐怖分子"或怪力乱神明显较少,这与希腊社会形成了对照。但罗马世界的脱魅很大程度上是古典希腊脱魅进程的继续。为什么这么说?在西历纪元前5世纪以降的希腊,究竟出现了何种事态使得这种说法能够成立?这时的希腊贸易兴盛,经济活跃,一派繁荣景象。正是在此时,铸币开始流通,④人们心中的欲望之火被金钱点燃,发现金钱不仅能大大方便和扩大物质的流通,而且具有自我增殖的奇妙能力。事实上,个人对金钱乃至金钱所能换取的一切开始有了一种永无止境的欲望。随着经济、社会方面这些新动向的出现,希腊人的思维方式和世界观发生了深刻变化。⑤ 甚至可以说,早在古典时代之前,荷马式的传统拟人神观便遭到了前苏格拉底时代思想家

---

① 按,周作人"恐怖分子"之"分子"一词借自化学术语。参见周作人,《几篇题跋》,载《立春以前》(周作人自编文集,止庵校订),石家庄:河北教育出版社 2002 年,第 178 页。
② 周作人,《几篇题跋》,载《立春以前》,第 178 页。
③ 参见阮炜,《不能成立的"极权主义"罪名——哲学与诗"争吵"的古代启蒙意义》,《文学评论》2015 年第 1 期。
④ 参见《另一个希腊》第一章"东方化革命"第十一节"希腊铸币源于西亚"。
⑤ Richard Seaford, "Money makes the (Greek) world go round — What the ancient Greek anxiety about money has to tell us about our own economic predicaments", *The Times Literary Supplement*, June 17, 2009.

第五章　Philosophia：作为神学的哲学

的怀疑。①

古典时代毕竟是启蒙的时代，毕竟进步了，明显不同于之前。这时悲剧和修辞学等被发明出来，诗歌、艺术和科学获得空前繁荣，奥林帕斯山诸神竟然开始受到智术师和哲学家们的质疑和批评，诸如"友谊"、"和平"、"胜利"、"民主"、"财富"甚至"说服"之类抽象概念变成了神，广为流行。② 概念神绝不是魑魅魍魉，相反，它意味着理性思维得到了前所未有的加强。这时也兴起了对杰出军事统帅和政治家的崇拜和神化，这虽仍可视为迷信，其中的理性因素却明显强过对巫卜的依赖，对神灵的信从。③ 可以肯定，此时希腊精神中的怪力乱神比古风时代（前620年—前480年）明显减少了，遑论黑暗时代（前12—前9世纪）。也正当此时，道德自觉的俄底浦斯王形象最终成形。俄底浦斯王居然能对无意中发生的母子乱伦羞愧得无地自容，真是闻所未闻！即便在古风时代这也难以想象，遑论黑暗时代。

有神论哲学家泰勒斯、赫拉克利特

虽然早在古风时代，泰勒斯（约前625—前547年）、阿那克西曼德（约前570—前500年）和赫拉克利特（前540—前480年）等人便在东方思想影响下，开始了对宇宙本原的思索，自然哲学由此诞生了，④但不可以说及至此时，纯然的哲学或"爱智慧"时代已经来临。实际上，即便及至此时，就连 philosophia 或"爱智慧"一词也

---

① Robert Parker, "Greek Religion", in John Boardman, Jasper Griffin, Oswyn Murray (ed.), *Greece and the Hellenistic World*, Oxford (UK): Oxford University Press, 1988, pp. 266 - 267.
② F. W. Walbank, *The Hellenistic World*, Boston: Harvard University Press, 1992, p. 209.
③ Parker, "Greek Religion", in Boardman et al (ed.), *Greece and the Hellenistic World*, p. 267.
④ Charles Freeman, *Egypt, Greece and Rome: Civilizations of the Ancient Mediterranean*, Oxford (UK): Oxford University Press, 1996, p. 101.

▎理性的开显

尚未发明。那些思考宇宙本原的"爱智慧者"虽然怀疑传统的迈索斯式拟人神观,却并不否认诸神的存在,而是认为他/她们可能只是一些精灵(如哲学家色诺芬尼[约前570—前470年]所相信的那样),再加他们仍然只是少数中的少数,其新思想不可能深刻影响大众的思维,遑论根本改变大众思维了。

实际上,就连米利都学派创始人泰勒斯基于水的宇宙创生论——通常被视为希腊哲学诞生的标志——也带有明显的神学色彩。几乎可以肯定,由于其家乡米利都位于小亚,与两河流域和埃及连为一体,其宇宙创生论极有可能是从东方神话中引进的。两河流域的阿普苏和埃及的努恩均为宇宙洪荒的创世大神,都代表水。① 相应地,对于认为"水生万物,万物复归于水"的泰勒斯来说,水虽然不是拟人的神,却仍然具有元始创世神的根本特征,即永恒性、终极性。悲哀的是,一直以来学术界只说泰勒斯是希腊第一个哲学家,认为其基于水的宇宙创生论标志着希腊哲学的诞生,却对这种哲学的东方神学渊源置若罔闻。

同样,尽管希腊早期重要的哲学家以弗所的赫拉克利特提出了一切皆流的著名哲学命题,但他并不是一个无可无不可的后现代主义者。他坚信永恒逻各斯的存在:"这逻各斯虽然持久地有效,人们却不能理解,无论在闻及之前,还是在之后。也就是说,虽然万物按照逻各斯发生,人们似乎对它却毫无体验。"②既然万物都依照逻各斯而发生,逻各斯便是永恒而普遍的,便具有神性;而事实上,普遍性、永恒性正是此时希腊人所理解的神才具有的根本属

---

① Burkert, *The Orientalizing Revolution*, p. 92;也参见 Adam Drozdek, *Greek Philosophers as Theologians*, Burlington (VT 05401, USA): Ashgate Publishing Company, 2007, p. 6。

② Heraclitus, *Fragments* 1, (tr. by William Harris) community. middlebury. edu/~harris/Philosophy/heraclitus. pdf,09/10/2010. 这里,"逻各斯"一词也可以释为"理性"(Reason)、"原理"、"本原",参 *Fragments of Heraclitus* (or: *Heraclitus of Ephesus*, tr. by G. W. T. Patrick), http://fxylib. znufe. edu. cn/wgfljd/%B9%C5%B5%E4%D0%DE%B4%C7%D1%A7/pw/heraclitus/herpate. htm,09/10/2010。

第五章 Philosophia：作为神学的哲学

性。这就解释了为何在其十分晦涩的《残篇》中，狄俄尼索斯的存在对于赫拉克利特来说是一种不容置疑的预设——那些参加男性生殖器崇拜仪式的人们之所以值得原谅，正因为他们是以狄俄尼索斯的名义来做这种事的。① 这也解释了为什么神或精灵在赫拉克利特的《残篇》中会一再出现：

神是日又是夜，是冬又是夏，是战争又是和平，是饱胀又是饥饿。②

对神而言，一切事物都是美的、好的和对的，人却以为某些事物是对的，某些事物是错的。③

较之人类，最英俊的猴子也是丑的；而较之诸神，最聪明的人也像猴子。④

在精灵看来，人很孩子气，正如男孩在人心目中那样。⑤

有神论哲学家巴门尼德、毕达哥拉斯、德谟克利特

前苏格拉底时代另一位重要的哲学家巴门尼德同样倚赖于神。如我们所知，他是在一位女神的启悟下才认识到"真理"的。不仅如此，在他有关"存在"（being，也可译为"是"或"是者"⑥）的描述中，凡人既要追求真理，又太过依赖感官，由此产生了诸多困惑；对此，女神极尽嘲讽之能事；她教导凡人要抛弃对感官的信赖，转而

---

① Heraclitus, *Fragments* 15.
② Heraclitus, *Fragments* 67.
③ Heraclitus, *Fragments* 102.
④ Heraclitus, *Fragments* 104.
⑤ Heraclitus, *Fragments* 105.
⑥ 参见《另一个希腊》"附录"，《'是'与'在'》。

依靠纯粹理智。① 不难看出,在巴门尼德的哲学论证中,神起了结构性的作用。因而毫不奇怪,在他那开启了西方本体论(ontology)传统的关于"存在"的言说中,"存在"是非创造出来的、是不可摧毁的,亦即不生不灭,永恒不改的;"存在"也是独在的、圆整的、不动的,②更是周流遍在、连续不断、无始无终的。③ 应当注意的是,巴门尼德的"存在"不仅具有诸神最重要的特质即不朽,也拥有旧宗教里诸神所不拥有的普遍和永恒的属性,这就与后来进入希腊世界的希伯来唯一神思维十分合拍。因为,即令诸神中地位最高者如宙斯,也远不是终极原因、终极实在和绝对主宰,而只是一个被创造出来的存在,在他之前,还有父神克罗诺斯和祖父神乌兰诺斯;即令宙斯为众神之首,能力能耐明显超过其他神祇,也未能突破空间的局限,不是周流遍在、连续不断、无始无终的。很明显,巴门尼德的神观与传统的迈索斯神观大异其趣,却与后来犹太教—基督教的神观很相似,后来基督教神学也确曾吸收了他的学说。

同样值得注意的是,毕达哥拉斯创立的以自己名字命名的学派不仅是一个研习数学的团体,更是一个宗教组织。为什么这么说?因为该宗教—学术组织不仅相信灵魂不朽,更相信灵魂转世,这与基督教教义相悖,却与印度诸精神形态或"哲学"的教导相似。这个组织不仅祭拜诸神、尊奉死者、怜惜生命,而且尊重法律、教育,尤其提倡自律和节制,甚至有诸多禁忌,如"不要坐在量斗上……不要让燕子在你屋顶下做窝。不要戴戒指……不要在灯边照镜子……不要在献祭时剪指甲……不要吃心脏……不要抹掉罐子上

---

① David Sedley, "Parmenides and Melissus", in A. A. Long (ed.) *The Cambridge Companion to Philosophy*, Cambridge: Cambridge University Press, 1999, p. 117.
② Parmenides, *Poems* 8 · 3 - 4. (tr. by John Burnet, http://philoctetes.free.fr/parmenides.htm, 09/10/2010.
③ Parmenides, *Poems*, 8 · 5 - 6; 也参见 Drozdek, *Greek Philosophers as Theologians*, p. 50。

第五章　Philosophia：作为神学的哲学

灰尘……禁吃豆子"。① 这与通常宗教没有什么两样。对毕达哥拉斯派而言，遵从神的旨意具有无可比拟的重要性。既然如此，就必须弄清楚神究竟谓何。在他们看来，神是和谐与秩序的源泉，是和谐本身。因希腊人的和谐之根本在于适当的比例，于是数便有了前所未有的重要性，即有了神性。由于受阿那克西曼德影响，毕达哥拉斯认为"无限实质"（infinite substance）不仅存在，而且是宇宙万物的究极根源，神正是用无限实质来塑造世界的。但因对和谐的强调，毕达哥拉斯很可能使神与"无限实质"完全脱钩了，就是说，他认为神才是和谐的最根本原因。②

正如泰勒斯常常被目为"朴素的唯物论者"那样，德谟克利特因其原子论，也因卡尔·马克思等人的推崇，一直以来享有西方古代最彻底的唯物论者之称号。可是，他真能够完全摆脱希腊世界浓重的有神论氛围之束缚，成为一个彻底的唯物论者吗？未必。有证据表明，德谟克利特认为，宇宙（或者说"诸宇宙"）之所以布满众多或大或小的实体却能和谐有序地运行，是因为有必然性（Necessity）存在。那么必然性是什么呢？在德谟克利特看来，它是一种原子性的实体，表面上看无神性，实则有神性。因为它拥有一种给混沌之中乱动不已的原子云雾带来秩序与和谐的能力。尽管必然性是一种盲目的、不可理喻的力量，甚至可能被剥夺神性之地位，却能产生对其他哲学家来说完全可以理解，只有诸神才能产生的结果，因而与诸神并没有本质的不同。③ 德谟克利特原子论的神学成分虽隐含在必然性概念中，但这并不妨碍其思想体系中出现明言的神学论述。据罗马怀疑论哲学家塞克斯都·恩披里柯，德谟克利特认为诸神乃具有人类形貌的"巨大的 *eidola*。"尽管德谟克

---

① 基尔克、拉文，《苏格拉底以前的哲学家》第 226—227 页，转引自汪子嵩、范明生、陈村富、姚介厚，《希腊哲学史》（四卷本）第一卷，北京：人民出版社 1997 年，第 259 页。
② Drozdek, *Greek Philosophers as Theologians*, pp. 53、54、64、68。
③ 参见 Drozdek, *Greek Philosophers as Theologians*, p. 103。

利特对 *eidola* 是诸神本身抑或只是诸神的形象语焉不详,[1]但对他来说,诸神的存在是没有疑问的。

苏格拉底:像奴隶一样侍奉诸神!

甚至进入古典时代后,或者说在西元前 5—前 4 世纪"古典启蒙"和"哲学"勃兴的苏格拉底时代,明言而非隐含的无神论不仅不可以被公开传播宣扬,甚至对于启蒙先锋即哲学家们来说也是无法想象的。有证据表明,新潮思想家即智术师、"爱智慧者"迫于压力,在对诸神的看法方面跟广大群众的传统观念不得不达成某种"和解"。[2]

在柏拉图的诸多"对话"中,圣明如苏格拉底者在前 399 年因政治缘故被指控不敬城邦神,但他并不是无神论者,而是有神论者。[3] 苏格拉底一再宣称受心中"精灵"的指引,[4]说明了什么呢?如我们所知,苏格拉底心中的"精灵"蜚声古代世界,是他哲学家身份的一个不可分割的组成部分,而当时没有任何人会因为他一再宣称服膺心中的"精灵"而怀疑他的哲学家身份。不仅如此,在柏拉图的《申辩篇》和《斐多篇》中还可以看到,苏格拉底万分认真地相信灵魂不灭。在《申辩篇》中,已被雅典人判处死刑的苏格拉底发表了一个不乏对抗意味的长篇演讲,其中包括他对冥府或哈德斯生活的美好憧憬和向往。他真诚地相信,生命犹如大病一场,死亡犹如病愈;他死后,灵魂会去到哈德斯,在那里他能幸福地见到阿伽门农、奥德赛、西西弗斯、荷马、赫西俄多等仰慕已久的英雄或名人。"如果这是真的,我愿意死许多次……同他们在一起,跟他

---

[1] Drozdek, p. 104.
[2] Parker, "Greek Religion", in Boardman et al, *Greece and the Hellenistic World*, p. 267.
[3] 也参见汪子嵩等,《希腊哲学史》第二卷,第 488—499 页。
[4] 参见《另一个希腊》第七章"链接 2"《苏格拉底的"美德"、"神遣"和"神魔"》的相关讨论。

第五章　Philosophia：作为神学的哲学

们谈天论地，该是何等幸福！"①

在柏拉图《斐德罗篇》中也不难发现，对于如火如荼的科学"启蒙"运动，被视为哲学家的先进分子苏格拉底②即便不是激烈反对，也是很不以为然的。在《斐德罗篇》中，当斐德罗问苏格拉底他相不相信北风神波瑞阿斯（Boreas）从河中把公主俄里蒂亚（Orithya）"抓走"，并和她生下多个子女的故事时，哲学家苏格拉底的保守主义回答很可能会令今天的哲学从业者大跌眼镜：

> 如果我不相信这个故事，我倒是挺时尚的。我可以像那些有知识的人一样提出一种科学的解释，说这位姑娘在与法马西亚（Pharmacia）一道玩耍时，被波瑞阿斯刮起的一阵狂风吹下山崖。她死后，人们说她是被波瑞阿斯掠走了，尽管按另一种说法，这件事也可以发生在战神山上。斐德罗，在我看来，诸如此类的理论很诱人，但只是一些能人的虚构，我们不一定要羡慕这些勤奋的人，道理很简单，因为他们一开了头，就必须继续解释肯陶洛斯（Centaurs，诸半人半马怪物）和喀迈拉（Chimeras，诸吐火女怪），更不要提那一大群怪物了，戈耳工（Gorgons，诸蛇发女怪），③帕伽索斯（Pegasus，双翼飞马）以及神话传说中的无数其他怪物……我自己肯定没有时间做这种事。我还不能做到德尔斐神谕所告诫的"认识你自己"。只要我还处在对自己无知的状态，要去研究那些不相关的事情就太可笑了。所以我不去操心这些事，而是接受人们流行的看法。④

---

① 柏拉图，《申辩篇》（所用版本为《柏拉图全集》（三卷本，王晓朝译），北京：人民出版社 2003 年，第 1 卷；下同），41A—C。
② 顺便提一句，作为哲学家的苏格拉底同时也被视为"智术师"。在当时很多人看来，"哲学家"与"智术师"之间并非泾渭分明，甚至就是一种人。
③ 诸戈耳工（Gorgons）为海神福耳库斯的三个女儿，其头发为毒蛇，嘴里长着野猪般的长牙，身上则长着翅膀。
④ 柏拉图，《斐德罗篇》，229B—230A（《全集》第 2 卷）。

■ 理性的开显

　　这里,苏格拉底对待神话的态度并不是否定,而是存而不论,甚至表示接受"流行看法",即诸神是存在的,只是他不能肯定他/她们是否用大家通常认为的方式干预人类生活。

　　同样,在《欧绪弗洛篇》中可以看到,激进民主派干将美勒托指控苏格拉底,不仅说他腐蚀青年,更指责他"制造神灵",或"创立新神,不信老神"。① 对此,苏格拉底虽不以为然,但并没有反驳,甚至让欧绪弗洛就美勒托为何提出苏格拉底不时宣称他"拥有神灵的告诫"的指控给一个解释。② 由于《欧绪弗洛篇》的一项重要内容是公正与虔敬的关系,何为虔敬便是一个必须加以回答的问题。在苏格拉底看来,虔敬就是对诸神的侍奉,而且"就像奴隶对他们主人的侍奉"那样;③虔敬就是人们让诸神喜悦、高兴,就是"知道在祈祷和献祭中怎么说怎么做才能令诸神喜欢",因为"这样的行为才能使家庭中的个人生活和国家的共同利益得到保全,"而"不能使诸神喜悦的事"则是不虔敬的,"会使一切遭到毁灭"④。苏格拉底到底是无神论者还是有神论者?恐怕找不到比这里更清楚的答案了。⑤

---

① 柏拉图,《欧绪弗洛篇》(《全集》第1卷),3B;也参见《另一个希腊》第七章"苏格拉底审判背后的政治"的有关讨论。
② 《欧绪弗洛篇》,3B。
③ 《欧绪弗洛篇》,13D。
④ 《欧绪弗洛篇》,14B。
⑤ 在《雅典和耶路撒冷》一书中,L.舍斯托夫像尼采那样,把理性或"知识"霸权追溯到苏格拉底并归罪于苏格拉底,因而不愿痛痛快快地承认,苏格拉底是一个有神论者。他一方面说"苏格拉底确认,完善的知识只归神所有,人的知识是不完善的知识;但与其说他以此削弱了知识,不如说抬高了知识",因为这意味着诸神的自由也不是无限的,这样就间接承认了苏格拉底相信神的存在;但另一方面他又认为,苏格拉底"得出了一个结论:诸神可能存在也可能不存在……这就意味着诸神的处境极其不妙:最大的可能是,诸神是人们杜撰出来的。"舍斯托夫还说,"赫拉克利特和几个世纪之后的先知以赛亚以及重复以赛亚的使徒保罗一样,认为诸神为我们安排了那些我们从未梦想过和指望过的事情。可是苏格拉底却不能这么说。我们对我们的死后的命运一无所知——还有比谈论你所不知的东西更令人羞耻的吗?"不难看出,苏格拉底在柏拉图《申辩篇》结尾处(41A—C)所说的有关灵魂不死的话,可能并非为舍斯托夫所闻。L.舍斯托夫,《雅典和耶路撒冷》(徐风林译),杭州:浙江人民出版社2000年,第85—90页。

第五章　Philosophia：作为神学的哲学

柏拉图：诸神怎么可能不干预人事？

贤明智慧如柏拉图，同样脱不开与诸神崇拜的干系。同老师苏格拉底一样，柏拉图也是一个有神论者。孔子说"祭如在，祭神如神在"①；还说"敬鬼神而远之"②。这表明，孔子可能不是一个无神论者，甚至可能是一个温和的有神论者。然而，与苏格拉底有关神灵的长篇大论相比，与他栩栩如生的冥府想象相比较，孔子毕竟还是有很大差别的，更何况除了这里的引文外，整部《论语》中几乎找不到其他谈神论鬼的话。

柏拉图不同，他虽然是西方古代影响最大的"爱智慧者"或"哲学家"，却也是一个毫不含糊的有神论者。虽然他并非严格地把诸神当作具有人类形貌的有血有肉的存在，但是在其重要的论说中却严重依赖一个几乎拟人化的创世神，即 Demiurge。职是故，柏拉图的宇宙创生论很难说是真正的哲学，而更应该被视为一种神学或有着哲学外貌的神学。他也并非像亚里士多德和牛顿那样，迫不得已，才推出一个"第一推动者"来支撑其理论。

在其思想体系中，神的存在及其在世界的创生和维系方面所起至关重要的作用，原本就是植根于古希腊精神氛围中的一个不容怀疑的预设。正是基于这种根深蒂固的思想观念，柏拉图在他的创世神之外又设置了另一种神，即"永恒自持者"。在《蒂迈欧篇》中，柏拉图认为创世神用"永恒自持者"即 Idea 或"理念"（理型、相）作为模型，构造出事物的外形和性质，③并且说"当他建构这个宇宙时，就把理智放在灵魂里，把灵魂放在身体里……这个生成的宇宙是一个由神的旨意赋予灵魂和理智的生物"。④

在《政治家篇》中，柏拉图讲述了关于宇宙诞生及运转的另一

---

① 《论语·八佾第三》。
② 《论语·雍也第六》。
③ 柏拉图，《蒂迈欧篇》，27D—29D（《全集》第 3 卷）。
④ 柏拉图，《蒂迈欧篇》，29E—30B，也参见 41B—D。

个神话故事。在他看来宇宙并不是被神"构造"出来,而是由神"释放"出来的。无论哪种方式,宇宙都是由于神而从无到有,为神所创造的。宇宙被"释放"出来以后,又怎么样呢?它"在内在动力的推动下"发生"旋转"。可是,单凭宇宙自身,这种旋转是无法永远持续下去的,因而必须有神祇来对这一过程加以控制和管理。甚至必须有地位不同的多个神祇进行分工合作,分别对不同的区域和动物种群加以"监护",惟其如此,宇宙才能正常运转。

事实上,"作为至高无上的统治者的神控制着整个宇宙的实际旋转……宇宙的几个区域也分别由诸多神祇监护;每一个动物种群都有一位天上的神灵作为牧者"。可是,随着时间的推移,神的影响被遗忘了,宇宙又陷于无序状态。怎么办呢?柏拉图认为,这时,神祇会"再次眷顾宇宙……治愈先前的疾病,使先前那种在宇宙自身内在动力的推动下发生的旋转复归正常,通过对宇宙的指挥和校正,使宇宙得到永恒和不灭"[1]。这里,与同时代中国的思想家相比,柏拉图的想象非常丰富、精致而有趣。他关于宇宙"旋转"的说法甚至一定程度地与现代天文学相符。尽管如此,这种想象很难说是哲学,而更像是一种神学。

在《法篇》中,同样可以看到柏拉图义正词严地批驳那些虽然承认诸神存在,却否认他们干预人间事务的人们。[2] 他自己虽然也难免嘲笑诸神甚至蔑视诸神,却认为诸神并不"懒惰",甚至具有或者说应该具有人类的所有美德。[3] 柏拉图既然不能容忍诸神具有人类身上常见的道德瑕疵乃至作恶的倾向,这就清楚地说明,他不仅是个有神论者,而且他所信奉的神是人格神。在《申辩篇》中,柏拉图还借苏格拉底之口,栩栩如生地描写人死之后灵魂将去哪些地方,将见到哪些名人,苏格拉底正是凭借这一方略来做到视死如

---

[1] 柏拉图,《政治家篇》,270A—273E(《全集》第 3 卷);也参见 Drozdek, *Greek Philosophers as Theologians*, p. 163。

[2] 柏拉图,《法篇》,899D—900B(《全集》第 3 卷)。

[3] 参见裘利亚·西萨、马塞尔·德蒂安,《古希腊众神的生活》(郑元华译),上海:上海人民出版社 2008 年,第 80—82 页。

第五章　Philosophia：作为神学的哲学

归的。① 灵魂不灭说是大多数宗教神学的一个基本教义或预设，柏拉图却对之安之若素。

在《会饮篇》中，在对爱洛斯（eros，也译作"厄洛斯"、"爱欲"）进行解释时，柏拉图又对众神之父宙斯大加利用。他藉阿加通之口（这里，阿加通很可能代表了当时流行的看法）说，原初之人是一种"球形"的"阴阳人"，长着"圆圆的背"、"四条胳膊和四条腿"、"两张一模一样的脸孔"、"四只耳朵"和"一对生殖器"；他们不安分，想要"飞上天庭，造诸神的反"；于是，宙斯把这种人"劈成了两半"，这样"既能消除动乱而又不至于把人全都毁灭"；结果，原初的完整的人一分为二，变得不完整了，一半成为男人，一半成为女人，这一半总是想方设法寻找另一半即配偶与之结合，反之亦然。就这样，在大神宙斯的帮助下，人类的性别、性爱和情欲从何而来的问题得到了圆满的解释。

当然，阿加通只是《会饮篇》故事中的一个人物而已，柏拉图本人可能并不赞同或不完全赞同他的观点，可是如何解释他笔下的苏格拉底——柏拉图本人与之等同度极高的一个人物——同样用"贫乏神"和"丰盈神"结合生下儿子爱洛斯的故事来解释爱欲？② 又如何解释希腊人中流传的柏拉图本人为他母亲与阿波罗结合所生的故事（详见第六章"劣迹斑斑的希腊诸神"中"却原来，柏拉图是阿波罗的儿子！"一节的相关讨论）？

亚里士多德：哲学始于神学，终于神学

比之其他古希腊哲学家，亚里士多德似乎更具现代气质。这是一般人的印象。那么在古典启蒙时代，亚里士多德对神的依赖是否比其他哲学家小一些？未见得。如果说柏拉图哲学的神学意味极浓，几可称之为神学，那么在相同智识和文化氛围中生长起来的

---

① 柏拉图，《申辩篇》，41A—C（《全集》第 1 卷）；《会饮篇》，189E—192A（《全集》第 2 卷）；也参见《另一个希腊》第七章"苏格拉底审判背后的政治"。
② 柏拉图，《会饮篇》，203B—C（《全集》第 2 卷）。

亚里士多德哲学与之相比,没有什么本质区别,如果不是有过之而不及的话。

比方说,亚里士多德用以描述学术研究最高形式的术语,竟然是"有关神的学问或哲学"(theological science or philosophy)。在他看来,这种学问之所以比数学、物理学等等更为优越,是因为其旨趣在于探究存在或是者的终极形式——神或上帝。或者说,这种学问所关注的,是这么一种是者,它在任何关于是者的系统描述中都处于首位和终极的位置,是宇宙万物的本原。职是之故,亚里士多德把这种"有关神的学问"也称之为"第一哲学"。除了有"哲学"之名,这种"第一哲学"在内涵上跟"正宗"神学有何分别?这就解释了为什么亚里士多德心目中的哲学不仅始于神学,也终于神学。[①]

为了解释自然万物的构成和运行,亚里士多德在其《形而上学》中提出了"四因说"。他认为,自然万物及其运动为四种原因所支配:构成事物的物质材料,即"质料因";事物为何如此,或使一事物成其为该事物的原理或形式,即"形式因";运动自何处来,或者说使事物发生变化的起因,即"动力因";以及事物如何得以存在之根本原因,此乃"目的因"。在这四种原因中,形式因、动力因和目的因从本质上讲是同一的,可归结为"不动的推动者"(The Unmoved Mover),或"实体"这一个原因。亚里士多德把神理解为元始推动者,是对西方思想史的一大贡献,与儒道释之天道、天理、无极、太极和真如等也不无相似之处。元始推动者或"实体"与世界的关系是超验的、超越的。尽管它是一种盲目的力量,不具有人格性,故而不宜看作严格意义上的神,但它具有神性,是神一般的终极实在,像神一样永恒不易,却没有疑问。[②] 这就解释了为何在

[①] David Sedley, *The Cambridge Companion to Greek and Roman Philosophy*, Cambridge (UK): Cambridge University Press, 2003, p. 312.

[②] 参见亚里士多德,《形而上学》1071b 3—23、1072a 25—1073a 13(这里所用版本为苗力田主编,《亚里士多德全集》[北京:中国人民大学出版社 1990 年],第 7 卷[苗力田译]);也参见亚里士多德,《物理学》256a 1—260a 18(《亚里士多德全集》第二卷[1991 年])。

第五章　Philosophia：作为神学的哲学

中世纪,经院哲学家对亚里士多德如此青睐。尽管其三段论无疑是一种论证上帝存在的有力工具,"四因说"毕竟与基督教神学的上帝论有很大的亲和性。无论原因为何,在长达七八百年的时间里,亚里士多德竟然成为欧洲人智识视野中唯一重要的古代哲学家,而柏拉图、苏格拉底、巴门尼德、毕达哥拉斯、普洛提诺等重要的古代哲学家统统湮没不闻,遑论众多其他论者了。

除了《形而上学》以外,亚里士多德在他的其他作品中还用诸神来解释某些特有的自然现象,例如诸行星按照不同的轨迹运动。在《尼可马科伦理学》和《优台谟伦理学》里,亚里士多德还认为,人藉以获得最高幸福的唯一方式,并不是从事平凡实际的日常活动,而是转而修身养性,培养内心的神性。对亚里士多德来说,一个人从事哲学活动的根本目的之一便是通过对神的探究和追问,尽可能地变得像神那样,这就与柏拉图心目中哲学—神学活动的根本目的没有什么两样,[①]而所谓"第一哲学"就是神学。

有神论唯物主义者伊壁鸠鲁、卢克莱修

那么在希腊化时代和罗马时代,philosophia 的神学色彩是否有所淡化,其对诸神的依赖是否有所减弱？未必。在改革开放之前的我国学界,伊壁鸠鲁因青年马克思在博士论文中对他的推崇,一直以来被认为西方古代最伟大的唯物主义哲学家之一。直到最近,他仍被视为一个主张研究自然的本性,大力破除迷信的唯物主义者。可是在流传至今的伊壁鸠鲁哲学文本中不难发现,这位著名的唯物论者并未能摆脱对诸神的依赖："即便追随神话关于神的意见,也比受自然哲学家的'命运'观念的奴役要好得多,前者至少还给人一些希望:如果我们敬拜神祈求神,就可能消灾免祸,而后

[①] Sedley, *The Cambridge Companion to Greek and Roman Philosophy*, p. 313.

者讲的必然性是无法向它祈求,使它发生任何改变的。"①在关于"幸福"的论说中,伊壁鸠鲁甚至诉诸宙斯的存在:"肉体的呼喊催促我们避开饥渴和寒冷,谁能避开这些困扰并一直保持下去,其幸福将不亚于天神宙斯。"②

  伊壁鸠鲁主义的创立者是这样,被要求严守其教义的追随者们也未能超越他。在相信诸神存在方面,他们甚至比教主有过之而无不及。三百来年后,卢克莱修——伊壁鸠鲁最著名的追随者——一方面对传统宗教中的迷信大加挞伐,比如斥责关于狮首、羊身、蛇尾的"喷火女怪"(chimeras)的说法违反常理,荒谬至极,并指出人和驮马的种子结合而成的"山陀尔"(Santaurs)和半鱼半恶狗的斯基娜(Scylla,六个头、十二只手的海妖)都是不可能产生,也不可能存在的,③另一方面却又无比虔诚地相信,维纳斯女神不仅存在,而且"掌管着万物的本性";没有她,"就没有任何东西能够来到阳光的国度,也不会产生任何欢乐而可爱的事物",因而祈求她"一如既往地眷顾"他的诗篇,"让诗篇焕发出永恒的魅力"④。

  甚至对于传统宗教中除维纳斯外的其他神祇,卢克莱修同样相信它们的存在:"当春天之神和维纳斯来临之际,维纳斯长着翅膀的使者(丘比特,Cupid)大步走在前面,后面跟着西风神(Zephyr)和花神弗罗拉(Flora),一路遍洒五彩夺目和芬芳宜人的鲜花。随后就是干燥和灼热的热神,它们手拉手与满身灰尘的谷神(Ceres)和吹北风的定季之神(Etesian)而来;然后是秋神酒神巴克斯

---

① Epicurus, "Letter to Menoeceus";也参见伊壁鸠鲁,《致梅瑙凯信》,载《自然的快乐:伊壁鸠鲁的哲学》(包利民等译),北京:中国社会科学出版社 2004 年,第 34 页。
② Epicurus, 'Vatican Sayings' 33;也参见伊壁鸠鲁,《梵蒂冈馆藏格言集》,载《自然的快乐》,第 46 页。
③ 卢克莱修,《物性论》5·504—528(所用版本为 R. E. Latham 英译 [revised version, 1994],邢其毅译,北京:北京大学出版社 2007 年版;也参照了包利民等译卢克莱修《万物本性论》,载《自然的快乐》,第 217—2182 页,下同)。
④ 卢克莱修,《物性论》1·12—16(此处也参照了包利民等译卢克莱修《万物本性论》,载《自然的快乐》第 61—62 页)。

第五章　Philosophia：作为神学的哲学

(Bacchus)狂欢作乐"。① 应当指出的是，卢克莱修虽然相信诸神存在，但她/他们必须符合自然的本性，也就是说，诸神皆为自然神或自然规律之神。对于卢克莱修来说，自然就是神，神就是自然，他的哲学因而可视为一种自然神学。

顺便指出，在把自然理解为神方面，斯多亚派与伊壁鸠鲁派立场完全一致。希腊化时代这两个影响最大的哲学派别不仅都强调对神的自然主义理解，也都强调这种理解所包含的心理和伦理学价值。② 古典时期晚期影响最大的普洛提诺学说的神学特质就更明显了，其太一、理智和灵魂既是三大本体，又是同一个至高神，其中的神秘主义不亚于任何神学，甚至比基督教三位一体论有过之而无不及。这解释了历史哲学家汤因比为何不认为从普洛提诺为代表的新柏拉图主义是哲学，而视之为宗教，把它与基督教、伊斯兰教、犹太教、道教、佛教、古埃及奥西里斯崇拜、古希腊太阳神崇拜等一道，统统归入"高级宗教"类别。③

Philosophia 与先秦诸精神形态之比较

从以上讨论中不难看出，从泰勒斯、赫拉克利特、德谟克利特到苏格拉底、柏拉图、亚里士多德，再到罗马时代的伊壁鸠鲁学派、斯多亚学派和新柏拉图主义者，希腊罗马社会的 philosophia 式精神形态对于神或诸神的态度可谓一以贯之：信仰。较之传统神话对鹰头狮身的"格里芬"、长翅膀的狮身人面女怪"斯芬克司"、狮头羊身蛇尾的吐火女怪"客迈拉"，以及头发为毒蛇、长着野猪般獠牙并长有双翅的女怪"戈耳工"之类迷信，哲学家虽仍然信奉诸神，但其所信仰的诸神毕竟较少违反自然规律，或者说具有更多自然的属性。

---

① 卢克莱修，《物性论》5·425—429（此处也参照了包利民等译卢克莱修《万物本性论》，载《自然的快乐》第 213—214 页）。
② Sedley, *The Cambridge Companion to Greek and Roman Philosophy*, p. 313.
③ 阿诺德·汤因比，《历史研究》（三卷本，曹未风等译），上海：上海人民出版社 1997 年，下卷，第 325 页。

理性的开显

在此意义上未尝不可以说,希腊罗马哲学家的神或诸神载负着很大程度的自然理性。或者说,他们的自然理性必须借助诸神的拐杖方能挺立,行动;体现为"哲学"话语的自然理性必须得到诸神故事蛹壳的保护,方能顺利地孵化,成长为蝶蛾,飞翔于蓝天。应当指出的是,卢克莱修比之其他希罗哲学家,可谓更加"进步"。他非常明确地拒斥有悖常理的怪力乱神的存在,而非像先前的哲学家要么有所保留,要么不够坚定,故而他的哲学即便仍然保留着不少有神论成分,却明显较少怪力乱神,所以是一种理性成分更多,思维更加清爽明朗的有神论。总的说来,较之先前盛行的神话,西历纪元前6世纪兴起的希腊罗马哲学包含明显更多的理性因素,因此更为接近现代人的自然观、世界观。

尽管如此,希腊罗马哲学与儒家"不语怪力乱神"、"敬鬼神而远之",以及"未知生,焉知死"的态度相比仍有距离。考虑到在希腊,古典时代是一个理性精神高歌猛进的时代,所谓"启蒙"的时代,"爱智慧者"有关诸神的言行就更值得注意了。如果说哲学家的认识水平尚且如此,一般大众便可想而知。如果说连哲学家也开口宙斯,闭口阿波罗,甚至一本正经讨论诸神究竟存在还是不存在,究竟具有还是不具有人类的形貌,大众脱魅程度有多高,他们是否相信诸神存在,便不难想象。总的说来,即便在古典时代甚至希腊化时代,希腊人的整体脱魅水平也有限,这种状况的根本原因又在于希腊社会发展较为迟缓。

问题是,为什么希腊社会发展相对迟缓呢?这应该到希腊的地缘自然环境方面去寻找原因。跟黄河流域降雨量适中、黄土壤保水性好且相当肥沃的自然环境相比,希腊的土壤和气候条件十分恶劣。这里土地贫瘠,农作物生长的夏季干燥少雨,农作物休眠的冬季却湿润多雨,而且常常是暴雨。不仅如此,希腊世界降雨的时间分布也很不均匀,有些年份降雨量太大,有些年份降雨量又太少,结果旱涝灾害成为常态,农业收成是根本没有保障的。这在很大程度上解释了为什么这里的诸神崇拜如此经久不衰;为什么在早期希腊,人们在大自然面前是那么恐惧;为什么晚至古典时代,

第五章　Philosophia：作为神学的哲学

诸神崇拜的传统仍然非常强大。

但是，诸神崇拜传统强大、脱魅进程滞缓并非全然是坏事。辩证地看，希腊人异常活跃的思维——无论表现为"迈索斯"、"神话"、"宗教"、"神学"，抑或"哲学"——很难说跟发达的诸神崇拜毫无关系。由于长期浸润在对 N 个神祇的祭拜或者说 N 个神祇同时发生作用（这与叙利亚唯一神信仰何其不同）的文化环境里，希腊人不必把自己局限在一种绝对神圣、不可更改的崇拜形式中，更不必把自己禁锢在对一个唯一神的顺从上。因此，希腊人的精神处于一种相对自由和开放的状态。既然较少受到束缚，他们的心灵便自然而然地处在一种相对活跃的状态之中。结果是，比之黄河流域和叙利亚地区的人们，希腊人更容易超越经验、直观和直觉意义上的朴素真理，从而率先开出一种更精致的理论思维。希腊人的科学理性精神和科学成就明显高于其他古代民族，不是没有原因的，其活跃的神话、宗教、神学、哲学或神哲学思维都可以视为原因，尽管散裂的地理格局可以视为这一切后面更深层的原因。

同样甚至更为重要的是，希腊周边有更古老、更发达的埃及文明和两河流域文明的资源可资利用。希腊地理位置很优越、很幸运，离埃及不近也不远，与连接两河流域的小亚是邻居，与西亚强国腓尼基也是近邻。这种空间格局使希腊人一方面能够方便地引进其他文明的成果为我所用，一方面又能够保持政治和文化独立。再加上有利于论辩思维的激进民主的实行，[①]最后结果是，较之先

[①] 英国学者劳埃德在论及希腊哲学的兴起时说："民主政体坚持的原则是任何事都能协商，任何辩论都应该公之于众，任何议题都应该由独立的公民大会民主投票决定……人所共知的对抗或敌视的特征超越了严格的法律或政治领域，扩展到许多其他探索领域。无疑，在法庭上和在政治性的公民大会上，每一个发言者都努力确立自己的主张，削弱对方的主张。破坏性论据本来为后一任务而设计，却往往成为介绍自己主张的主要手段。在法律诉讼中，原告和被告的对立必然会产生两个相互对立理论之间直接的对抗，这是显而易见的。"不难想见，这种智识氛围十分有利于那种注重分析、长于推理的精神样式即 philosophia 的成长。G. E. R. 劳埃德《古希腊的民主、哲学和科学》，载约翰·邓恩（编），《民主的历程》（林猛等译），长春：吉林人民出版社 2003 年，第 56—57 页。

秦时代及之后的中国人，希腊人虽较晚登上历史舞台，甚至晚至古典时代其整体脱魅水平也十分有限，却能够迅速崛起，产生一种新型的精神样式，即以精细分析和推论证明见长的"哲学"。尽管这种精神样式有明显的神话思维痕迹，甚至难以同神学区分开来，它的登场毕竟意味着，希腊出现了一种注重思辨和论证的新思维。在此意义上并非不可以说，希腊世界的脱魅采取了一种神学哲学纠缠不清的 philosophia 样式。这种精神形态或不如"不语怪力乱神"和"未知生，焉知死"之精神样式那么现代，但毕竟更精密。

另一方面，长于分析、推理、论辩和证明，并不等于在"哲学"的另一个重要维度即伦理道德方面，希腊人的表现也同样优秀。一般认为，希腊人的伦理自觉肇始于苏格拉底时代的美德运动（其实在赫拉克利特那里，道德自觉便相当明显了），在当今哲学从业者中，这被叫作"伦理转向"。在"美德运动"中，包括哲学家在内的希腊精英们有意识地培养和修炼勇敢、自制、虔敬、智慧一类个人品质。这在希腊历史上是前所未有的。不难想见，这种做法并不局限于少数"哲学家"，其他人如商人、政治人也有所参与，所以不仅对当时希腊社会产生了强烈冲击，对后来基督教的兴起也产生了一定影响。

按理说，追求美德与崇拜诸神是相悖的，因为这种追求意味着，个人应更多依靠自我努力、自我约束、自我管理或自律来完善自己的品德；只有提升了个人的道德品性，才可能产生道德家们所希冀的社会政治效应。无疑，美德运动意味着，先前那种藉神祇的力量来达到特定社会政治目的或实现特定个人目标的做法将遭到摈弃。但正如哲学中充斥着神学元素那样，美德运动也为诸神的身影所萦绕。这就解释了为什么苏格拉底总是宣称受心中精灵的指引，为什么同样重视美德的柏拉图的"哲学"总与神祇搅和在一起，为什么名闻遐迩的道德家尼西亚斯在远征西西里途中也不忘修炼美德，在雅典舰队被敌军包围急需突围时，宁可违反常理，贻

第五章　Philosophia：作为神学的哲学

误战机，也不落下求神问卜，致使雅典远征军全军覆没。①

还应注意，希腊人美德运动的兴起可谓姗姗来迟。为什么这么说？作为历史舞台上的一个迟到者，希腊人在西亚地中海世界享有一种文明史上前所未有的后发优势。在脱魅程度还相当有限的情况下，他们引进埃及和西亚先进的技术，同时也引进了那里先进的宗教、文学和艺术理念，甚至文字。②③ 在舶来这些东西的过程中，古典时代的希腊经济在小亚、腓尼基和埃及经济的刺激下蓬勃发展，"轴心突破"即在此时发生。然而，这一切并不等于恶劣环境中盛行已久的鬼神崇拜已被清理，遑论连根拔除。因此，这时希腊人用文字记录下来的，不仅是新兴美德运动的具体情形，④还有诸神故事栩栩如生的细节。所以今人一方面能看到"启蒙"时代哲学、史学、政治学、修辞学、艺术、音乐的繁荣景象，另一方面也能看到有着七情六欲、狂放不羁、暴烈凶残的诸神形象，甚至可以看到包括哲学家在内的希腊人——无情嘲笑流行神观的色诺芬尼或是例外——对诸神的普遍认可和崇奉。

这就与同一时期的中国形成了鲜明对比。当华夏世界出现有史可稽的道德自觉时，鬼神的作用已经大大下降，至少精英阶层已经懂得，求神问卜不仅可能于人间事务无益，遇到重大事情必须做决断时，如果尽信巫卜，还很可能导致灾难性的后果。事实上，记录当时社会状况和重大历史事件的史官，大多是一些有能力对自然和人事进行智性认知和合理判断的知识分子。他们通常具有独立的社会政治立场，能进行独立的道德判断。他们很大程度上已

---

① 修昔底德，《伯罗奔尼撒战争史》，第七卷第五至七章（下册，第 600—601 页；第 602—633 页）。（所用版本为谢德风译，上下册，北京：商务印书馆 2004 年）
② 腓尼基字母及相应书写文化，即与文字密切关联的书写工具、书写材料、"书"的理念和读写的理念等。
③ 参见《另一个希腊》第一章"东方化革命"第十节"字母、'书'和书写技术的舶来"。
④ 在柏拉图《会饮篇》中，美德功夫甚深的苏格拉底在亚西比德咄咄逼人的色诱下坐怀不乱；在《伯罗奔尼撒战争史》中，尼西阿斯在注定失败的西西里远征途中念念不忘道德修炼。

理性的开显

摆脱了鬼神观念的束缚,不再把怪力乱神当作客观现实来接受。

更重要的是,华夏世界的知识分子已经意识到,人类完全可以藉自己的努力来应对大自然的凶暴桀顽;在社会、政治、军事甚至人事问题上,求神问卜无济于事,而藉着修身而提高的个人品德则更为可靠。因为修炼个人品德意味着摆脱对占卜、巫术的依赖,意味着以客观观察和理性分析来做决定。"君子德行焉求福,故祭祀而寡也;仁义焉求吉,故卜筮而希也"①之语便是这种情形的生动写照。正是由于新风尚的兴起,正是由于人们(至少精英阶层)对这种风尚的认同,才会有孔子之类思想家非常合乎现代精神的生命观和世界观。"不语怪力乱神"和"未知生,焉知死"的宣示,难道不现代?

这解释了为什么先秦中国精神样式较少谈神论鬼,为什么重要的先秦典籍中较少有谈神论鬼的内容。事实上,不仅《诗经》、《尚书》、《周礼》、《论语》、《孟子》、《荀子》如此,而且《老子》、《庄子》、《列子》、《孙子》、《管子》等同样如此。最重要的先秦历史著作《左传》中虽然不乏神怪志异或记载,而且屡有征验,但是撰家左丘明并不相信鬼神真的能造成实质性影响,因为他更加看重个人道德品行和合乎常识的行为在事件中的作用,即标举人力和人事的重要性。② 同样,尽管《墨子》的《天志》篇和《明鬼》篇一反先秦诸子之常态,有不少涉及鬼神的故事,但现代研究界的看法是,墨子之所以搬出神灵鬼怪,是为了吓唬那些不行仁义、残忠贼良的统治者,并不代表他本人真的相信神鬼。总而言之,先秦中国知识人在精神上大体上已摆脱了鬼神的纠缠,这与希腊罗马哲学家明显不同。

很大程度上,这也是一些五四论者认为中国文化很早就变得

---

① 《马王堆帛书易传·要》,转引自陈来著,《古代宗教与伦理:儒家思想的根源》,北京:生活·读书·新知三联书店1996年,第11页。

② 参见李隆献演讲稿,《由〈左传〉的"神怪"叙事论其人文精神》,2010年9月6日下午4:30至6:00在香港城市大学中文、翻译和语言学系会议室宣读。

第五章　Philosophia：作为神学的哲学

"老成"的原因。① 秦汉以后中国人虽然仍讲谶纬、天人感应,甚至宫廷中还常常流行巫蛊之术,但总的说来越到后来便越是"老成"。至清末民初,中国人对鬼神巫觋已如此忌讳,以至于某些五四知识人对希腊神话无保留的认可和引介,也深深打上了"不语怪力乱神"传统的烙印。

大概为了使古希腊的妖魔鬼怪、魑魅魍魉不至于在中国人面前显得过于荒诞和恐怖,五四时代最大的希腊迷周作人明知希腊神话中有大量"恐怖分子",②在文章中却对此一笔带过,略而不论,③甚至明目张胆地宣称,埃及和印度"也曾造有他们的神人,可是这与希腊的又是多么不同;埃及的鸟头牛身,印度的三头千手,在希腊都是极少见的"④。这也太过爱屋及乌,为贤者讳了吧?这与事实相差太远。如何解释希腊人的鹰头狮身的"格里芬"、狮身人面的"斯芬克司"、狮头羊身蛇尾的"客迈拉"、头发为毒蛇并长有双翅的"戈耳工",以及长有一百个喷着火焰的蛇头的巨蟒"提丰"?(详见第六章"劣迹斑斑的希腊诸神")

---

① 在一篇比较中国和西方古代散文成就的文章中,周作人说:"希腊散文两个源流,即史与哲学,照中国的说法是史与子。再把六经分析来说,《书》与《春秋》是史,《易》与《礼》也就是子了。赫洛陀多斯(希罗多德)与都屈迭台斯(修昔底德)正与马班相当,梭格拉底与柏拉图仿佛孔孟的地位,此外诸子争鸣,这情形也有点相似,可是奇怪的是,中国总显得老成,不要说太史公,便是《左传》《国语》也已写得那一手熟练的文章,对于人生又是那么精通世故,这是希腊的史家之父所未能及的。柏拉图的文笔固然极好,《孟子》《庄子》却也不错……若是下一辈的亚理士多德这类人,我们实在没有,东西学术之分歧恐怕即起于此,不得不承认而且感到惭愧。"这番话——尤其是中国古代散文"老成"、"熟练",在人生态度上"精通世故"云云——可谓眼光独到,值得学界注意。参见周作人,《文学史的教训》,载《立春以前》(周作人自编文集,止庵校订),石家庄:河北教育出版社2002年,第118页。
② 参见第六章"劣迹斑斑的希腊诸神"的相关讨论。
③ 周作人,《几篇题跋》,载《立春以前》,第178页。
④ 周作人,《新希腊与中国》,载张明高、范桥编,《周作人散文》第三集,第140页。

Philosophia 与诸神藕断丝连

毋庸讳言,在古希腊精神世界中,怪力乱神、巫觋鬼魅俯拾皆是,无可逃避,在旧神话故事里尤其如此。这就难免对新出现的理性化程度更高的 philosophia 式的精神形态产生影响。换句话说,新的哲学思维与旧的神话思维藕断丝连,不可能与之完全撇清关系。

这就是为什么不仅一般被目为保守的巴门尼德、柏拉图哲学带有浓厚的神学色彩,而且唯物论者伊壁鸠鲁、卢克莱修的哲学也未能摆脱诸神的纠缠,甚至被马克思视为最彻底的唯物论者德谟克利特,也不是严格意义上的无神论者,甚至可以说是有神论者。同样,希腊化时代及之后影响极大的斯多亚主义也是一种神学色彩浓厚的精神样式。古代晚期影响最大的新柏拉图主义神学不仅更彻底,而且更精密。在柏拉图神学式哲学的基础上,普洛提诺更上一层楼,其太一说、三大本体说和神秘主义"流溢"说分析之细致,论证之严密,绝不亚于基督教神学,后来也的确为基督教神学所用,成为其重要的思想资源。

这里必须强调的是,同先秦中国儒道哲学、史学和文学的思维样式相比,philosophia 虽然明显依赖于神灵或超自然力量的存在,却绝不可以简单地斥之为"迷信"、"非理性"、"愚昧"。比之此前支配希腊人精神世界的迈索斯或神话,philosophia 毕竟是一种理性化程度高得多的精神样式。去除了其中的诸神形象和神秘主义元素,philosophia 里的分析、推理、证明和论辩的成分与现代意义上的哲学并无根本不同。这就是为什么一般认为,现代西方哲学与古希腊罗马哲学一脉相承。从根本上讲,philosophia 是古希腊罗马理性化进程所特有的一种脱魅方式,或者说是希腊罗马世界理性开显所采取的一条特殊路径。

尽管在这种神学式哲学或神话式哲学里,诸神不仅无处不在,无可逃避,而且占有极重要的地位,但其精神气质与先秦中国儒道

第五章　Philosophia：作为神学的哲学

哲学和史学相比，并没有本质的不同。而且完全可以说，就符合常理的程度或理性化程度而言，希腊罗马的神学式哲学比既有的迈索斯式思维高得多。考虑到 philosophia 肇兴之前希腊人曾经笃信（但对先秦及之后中国知识人来说极难想象）的诸跨物种妖怪——鹰头狮身的"格里芬"、狮身人面的"斯芬克司"、狮头羊身蛇尾的"客迈拉"、头发为毒蛇并长有双翅的"戈耳工"，以及长着一百个口喷火焰的凶猛蛇头的"提丰"巨蟒——的存在，"哲学"或"爱智慧"的理性品质就更毋庸置疑了。

第六章 劣迹斑斑的希腊诸神

引　言

稍稍留心便不难发现,前几章所讲的精神突破,在相当大程度上是一种宗教的突破,而不是哲学的突破。换句话说,雅斯贝斯所谓"哲学"含有"宗教"义,也涵括中国诸子百家和印度诸达磨,其实就是一种精神形态。考察一下轴心时代之前及其间的希腊,这一点将变得更加清楚。对此时希腊诸神、神与人的关系等加以考察,必将有助于深化对代表各文明的诸精神样式的理解,尤其有助于深化对理性开显进程中"宗教"和"哲学"关系的把握。

很清楚,在轴心时代前的希腊世界,诸神势力仍然太大。如果包括"爱智慧者"在内人人都开口爱洛斯,闭口阿波罗,那么很明显,希腊思维仍处在"迈索斯"层次。甚至在西历纪元前5世纪的古典"启蒙"时代,希腊人的心智也仍充斥着怪力乱神、"恐怖分子"。因而此时希腊精神世界的理性化,很大程度上是伦理道德意义上的理性化,亦即苏格拉底"伦理转向"意义上的理性化。当然,因诸神势力太过强大,肇始于苏格拉底的"伦理转向"后来证明很不成功,最终不得不倚赖新兴基督教的力量才大体完成任务。

从根本上讲,这也就是为何论者们通常认为,诸希腊精神形态的突出特点并非德性,而是为一种非德性、非道德的精神传统所支配;相比之下,华夏和希伯来精神样式的根本特征是德性,或者说一种崇尚道德的传统占了上风。

第六章 劣迹斑斑的希腊诸神

读书人的希腊崇拜

如我们所知,在西方人文学界,"逻各斯"或理性一直被视为现代性的病根所在,抵制"逻各斯中心主义"的呼吁也很流行,甚至已是当今知识话语的一个极重要组成部分。

按照这种知识话语,理性源自何处?当然源自希腊。追随德里达的庸人们甚至更上一层楼,不仅相信理性故乡在希腊,甚至以为理性属于"哲学"这种高级精神样式,是西方的专利,其他文明只有宗教或类似于宗教的低级精神形态,因而理性不张;西方之所以凌驾于非西方,是因了理性的霸权;进步知识人所要做的,就是颠覆理性的霸权;而只有颠覆了理性霸权,西方与非西方才能平起平坐,西方人和非西方人才能等量齐观。奇怪的是,那众多同情非西方的进步人士太懒,不愿花哪怕一小点力气来了解东方。相比之下,他们对西方古代即希腊的兴趣大得多。所以,要知道他们为何如此,非得首先了解希腊思维不可。

希腊人真发明了理性?古希腊真是理性的故乡?

即便只对古希腊稍作了解,也会疑窦众生。那里,神祇如此之多,诸神涉入人类生活如此深广,人与神或神与人相互转换如此容易,就连婆罗门祭司、释迦牟尼和玛哈维拉们也会大长见识,就连孔丘、孟柯、老庄也会大跌眼镜。与此同时,在埃及和西亚原生文明基础上发展起来的希腊"哲学"(一种神学气息极浓的"哲学",详上)又如此高头讲章、卷帙浩繁,竟让人恍兮忽兮,因此假如德里达等异口同声地说希腊人发明了理性,那怎么会是空穴来风?如此这般,当然就看不到"哲学"是特殊地缘自然环境的产物了。[①]

大约被"不语怪力乱神"之儒家传统压制得太久,面对沉溺于怪力乱神的希腊宗教和神话,五四运动时及之后的中国读书人似

[①] 参见阮炜《另一个希腊》(上海:上海三联书店 2010 年)第一章"东方化革命"与第八章"'哲学'为何产生在希腊"的相关讨论。

乎中了邪咒，失魂落魄，惊叹崇拜之余，似乎就不可能有其他像样的反应了。近年来随着国家的崛起，举国上下对五四激进主义已有了一定程度的矫枉，对传统文化的态度发生了很大转变，可读书人对希腊诸神的痴迷仍一如既往，与五四知识人相比并无根本改变。转型时期的智识土壤虽远说不上肥腴，但中国人口基数实在太大，所以不难想见，今后一定还会有更多的希腊"控"迷拜希腊诸神。

在中国读书人看来，希腊神话魅力无穷。与圣洁崇高但缺乏七情六欲的伏羲、炎帝、黄帝、颛顼、帝喾、尧、舜、禹相比，拈花惹草的宙斯让人羡慕嫉妒恨，醋坛子赫拉也十分可爱可亲，甚至性致勃勃、被疯女们撕成碎片的狄俄尼索斯也令人惊诧，发人深思。在读书人尤其是1980至1990年代的读书人看来，中国神祇虽然从部落英雄演变而来，身上流着凡人的血液，却是太过正确、太过高大上，因而可望不可及的真正的神；希腊诸神虽具有神的血统，却是一些野性勃勃，有着七情六欲和缺点毛病的真正的人。

由于这些缘故，中国人曾一度相信，希腊神话闪耀着人性的光辉，而中国神话则刚刚相反，是被尚德传统裁剪、篡改后的残留物，有一种压制人性、戕杀人欲的倾向。孔子"不语怪力乱神"既是这一传统的不幸后果，又进一步强化了它。事实上，五四以来，这种推论一直主宰着读书人的心灵，至今仍无根本的改观。不难想见，上述判断对于扭转读书人言必称希腊的习惯，起不了什么作用，如果不起完全相反作用的话。

但沿自五四的判断真那么正确？儒家传统压制人性、希腊文化高扬人性的判断真站得住脚？如何解释这一现象：为什么通过基督教，同样具有崇德传统的叙利亚文明会整体性地取代希腊罗马文明？又如何解释各大文明传衍至今，无不拥有一个发达的伦理道德体系？难道拥有一种德性的或重视伦理道德的文化传统是大错特错了？

当然不是。所以，当尼采、海德格尔一类论家揪住苏格拉底以降的希腊哲学不放，指责它导致基督教道德主义（其"奴隶道德"说

第六章 劣迹斑斑的希腊诸神

尤其耸人听闻)之勃兴、基督教禁欲主义之灭杀人性,从而把西方文明引上了一条万劫不复的歧途,很大程度上是故作姿态以博眼球。至少,这种指责忽视甚或否认,一般教徒非禁欲主义的生活与少数修士修女的不食人间烟火是大异其趣的。更严重的是,这种指责没能看到儒家、佛教、伊斯兰教、印度教等等与基督教一样,无不体制性地以伦理道德抑制个人欲望,规约个人行为。从在人口中的占比来看,欧洲修士修女的人数难道能够与西藏地区和东南亚国家的僧侣或出家人相比?

不妨把问题问得更尖锐一些:及至古典时代,希腊思维为什么朝着一种德性的或伦理道德导向的"哲学"演变,为什么朝着一种把"逻各斯"(Logos)和"迈索斯"(Mythos)——在认知世界方面看似水火不相容的理性进路和神话方式——结合起来的方向演变,而非继续滞留在神话思维中?希腊思维为什么不继续沉湎、陶醉于怪力乱神和"恐怖分子"中,[①]为什么不继续痴迷在魑魅魍魉的符咒下流连忘返?

然而当今中国仍有不少读书人以为,希腊诸神因代表自由不羁、人性十足的希腊人,故不啻希腊文化本身。为了不使他们再次拜倒在诸神的脚下,就更有必要把这些神灵与古华夏的神祇作一个比较,以便弄清楚它们作为蒙昧时代人类思维产物的本来面目。

---

① 早在 1920 至 1930 年代,周作人便已注意到,"诗人"、"悲剧作者"、"画师"和"雕刻家"崛起的古典时代希腊(前 480—前 321 年的希腊)是不同于之前亦即古风时代和黑暗时代的希腊的。他非常清楚,古典时代之前的希腊是一个神话思维大行其道,甚至充斥着"恐怖分子"(按,这里周作人所用"分子"一词明显是借自化学术语)的希腊。周作人,《几篇题跋》,载《立春以前》(周作人自编文集,止庵校订),石家庄:河北教育出版社 2002 年,第 178 页;周作人,《新希腊与中国》,载张明高、范桥编,《周作人散文》第三集,北京:中国广播电视出版社 1992 年,第 141 页;周作人,《〈希腊的神与英雄〉译后附记》,载张明高、范桥编,《周作人散文》第三集,第 149 页。

理性的开显

力比多丰盈的希腊创世神话

如果有人认为中国古代的尚德传统压制了诸神本应具有的人性,就得看看这个压制传统是如何形成的。要回答这个问题,不妨比较一下古希腊和古中国的创世神话。

据经典化了的赫西俄德《神谱》,元初之时一无所有,有的只是"卡俄斯"。但卡俄斯并非神祇,而只是一个张开巨口的空间或混沌。卡俄斯生下大地该亚,又生下黑暗之化身厄瑞玻斯和黑夜之神纽克斯。后两个神祇相爱怀孕,生下光明之神埃忒耳和白昼之神赫莫拉。但该亚未经"甜蜜相爱"便生下广天乌兰诺斯、绵延起伏的山脉,还生了蓬托斯即波涛汹涌的深海。该亚与儿子乌兰诺斯交合,生下"涡流深深"的海洋神俄刻阿诺斯、极富生殖力的大母神瑞亚,更生下了诡计多端的时间神克罗诺斯。该亚还与其所生之子蓬托斯交合,生下陶马斯、福耳库斯等海洋神或与海洋有关的神祇。[①] 该亚之子克罗诺斯与妹妹瑞亚交合,生了海神波赛冬、冥神哈得斯、农神德米忒尔、灶神赫斯提亚、雷电霹雳之神宙斯、赫拉(宙斯的妻子)等等。[②] 如此这般,世界万物的起源已经有了一个自成一体的圆满交待。

在中国创世故事里,宇宙万物又是如何产生的呢?尽管三国时期徐整所著(当然也可能是编撰)之《五远历年纪》中的盘古创世故事可能源自南方少数民族,但既然被汉族士人接纳到汉语典籍中,很大程度上也就能代表汉族思维。在此故事中,元初之时,"天地混沌如鸡子,盘古生其中,万八千岁,天地开辟,阳清为天,阴浊为

---

① 赫西俄德,《神谱》,110—240(所用版本为《工作与时日 神谱》[张竹明、蒋平译],北京:商务印书馆2006年)。
② 赫西俄德,《神谱》,121—146;也见简·艾伦·赫丽生,《希腊宗教研究导论》(谢世坚译),南宁:广西师范大学出版社2006年,第238页。需特别注意的是,希腊创世神话有无可置疑的东方起源。参见《另一个希腊》第一章"东方化革命"的有关讨论。

第六章 劣迹斑斑的希腊诸神

地。盘古在其中,一日九变,神于天,圣于地。天日高一丈,地日厚一丈,盘古日长一丈,如此万八千岁。天数极高,地数极深,盘古极长。后乃有三皇。"①但这仅仅解释了天地宇宙和人类的由来。

其他自然现象又是如何肇始的呢？同样,据《五远历年纪》,世界之初,"元气鸿蒙,萌芽兹始。遂分天地,肇立乾坤。启感阴阳,分布元气。乃孕中和,是为人也。首生盘古,垂死化身:气成风云,声为雷霆,左眼为日,右眼为月,四肢五体为四极五岳,血液为江河,筋脉为地里（理）,肥肉为田土,发髭为星辰,皮毛为草木,齿骨为金石,精髓为珠玉,汗流为雨泽,身之诸虫,因风所感,化为黎甿。"②③

这里,盘古十分孤独。他孤单单一人出生在"宇宙卵"之混沌中,在那里边一呆就是一万八千年。后来天开地辟,不断膨胀,眼看就要合拢,挤掉万物应有的生存空间,又是他孤单单一人横亘于天地之间,阻止其合拢。直到死,盘古都是孤身一人,甚至未能见到从自己身躯里生长出来的日月星辰、山川河流、风雨雷电、田地草木和人类。

相比之下,希腊故事性感得多。这里,万物的创生,必得有力比多的参与方能实现（如此看来,心理分析意义上的"泛性论"大可

---

① 转引自(唐)欧阳询等编撰,《艺文类聚》卷一。
② 转引自(清)马骕编撰,《绎书》卷一。
③ 盘古故事也见于(南朝梁)任昉著《述异记》(卷上):"昔盘古氏之死也,头为四岳,目为日月,脂膏为江海,毛发为草木。"有关盘古传说的起源,任昉在《述异记》(卷上)中写道:"秦汉间俗说:盘古氏头为东岳,腹为中岳,左臂为南岳,右臂为北岳,足为西岳。先儒说:盘古氏泣为江河,气为风,目瞳为电。古说:盘古氏喜为晴,怒为阴。吴楚间说:盘古氏夫妻,阴阳之始也。今南海有盘古氏墓,亘三百里,俗云后人追葬盘古之魂也。桂林有盘古祠,今人祝祀;南海有盘古国,今人皆以盘古为姓。"(《盘古传说》,载《百度百科》2012年3月21日)另有论者说,"在我国五岭南北的瑶、苗、侗、黎等少数民族中,一直流传着'槃瓠'的传说,奉'槃瓠'为他们的祖先,以后'槃瓠'二字音转为'盘古'。'盘古'在南方神话中,是担负着开天辟地的重任角色。三国时期,流传于南方的神话开始为长江流域的文人所知,吴人徐整吸取南方'盘古'传说,写作了'盘古开天辟地'的神话。"《中国创世神话》,载《国学网》2012年3月21日。

追朔到希腊),其中的行为主体也不止一个元初巨神,而是一个由不同世代和兄弟姐妹组成的完整神系。卡俄斯与中国的"混沌"相似,不仅生出大地神该亚,还生了黑暗神厄瑞玻斯和夜神纽克斯。兄妹俩忍受不了孤独,交媾生出光明之神与白昼之神。该亚最初还能耐得住寂寞,无性繁殖出晧天、深海和崇山峻岭,但之后本性毕露,与儿子乌兰诺斯跨代交合,生出俄刻阿诺斯、瑞亚和克罗诺斯。俄刻阿诺斯与妹妹瑞亚又同代交媾,生下一系列神祇,掌管海洋、地府、农业、气候和灶火。①

道德高尚的盘古

世界上各民族大抵都有过一段不以血亲性关系为耻的早期历史,但像希腊人那样,把血亲性爱如此栩栩如生地系统整合到创世神话中去,恐非普遍现象。

希腊创世神话的原型是西亚的库马比神话。② 在西亚原型故事中,诸神在权力更替时发生了代际大战(其实这就是希腊创世神话中诸神之间更为激烈的代际大战的原型);主神库马比甚至与大海交媾,生神子乌利库米(Ullikummi);③但这里诸神均为男性,不可能发生希腊神话常见的兄妹交欢、母子交合之事。女神既阙如,很自然地会发生这样一些情形:库马比与安奴争斗,咬掉后者的生殖器吞下,怀孕生三个神子;后来库马比又吞下一块石头,由此怀孕生暴雨神台述卜。在神祇如何繁衍事上,库马比创世神话似乎刻意回避了蒙昧时代中常见的血亲性爱关系。当然,这种回避或许正好说明,库马比神话中已包含性禁忌。

比之西亚创世神话,盘古故事与希腊创世神话的对比更加鲜明,尽管在儒家文献中,盘古传说以其民间传说的身份并非居于主

---

① 参见《另一个希腊》第一章"东方化革命"第六节有关讨论。
② 参见《另一个希腊》第一章"东方化革命"第六节有关讨论。
③ "Kumarbi",载 Wikipedia, http://en.wikipedia.org/wiki/Kumarbi, 09/10/2010。

第六章　劣迹斑斑的希腊诸神

流地位，但从故事本身来看，盘古形象比西亚故事中的相应人物更富于想象力。他孤身一人，日长一丈，达一万八千年之久，死后化身为日月星辰和自然万物。很显然，这种事只可能出现在人类的大脑中，也就是说，盘古是纯粹幻想的产物。也许正因为如此，盘古不必像希腊诸神那样男女相配。

相比之下，希腊故事的想象力并不很强，里边的诸神更像是现实的翻版，而不是纯粹头脑的产物：元始之神该亚生天神乌兰诺斯，与之交合生时间神克罗诺斯；克罗诺斯与其姊瑞亚交合生宙斯等神；宙斯又娶其姊赫拉为妻。尽管诸神普遍乱伦对现代人来说匪夷所思，但毕竟从中可清楚地看到蒙昧时代一些司空见惯的情形。从社会人类学视角看，神祇乱伦反映新石器时代晚期人类群体中流行的性关系。也就是说，诸神性关系不是希腊人凭空杜撰出来的，而与现实中的人类关系相对应，从蒙昧时代的血亲关系中拷贝而来。

恰成对照的是，盘古是一个至为彻底的独身主义者，不仅跟力比多丰盈的希腊诸神形成巨大的反差，跟希伯来传统中似乎并没有什么出轨行为的亚当相比，也有明显的不同。在《圣经·创世记》里，神造出亚当后，见他太孤独，乘他熟睡之际，取出他身上一根肋骨，造出了夏娃给他做伴。因此，从"贞洁"的角度看，在盘古面前，连亚当也应感到羞愧。这里并不是要把禁欲主义或有性无性用作评判中国、希伯来与希腊神话的终极标准，但华夏、希伯来神话与希腊神话的巨大反差，毕竟是一个值得探究的问题。

不难想见，在婚姻和性关系上，华夏和犹太先民与其他民族一样，都曾经历过一个不避讳血亲性行为的时期。及至相关神话传说最终成形、载诸文字时，这一阶段早已被超越，人们早已从经验中清楚知道，血亲性关系不利于种族繁衍，因此开出种种限制和禁忌。在华夏族（及以色列人）中，这些限制和禁忌比在其他任何民族中都更深刻地根植于共同体的价值体系里。从中国典籍（以色列人的《圣经》为其对应体）里诸多历史记载、传说、故事、格言、箴言中可以清楚地看到，古华夏民族表现出了一种强烈的道德主义

■ 理性的开显

性格。

　　这种道德主义性格与伦理层面理性的开显密不可分,及至西周时代,已成为华夏种族的一种支配性的精神倾向。事实上,西周以降,华夏主流思维一直有意识地重塑神话人物,将他们道德化、高尚化,赋予他们种种优秀的品质,以至于主要神祇个个都几乎成为"非礼勿视"、"非礼勿听"、大公无私,一心一意造福黎民百姓的"好"神,甚至开天辟地、创生万物也是男神或女神毫不利己、专门利人的牺牲精神的结果。这就与希腊诸神形成了至为鲜明对比。希腊诸神从一诞生起便劣迹斑斑,除了母子、兄妹乱伦外,还发生过你死我活的代际争斗甚至代际大战。克罗诺斯为阻止下一代夺权篡位,不惜吞掉所有子女;[①]宙斯为了争夺神界的最高权位,与姐妹们联手大战诸提坦巨神。

盘古、女娲们为何道德高尚？

　　问题是,为什么同希腊诸神相比,盘古竟显得如此有德无性？为什么盘古与自我中心的希腊诸神竟形成了如此何鲜明的对比？

　　尽管盘古那宇宙尺度的巨大身躯是纯然幻想的产物,但是他为阻止日长一丈的天地合拢而奋力撑掌起天地达一万八千年之久,却完全可以视为一种创世论层面的利他主义。他"垂死化身"为世界万物(两眼化为日月,四肢和头颅化为四极五岳,血脉化为江河,肌肉为田地,毛发为草木,齿骨变成金属和石头,身上的寄生虫则变成百姓),也完全可以视为自我牺牲以利黎民百姓的生动写照。他实在太过毫不利己专门利人,压根儿就是一根理想标杆,以至于现实中根本找不到像他那样的人。若拿希腊诸神同他比照,就连没有什么道德瑕疵、同样毫不利己、专门利人的普罗米修斯也会感到羞愧。

　　除了有着强烈利他主义品性的盘古以外,中国神话中的女娲故

[①] 参《另一个希腊》第一章"东方化革命"的有关讨论。

第六章 劣迹斑斑的希腊诸神

事同样很能说明问题。女娲是作为一个炼石补天的救世英雄出现在古代文典中的,其道德主义色彩之浓,实在不亚于盘古:"往古之时,四极废,九州裂,天不兼覆,地不周载;火爁焱而不灭,水浩洋而不息;猛兽食颛民,鸷鸟攫老弱。于是女娲炼五色石以补苍天,断鳌足以立四极,杀黑龙以济冀州,积芦灰以止淫水。苍天补,四极正;淫水涸,冀州平;狡虫死,颛民生;背方州,抱圆天。"①很明显,女娲形象也与希腊神祇有巨大差异,她利他主义的救世情怀与大多数希腊神祇的自我中心主义相比,何止天壤!

盘古和女娲故事并没有现实生活的根据,但黄帝、炎帝、帝喾、帝尧、大禹故事之源于生活(尽管太过高于生活)则没有太大的疑问,也正因为如此,其对人类的教化规约作用也更强。在相当于希腊神话的上古传说中,黄帝"时播百谷草木,淳化鸟兽虫蛾,旁罗日月星辰水波土石金玉,劳勤心力耳目,节用水火材料;"②炎帝为了替民众弄清各种植物是否可食,或者说为了替民众"发明"农业,"尝百草之滋味……令民知所辟就",甚至冒生命危险"一日而遇七十毒"。③帝喾"普施利用,不于其身。聪以知远,明以察微。顺天之义,知民之急。仁而威,惠而信,修身而天下服。取地之财而节用之,抚教万民而利诲之。"帝尧"其仁如天,其知如神……富而不骄,贵而不舒"。④大禹治水故事可能更使人感动。如所周知,他公而忘私,三过家门而不入,为解除水患,为天下苍生鞠躬尽瘁,死而后已。

这里,希腊神话与中国神话又有很强的可比性。就舍己以利天下而言,普罗米修斯与黄帝、炎帝、帝喾、帝尧和大禹等十分相似。他在多方面给人类以帮助,如观察星辰、发现矿石,甚至从天界"盗"火送给人类。然而,他很快就会为自己未经批准的善行付出

---

① 《淮南子·览冥篇》。
② 司马迁,《史记》卷一·五帝本纪第一。
③ 《淮南子·修务训》。
④ 司马迁,《史记》卷一·五帝本纪第一。

理性的开显

沉重的代价。宙斯——诸神之"父"或者说诸神的领导——这个比他更高大上的神灵嫉妒下界人类掌握了火的秘密,为此给普罗米修斯以最为严厉的惩罚,即,用"挣脱不了的绳索和无情的锁链"把他捆缚在高加索山陡峭的悬崖上,使他永远不能入睡,永远忍受风吹、日晒和饥渴不说,还"派一只长翅膀的大鹰整个白天啄食他的肝脏。"①

这则匪夷所思的希腊故事说明了什么?它似乎说明,尽管利他主义的冲动植根于人性之中,就连希腊人也不例外,普罗米修斯故事便是证明;但是在希腊神话中,利他主义精神未能得到应有的褒扬和鼓励;不仅未能得到应有的奖励,反而受到了最为严厉的惩罚。这是否说明,希腊社会个人主义风气太过兴盛了一点?

在很大程度上,正是华夏先民的道德主义性格解释了盘古为什么显得有德无性。不难相见,古代华夏世界部落部族众多,某些部落部族的创世神形象难免犯下血亲交媾之罪,难免像希腊诸神那样荷尔蒙丰盈,但他们进不了主流思维,不可能进入典籍,因为即便只是民间故事,也必须由文人加以记载,方可能流布传播,成为典籍,而文人之所以是文人,是因为其头脑已经被"编程",即已经为主流道德意识所支配。

在一定程度上,华夏先民的道德主义性格也解释了为什么孔子不语"怪力乱神"。在他看来,与其信鬼拜神,不如在个人的道德修养上多下功夫,用主观努力来掌握命运。②事实上当华夏先民演进到用文字将历史事件、价值理念记录下来时,其伦理道德意识已如此强烈,以至于用神话传说解释人类起源时,有意无意地对曾经司空见惯,现已成为禁忌的血亲性关系进行了大刀阔斧的道德剪裁。不难想见,在盘古故事中,这种道德剪裁非常彻底。盘古不仅没有乱伦,也不可能乱伦,甚至连乱伦的对象或伙伴也没有一个。

---

① 赫西俄德,《神谱》,520—525。
② 在古以色列,相似的道德主义品性解释了为什么面对社会不公和阶级压迫,一代又一代先知会发出呼天抢地的谴责和控诉。

第六章 劣迹斑斑的希腊诸神

宙斯、赫拉们为何劣迹斑斑?

既然盘古如此有德无性,而亚当又如此循规蹈矩且"政治正确",就应该问:什么在相当长一段时间里,如从前1200年至前776年[①]直至崇尚美德的苏格拉底之被鸩杀,为何希腊诸神——从该亚、乌兰诺斯到克罗诺斯、瑞亚,到宙斯、赫拉到阿芙罗狄忒、爱洛斯、狄俄尼索斯——力比多如此丰盈?为什么希腊的阴茎崇拜如此昌盛,不仅萨提尔长有一硕大的阳具,不仅阿芙罗狄忒从乌兰诺斯被割掉的生殖器中诞生,[②]就连雅典民主的保护神赫耳墨斯也用一巨大阳物来象征?为何希腊各地诸神祭祀如此频繁隆重,如此经久不衰?

希腊诸神与中国诸神反差如此巨大,不是没有原因的。尽管希腊神话深受西亚和埃及神话影响,但从根本上看,更重要的原因在于中国和希腊在自然环境方面的巨大差异。

如我们所知,古代中国文明是一个原生文明。正如有关古代希腊"东方化革命"[③]的讨论所表明的那样,原生文明无一例外,都诞生在降雨量较为充沛、土地比较容易耕种的大河流域。因地理缘故,大河流域又都是大平原,与山区或深丘陵地区相比,不仅地势平坦,陆路交通方便,而且一般还有密如蛛网的水道。这些条件都非常有利于不同地区人类群体的交往和整合,有利于形成大型的

[①] 前766年,伊利斯举行了有史可稽的第一届奥林匹亚赛会,通行的希腊文明纪年即始于该年(此前的克里特文明、迈锡尼文明以及黑暗时代文明都不能看作希腊文明,而是出现在希腊地方的不同文明,尽管也多少影响了希腊文明)。应注意,奥林匹亚主要是全希腊规模最大的宗教节日,其次才是体育盛会。
[②] 赫西俄德,《神谱》,178—260。
[③] Walter Burkert, *The Orientalizing Revolution: Near Eastern Influences on Greek Culture in the Early Archaic Age* (translated from the German by Margaret E. Pinder and Walter Burkert), Cambridge (Boston, USA): Harvard University Press, 1998, 全书;也参见阮炜,《另一个希腊》(上海:上海三联书店2009年)第一章"东方化革命"。

理性的开显

甚至超大型的政治共同体。

恰成对照的是,希腊被山岭河流和海洋分割成多个相对独立的地区和上千个岛屿,是一个高度散裂的世界。事实上这里根本没有一块平原能与印度河、黄河或两河流域的广袤平原相提并论,最多只是小块谷地或贴撒利那样不大的平原。同样值得注意的是,希腊的气候是地中海式气候,夏季干燥少雨(雅典年平均降雨量不足 400 毫米;在宋代,华北平原年降雨量约为 1000 毫米),暴热天气连连;冬季却润湿多雨甚至暴雨。这里不仅降雨量少,降雨分布也很不均匀,要么接连数月甚至一两年无雨或几乎无雨,要么暴雨成灾。甚至在不同年份和地区,降雨量的差别也极大,有"粮仓"美誉的贴撒利平原的年均降雨量竟可以低至 55 毫米,另一个"粮仓"伯罗奔尼撒半岛的阿卡地亚地区的情况相似。

显然,在这种自然环境中不可能发展大规模农业。这不仅是希腊只可能发展一种次生文明——在埃及、两河流域原生文明基础上萌生,逐渐成长起来的文明——的究极原因,也是诸神崇拜经久不衰的根本原因。很大程度上,希腊神话中怪力乱神之过于发达,希腊与中国创世神话的巨大反差,盘古与该亚、乌兰诺斯、克罗诺斯、宙斯为首的奥林帕斯神系的巨大反差,都应在这里寻找解释。自然环境无疑是一个极其重要的原因。在技术水平仍相当低下的情况下,面对降雨少、降雨分布也很不规律的恶劣气候,希腊人除了虔诚拜神,举行名目繁多的宗教庆典或节日,似乎就不可能有其他选择了。面对喜怒无常的大自然,希腊人除了用同样凶恶暴虐的神祇来比附来解释,似乎就没有其他办法了。

仅就这一点而言,希腊人与早期历史上的其他民族似乎并无二致。事实上,西亚和埃及的神话和诸神崇拜相当发达,[①]甚至可以

[①] Oswyn Murray, *Early Greece*, Cambridge (Boston, USA): Harvard University Press, 1993, pp. 88 - 89; B. C. Dietrich, *The Origins of Greek Religion*, New York, 1974, pp. 55 - 64; T. J. Dunbabin, Greeks and Their Eastern Neighbours: Studies in the Relations Between Greece and the Countries of the Near　(转下页)

第六章　劣迹斑斑的希腊诸神

说很多希腊神祇都是从埃及、西亚和小亚舶来,加以"升级"而成的。[①] 问题是,为什么埃及和美索不达米亚是肥沃的大河平原,而非希腊那样的穷山恶水,却也产生了发达的神灵崇拜?这显然与这两个地区作为最早的人类文明的诞生地,仅仅刚刚摆脱蒙昧有关,或者说与这一事实有关:这里虽出现了最早的人类文明,但正因文明诞生最早,生产力水平和经济、社会发展以及相应认知水平仍相当低下。

无论两河流域和埃及早期文明的神灵崇拜原因为何,只责怪希腊人愚昧迷信,而不提埃及和两河流域的始作俑者,恐怕有失公允。不能冤枉了希腊人。但也必须指出,当希腊人于前8世纪初登历史舞台时,[②]已经比埃及人和苏美尔人晚了整整两千年。问题是,他们为什么如此之晚才登上历史舞台?这应该到恶劣的自然环境中找原因。

正是恶劣的自然条件使希腊人长期滞留于蒙昧时代,使其社会发展程度长期处于低下的水平。然而,自然条件恶劣与否是相对的,或者说有程度的区别。对于文明诞生之前技术能力低下的苏美尔人和埃及人来说,即便大河流域的肥沃土壤,也并不是一种轻而易举就能加以利用的资源。如果仅有石器、木棍一类工具,进行大规模的农业开发即便在大河流域也并非易事。可如果藉着原始农业——基于石器、木棍和其他简单工具原始农业——产生的剩余物质,苏美尔和埃及社会除了生存,还能养活一批专门从事采矿和金属冶炼的人员。这意味着,人类生存方式将发生质的变化,文明

(接上页) *East in the Eighth and Seventh Centuries B. C.*, London: The Society for the Promotion of Hellenic Studies, 1957, p. 56;以及 Walter Burkert, "Oriental and Greek Mythology", 载 Jan Bremmer (ed.), *Interpretations of Greek Mythology*, London and Sydney: Croom Helm Ltd., 1987, pp. 19 – 20.

① 参见《另一个希腊》第一章"东方化革命"的相关讨论。
② 在此之前,克里特和迈锡尼时期广义的希腊也并非没有文明,但大体上都不是读写文明,或不是严格意义上的读写文明;至前9—前8世纪腓尼基字母引进以后,希腊文明才最终成为读写文明。

将诞生。

文明一旦诞生，劳动生产率很快就有了飞速提高，人类技术能力开始呈现出一种加速发展的势头。生产率的提高意味着，有更多农业剩余品可供支配，这就使更多人员能够专门从事开矿和冶炼工作和其他非农业劳动。这又使劳动生产率得到进一步提高，由此形成良性循环，使整个埃及和苏美尔世界的经济社会发展水平不断向前推进。完全可以说，文明诞生之后人类社会的迅速发展（相对而言），与18世纪后叶人类终于具备大规模利用矿物能源（20世纪中叶以降更开始广泛利用核能）的能力，之后技术、经济和社会进步日新月异，各方面变化之快，人类"发展指数"提高之迅速，不无相似之处。

以此故，如果说苏美尔人和埃及人也有发达的诸神崇拜，如果说重要的希腊神祇大多从西亚和埃及引进，那一点也不奇怪。事实上，因社会发展水平仍然较低，任何民族早期历史上都有过发达的神灵崇拜，中国人和印度人都不是什么例外。否则，如何解释这一现象：华夏世界虽在先秦时代便有发达的尚德文化，形成了一种将杰出个人道德化、圣化的传统，却有关于伏羲、女娲、黄帝、炎帝、颛顼、帝喾、帝尧、帝舜、大禹、后羿、共工等大量神话故事流传？为什么晚至战国时代，墨子仍然搬出人格化的天神和其他神灵来吓唬那些不行仁义、残忠贼良的统治者（《天志》、《明鬼》）？

尽管各民族早期历史上都有过发达的神灵崇拜，这一问题却仍没能得到回答：为何晚至前8至前4世纪，希腊人仍那么津津有味地谈神论鬼？

不妨从这一角度看问题：此时希腊经济和社会发展水平仍然较低，很可能只相当于前3000年左右的埃及或苏美尔、前16世纪的商中国，甚或前21世纪的夏中国。尽管从前7至前6世纪起，在周边先发文明的基础上，希腊青出于蓝而胜于蓝，经济社会发展突飞猛进，几百年下来，所取得的成就甚至使从前的先进文明黯然失色，但此时希腊的进步毕竟是一种基于后发优势的进步（职是故，

第六章　劣迹斑斑的希腊诸神

有埃及、苏美尔文明为"第一期文明",希腊、希伯来文明为"第二期文明"之说),一种更多是"器"而非"道"的进步。希腊人也不可能因经济发展了,贸易活跃了,便立马脱掉野蛮气,摈弃蒙昧的崇拜形式。穷山恶水经年累月的影响下形成的习性不可能一举祛除。换句话说,希腊是历史舞台上一个姗姗来迟者。

早期希腊诸神崇拜发达的另一个重要原因是,在黑暗时代及之前,希腊人是一个从事海上劫掠—贸易的民族。藉着引进地中海东部先发民族的技术,尤其是腓尼基人的航海技术,①在前13至前10世纪,希腊人普遍做起了海盗生意,②再后来又由主要是海上劫掠的生意转为主要为海上贸易的生意。事实上,从早期和古典希腊遗留下来的实物证据和文献中都可以清楚地看到,此时的希腊人与大海结下了不解之缘,这也就是为何希腊人被视为"航海民族"。尽管如此,此时整个地中海东部的航海技术水平仍很有限。对于希腊人来说,汹涌诡谲的大海仍然喜怒无常,难以驾驭,在它面前最好保持一种谦卑、虔敬的态度。这在很大程度上解释了为何在希腊神话中,海洋神或与海洋有关的神祇如此之多。③

---

① 希腊人对先发文明成果的利用并不限于航海技术。黑暗时代以降,希腊经历了一个可谓"跨越式"的发展阶段,这意味着希腊人不需要绞尽脑汁、费力费心地去发现金属冶炼、陶器制造和造船航行一类技术的秘密。这些技术在西亚和小亚民族中已相当成熟。既然可以极为方便地引进东方民族现成的先进技术以取代其落后的生产方式,作为后来者的希腊人是非常幸运的。
② 当然,希腊人并非唯一干这一行的民族。如果当时地中海东部各民族全都营此行当,便很难说是"盗"。
③ 历史是不能假设的。尽管如此,如果此时希腊人未能及时从西亚引入腓尼基字母,记录其日常生活和思想,今天的人们便很可能读不到有趣的诸神故事,也很可能读不到古希腊的诗歌、戏剧了,希腊人也不可能开出他们的哲学、历史、科学、医学,甚至完全可能没有今天的西方文明。然而事实是,此时腓尼基人为了方便其商业活动,已经将西亚楔形文字符号转变成了字母(此前楔形文字在西亚已使用了两千来年)。希腊人也恰逢其时地引进了腓尼基字母,改进以后加以广泛的应用,从而能够把世代口耳相传的神话故事及诸多其他信息准确地记录下来。

理性的开显

中国为何多"好"神？

为什么说当华夏世界出现有史可稽的道德自觉时，鬼神的作用已大大下降？

首先应指出，先秦中国人的道德自觉并非始于春秋战国时代。早在之前数百年，周人社会中便出现了"卜筮而希"现象。为什么会"卜筮而希"？原因在于"君子德行焉求福，仁义焉求吉"。[①] 换言之，至少精英阶层已懂得道德的力量。他们相信，崇高的品德能给个人带来幸福安康，给国家带来好运，使之平安、繁荣昌盛的。[②] 他们不再认为求神问卜能准确预知未来，不再认为鬼神能够影响人事，也不再相信蛮力能征服一切、控制一切。

其实早在商汤时代，最高统治者便有"苟日新，日日新，又日新"一类的道德箴言。[③] 后来周人表现出更明确、更具体的道德意识。从"周虽相邦，其命维新……无念尔祖，聿修厥德；永言配命，自求多福"语看，[④]周人的修德远不止是个人行为，也与国家的兴旺发达、长治久安紧密相联。从曾参"吾日三省吾身"之语来看，[⑤]至春秋时代，德行的修炼已不局限于贵族政治人的小圈子，而已普及到平民当中。如所周知，颜回并非贵族，而是平民，但在修养有方、品德高尚、人格健全等方面却比贵族更有名。他受到孔子赞扬，更受到后世崇拜。这里，曾参所谓"省"即反省，反省自己的思想、言论和行为，以提高品德修养（此即"修身"）。品德的修养，必须以道

[①] 《马王堆帛书易传·要》，转引自陈来著，《古代宗教与伦理：儒家思想的根源》，北京：生活·读书·新知三联书店1996年版，第11页。
[②] 从社会学角度看，"德行"、"仁义"或忠、恕、恭、宽、信、敏、惠、智、勇、孝、悌、友等准则的确能够将不同背景、不同意见和不同利益的人们凝聚起来。
[③] 《礼记·大学》。
[④] 《诗经·大雅·文王》。也参唐孔颖达《十三经注疏·大学》。
[⑤] 《论语·学而第一》。

第六章　劣迹斑斑的希腊诸神

德自觉为前提,而道德自觉通常又与对巫觋卜筮的摈弃相伴随,[①]与对超自然事物的否弃相伴随。这就是孔子所谓"远鬼神"。但远鬼神的态度不只见于《论语》中的孔子。其他先秦思想家如孟子、韩非子、老子、庄子对鬼神的态度不说完全排斥,至少是不感兴趣的。荀子甚至被视为先秦最伟大的唯物论者。

似乎只有墨子是一个例外。在《天志》《明鬼》篇中,他明确肯定鬼神的作用。但是按照学界的一般看法,墨子的神是正义之神、惩罚之神,一种藉以吓唬官吏、公卿和君王,使之不敢肆意作恶、残忠贼良的超自然力量,因此墨子自己并不一定真正相信鬼神。可以说墨子的有神论是一种功利主义的道德有神论甚或政治有神论,应被视为一种藉以匡正时弊、贯彻实施其"兼爱"、"非攻"主张的思想工具。墨子的后期著作——《墨经》六篇:《经上》、《经下》、《经说上》、《经说下》、《大取》、《小取》——同样能够说明问题。这些著述主要记录了当时中国的科学成就,涉及数学、天文、力学、光学、心理学和经济学等多方面的内容,对早期华夏世界认识论和逻辑学思维有新的推进,却并不讲鬼神。不妨说,与其"尚贤"、"尚同"、"兼爱"、"非攻"、"节用"、"节葬"等社会政治主张相比,与其科学上的贡献相比,墨子的实用主义有神论并非占有突出的地位。

虽然仍有墨子的功利主义的有神论,春秋战国时代华夏世界的理性化或"脱魅"已达到很高的水平,是毋庸置疑的。尽管这主要是一种实践理性意义上的脱魅,与严格知识论意义上的脱魅不尽相同,但毕竟使人类摆脱魑魅魍魉的控制,进入理性朗照的精神世界。由于种种原因,比方说没有一些相当于埃及、两河流域之类先发文明的成果可资利用,此时华夏世界的理性化进程中未能出现希腊那样的长于抽象、演绎、分析思维的科学,但华夏世界所拥有的浓烈的伦理道德意识和社会政治理性,却足以使这里人类得以在相当长时期内成功地维系一个超大政治共同体。事实上在世界

[①] 很明显,雅典道德家尼西阿斯对巫觋卜筮之深信不疑,与古代中国贤人形象形成了强烈对比。

■ 理性的开显

上所有民族中,中国人在这方面最为成功。

完全可以说,就在一个巨大的区域之内将种族、文化、经济、政治差异极大的人群统一起来而言,中国文明所取得的成绩同其他所有文明相比是最好的。与文明史上任何一个"普世国家"或超大帝国相比,秦汉以降的朝代不仅政治统一时间最长,而且政治统一下的人口和经济规模也最大。可以肯定的是,在可见的将来,作为一个超大的政治经济共同体,重新崛起的中国对人类文明进程的影响势必将越来越凸显。

希腊为何多"坏"神?

明白了华夏神话的道德向度为什么如此强大,盘古、女娲、黄帝、炎帝、大禹等形象为何如此高尚,并不等于希腊神话的非道德倾向就自动有了解释。

为什么中国人塑造出一个又一个"好"神,而希腊人却塑造出一个又一个劣迹斑斑、力比多无比丰盈的"坏"神?这也许应该到希腊高度散裂的地缘环境中去寻找原因,到爱琴海世界的穷山恶水中去寻找原因。事实上,从一开始,散裂的地理格局和恶劣的自然条件便驱使希腊人驾船出海,纷纷去海外进行烧杀劫掠式的"贸易",也驱使他们走南闯北,拓疆开土,到处建立殖民地。在这种遍及整个爱琴海的全民族的土匪海盗式行径中,不仅原始血缘关系早早就出现了松动,[1]非血缘性的部族、部落联盟乃至早期国家也从中诞生。古希腊文明与古华夏文明的根本差别即源于斯。

然而也正是在这一过程中,希腊人养成了一种好勇斗狠的民族性格。窝里斗成为希腊人的种族宿命,或者说,城邦的长期存在以

---

[1] 参见《另一个希腊》第五章"华夏希腊早期国家比较"第四节"希腊血缘关系为何容易松动"的讨论。

第六章 劣迹斑斑的希腊诸神

及城邦间永不歇息的争斗成为希腊种族的宿命。① 事实上,把各个希腊城邦分隔开来,使其相互征战的,虽然主要是山峦、河流和海洋之地理因素,但除此之外,还有城邦情结这种强大心理因素在起作用。地理与心理因素互为因果、相互强化,导致了这种后果,即古典时代的希腊人根本无法想象一种不同的生活方式,如中国、埃及和两河流域人们所习以为常的那种生活方式——"天下"各邦打破邦国的界线,共同生存在一个政治体中,受一个单一中央政府的管辖。

因此,如果说于古希腊人来说,政治统一根本无法想象,这绝不是夸大其词。只要看看亚里士多德之前所有希腊哲学家(也应包括亚里士多德本人)、历史学家和文学家所著文字,便一清二楚了。在《法篇》中,柏拉图认为,理想的城邦以不超过 5040 名全权公民为宜。② 为了保持理想的人口规模,他认为"在人口过多时加以控制,在人口不足时加以鼓励";如果"婚配"引起人口过度增长,就应采取移民的措施。③ 亚里士多德则比柏拉图更进一步,认为理想的城邦,人口以 1000 个全权公民为最佳,面积以"一览无遗"为最佳。④

地缘自然格局所导致的高度散裂的政治格局并非什么长处,然而在 18 世纪后叶以降欧洲意识形态化的史学中,希腊人的窝里斗和分裂倾向被美化为对民主自由的酷爱,对雅典、斯巴达一类大邦奴役小邦,掠夺小邦自由的事实熟视无睹,对亚历山大东侵后希腊人不仅剥夺了东方人的自由,而且立马摈弃民主搞君主专制的事实也睁一只眼、闭一只眼。在很大程度上,正是由于政治统一之文

---

① 参见《另一个希腊》第六章"当希腊人遇到希腊人"的相关讨论。
② 柏拉图,《法篇》,737e、745C,所有版本为《柏拉图全集》(王小朝译,四卷本),北京:人民出版社 2003 年版,第 3 卷。下同。
③ 柏拉图,《法篇》,740D—741A(第 3 卷)。
④ 亚里士多德,《政治学》,1265a 7—15。所用版本为苗力田主编(秦典华译),北京:中国人民大学出版社 1994 年版;也参照了高书文所译亚里士多德《政治学》(上下册),北京:九州出版社 2007 年版。

理性的开显

明基因的缺失,或者说由于政治统一的内在需要不存在,[①]希腊人似乎就没有必要在神话传说中美化诸神形象了。

这在很大程度上解释了为何希腊诸神普遍有一种非道德甚至残忍暴烈的倾向。因为伦理道德意味着自我约束,而自我约束又多么不爽,多么令人不快!也可以说,伦理道德后面总存在某种社会政治需要,也必须服务于这种需要。相比之下,地缘自然环境使在巨大的华夏维系一个巨大的政治共同体成为一历史需要、一种历史必然。因此,中国人的思维寓道德教化于三皇五帝故事中,完全是事出有因的。强制性地规约个人行为以在大范围内维系政治秩序,成本实在太高,但若能把敬仰杰出领导人的意识形态贯穿于神话中,寓教于乐,则能使个人欲望在无形中受到限制和约束,"维稳"将成本低、效果好。

反过来看,如果散裂地缘格局和恶劣自然条件使大一统国家根本就不可能自发产生,如果希腊世界原本就没有自发开出一个超大共同体的历史需要,集体无意识中的希腊人凭什么非得想象出一系列大公无私、自我牺牲的英雄人物来苦自己,累自己?他们凭什么不让自己愉悦?他们凭什么非得编出诸如后羿射日、精卫填海、女娲补天、盘古开天地、炎帝遍尝百草"一日而遇七十毒"、大禹治水"三过家门而不入"一类故事来规约个人的思维和行动,为他们树立光辉榜样,以增强群体凝聚力?他们凭什么不恣意率性一点,依据其对生活的如实观察,塑造出诸如性致勃勃的宙斯和醋坛子赫拉一类的诸神形象?凭什么不依据对粗陋原始生活的如实观察,讲出一个又一个性感的故事?他们凭什么不让自己活得快乐一点?

---

① 虽然在前4世纪下半叶马其顿霸权下,希腊实现了一定程度的政治联合,但需要注意的是,长期以来马其顿人即便从血缘和语言看都属于希腊种族,却被"正宗"的希腊人视为一个半野蛮民族。后来罗马人进军希腊,降服了所有希腊城邦,希腊人的窝里斗终于告一段落,但不能因此说希腊世界在罗马人统治下终于实现了统一,只能说四分五裂的希腊城邦最终被收编到罗马帝国中。

第六章　劣迹斑斑的希腊诸神

道德主义并非没有后果

另一方面也应看到,华夏伦理道德层面的脱魅之较早发生,毕竟认识论和科学意义上的理性化运动姗姗来迟,或者说很不彻底。这是有严重后果的。19世纪以来,科学技术落后意味着什么,中国人已有至为深刻的体会。

尚德倾向的较早出现并非没有原由,如血缘亲情浓、家庭观念强的文明性格,再如血缘关系与政治权力"同层同构"的社会政治格局。① 这一切背后又是一先天性的根本原因:黄河流域地貌和黄土条件下高密度的聚落分布。无论如何,过分看重伦理道德意味着个人情欲受到过多压制,导致整个文明和民族生命不张。甚至在经历了20世纪多次战争、革命和剧烈动荡的今天,中国人与世界上其他民族相比,仍显得过分内敛,过分局促。

不妨问一个问题:伏羲、炎帝、黄帝、尧、舜、禹等英雄形象的出现,是否意味着早在蒙昧时代末期,华夏世界便已完成了道德化的过程?当然没有这么早。但至少在后来形诸文字的神话或故事中,早期华夏社会这些半人半神的英雄形象已道德化了。在这一过程中,传说中英雄们的人性(或者说野性)泯灭了,升华成为一些巍然不可企及、不食人间烟火的高大上形象。盘古、女娲、伏羲、颛顼、炎帝、黄帝全都是这样一些亦人亦神、半人半神的存在。他们竟没有人们当中常见的道德瑕疵。他们竟完全没有希腊诸神身上常见的那些人类缺点或毛病,如嫉妒、报复、残忍、拈花惹草,更遑论母子相奸、兄妹乱伦了。

---

① 之所以说血缘关系与政治权力"同层同构",是因为"宗族组织结构中的主支与分支的关系即后来的大宗与小宗关系与政治权力上的隶属关系相一致,这种隶属关系亦表现为祭祖上的等次性,出现上级宗族的祖庙同时就是下级宗族的远祖庙的格局;二是君统与宗统相合,政治身份的世袭与宗教身份的传递相合"。参见王震中,《中国文明起源的比较研究》,西安:陕西人民出版社1994年,第433页。

理性的开显

不仅如此,他们个个崇高圣洁,人人富于自我牺牲精神。他们的道德水平如此高迈,对一般人来说只可能是可望而不可及。他们大大超越了一般人的平庸,要么是创世神,要么是救世神,或至少是一些战无不胜、睿智贤明的军事政治领袖。然而,他们对民众能没有一点要求吗?民众不说必须对他们毕恭毕敬、顶礼膜拜,至少应该自觉自愿地顺从他们、敬仰他们,甚至应该以他们为榜样为楷模。从这个意义上可以说,他们是华夏人类道德自觉的投射,是他们在道德意识方面的自我期许,对他们的精神既有提升的效力,也有压制作用。他们既是华夏人类道德主义倾向的精神体现,又进一步加强了这种道德主义倾向。

华夏世界人们对英雄们的道德化、圣洁化、神圣化塑造如此彻底,就连历史上同样有高度道德自觉的犹太人也望尘莫及。除亚当未能像盘古那样无性无欲外,犹太人在记载祖先事迹的历史类圣书如《申命记》、《约书亚记》、《士师记》、《撒母耳记》、《列王纪》和《历代志》等中,在讲述历史上大英雄的功绩的同时,并不避讳他们的缺点和所犯过失。

作为一个伟大的民族英雄,大卫王既有虔信、仁慈、宽厚的品质,又有好色、圆滑和狡诈的一面,而强娶拔示巴之事更是他一生最大的污点。大卫看中了部下乌利亚美貌的妻子拔示巴,与其私通,嫌乌利亚碍手碍脚,便嘱手下将军约押将他派到对敌作战最危险处,借刀杀人,然后娶拔示巴为妻。可约押并不是一盏省油的灯,把这件丑事当作把柄要挟大卫,弄权坐大。[①] 同样,作为一个不乏智慧的统治者,一个雄才大略的君王,所罗门利用先王打下的基础,在政治、经济和军事各方面都更上一层楼,取得了巨大成功,使自己当政的四十年成为希伯来历史上最辉煌的时期。然而所罗门也有严重的过失。除对民众征重税外,其最严重的错误还是崇拜

[①] 《旧约·撒母耳记下》11·1—27。

第六章　劣迹斑斑的希腊诸神

异教神祇,由此埋下了统一王国分裂的祸根。①

当然,华夏先民集体无意识之营造出黄帝、炎帝、颛顼、帝喾、帝尧、大禹一类无比高尚、无比圣洁的半人半神,并非纯出于道德考虑。从来就没有自在自为的道德,也从来没有为道德而道德的人或事。道德得有其他方面的功用,必须为社会政治目的而存在,服务于社会政治的需要。与其用强制手段甚至暴力来规约个人行为,维系社会政治秩序,不如寓道德教化于三皇五帝一类有趣的故事。这样,不仅同样能达到目的,而且效果比强制和暴力好得多。比之强迫或武力手段,观念意识的宣传和濡染事半功倍。这个道理再简单不过。

尽管从长远讲,过于强势的道德主义或尚德传统终将导致法治不张,导致对法制建设的忽视,造成以德代法、以人治代替法治的后果,但对于在一个巨大地理范围里维系一个超大政治共同体而言,②把道德教育与神话故事尤其是高大上神话人物结合起来的做法,毕竟不失一种代价较低的方法。这很大程度上解释了为什么法家虽能一时在个别国家如齐国、魏国、秦国等得道,秦国甚至通过变法革新富国强兵最终统一了中国,但从长远看,成为华夏世界主流意识形态的,却不是倚重法和术的法家,而是崇尚道德的儒家。

"恐怖分子"的确极其恐怖

在当今中国的希腊"控"中,希腊诸神闪耀着人性的光辉,而中

---

① 《旧约·列王纪上》3—11。也参见梁工等著,《律法书:叙事著作解读》,北京:宗教文化出版社 2003 年,第 246—247 页。
② 相对于大约同一时代西亚北非的帝国——如埃及、巴比伦、赫梯和亚述帝国——而言,华夏商、周国家虽然远算不上严格意义上的帝国,却都是以商人和周人为核心的大型政治联盟体,也因而常常被称之为"商朝"和"周朝"。另一方面,相对于前 6 世纪中叶形成的波斯帝国和前 3 世纪下半叶崛起的罗马帝国这两个大型政治共同体,秦汉帝国不仅是大型政治共同体,而且是具有现代气质甚或现代治理格局的官僚制大帝国。

理性的开显

国神祇则刚刚相反,表现出压制欲望、戕杀人性的倾向。

如此这般,希腊人因地处西亚地中海世界地缘,也因恶劣的自然环境而在历史舞台上姗姗来迟,岂不成为一种功绩?同样,中国人很早就摆脱了魑魅魍魉的束缚,进入一个智性清明的精神世界,又岂不成为一种过错?中国人很早就开出了伦理导向的社会传统,崇尚一种公而忘私、牺牲小我以利大我的精神,岂不成了一种失误?中国文明因了超大平原和黄土地等因素很早便开出了超大型政治共同体,很早便开出了与之相适应的尚德传统,也岂不成为一种无可逃避的宿命,甚至一种罪过?

其实,中国文明很早就开出超大型政治共同体及相应的尚德文化,是有得也有失。所谓"得",在于同其他文明相比,华夏的大一统国家疆域最大、人口最多、历史最长,而且大一统国家所具有的规模优势越到后来——尤其是20世纪中叶以后——也越明显,而这种规模优势在21世纪乃至之后人类文明的总体发展中,必将发挥越来越重要的作用,必将越来越深刻地影响人类文明的总体气质和走势。

所谓"失",在于同西方相比,历史上中国文明因过分注重伦理道德和社会政治秩序,未能形成一个强有力的知识论传统;也因过分注重伦理道德而造成了家族太过强势、国家太过膨大,个人空间受到相当程度的挤压,个人能动性受到相当程度的压制,后果是华夏文明生命原欲不张,在20世纪之前数百年间更是如此。所谓"失",还表现在一个较小的方面:中国神话与希腊神话乃至世界上其他大多数民族的神话相比,汉族神话与少数民族的神话相比,很早便出现了过分简约、单调、叙事性和生动性缺失等缺陷。

无论华夏文明如何,当希腊人登上历史舞台时,其社会发展水平仍相当低下。比之西亚地中海世界的先发民族,此时的希腊人明显更愚昧、更"恐怖"。这真是一种"优势"吗?事情恐怕没这么简单。应当承认,希腊人正是因为进入历史较晚,才享有北非西亚先发民族如埃及人、苏美尔人等所不享有的那种后发优势,最后也才有科学、艺术、哲学等方面的卓越表现。但这并不能取消一个千

第六章　劣迹斑斑的希腊诸神

真万确的事实,即与同时期大河文明相比,希腊人进入历史时,其社会发展水平明显偏低。这在何种意义上是优势,如果是优势,又有何种内涵,是可以讨论的,但通用的人类发展、社会演进概念并非不可以用来考察希腊社会和希腊文明。就连对"异教"亦即希腊罗马宗教非常同情的思想家如桑塔亚那也不得不承认,希腊人"在对神的崇拜传统中保留了某些孩子气的污秽的习俗"[①]。

如果说希腊创世神话所反映的蒙昧时期人类的乱伦是可取的,或可以接受的,那么为什么到了古典时代,精英们会大力张扬"自制"的美德,而之所以张扬"自制"美德,很大程度上正是为了对野性十足的个人欲望进行约束和限制?

为什么在古典时代,智术师和"爱智者"(哲学家)们开始怀疑乃至批评、嘲笑荷马史诗的拟人神观,开始从社会学和人类学式的角度来解释神话传说?[②]

为什么在此时新兴的艺术形式悲剧中,希腊人终于表现出了一种儆戒式的伦理自觉,血亲性行为不仅无一例外都发生在无意之中(这与先前奥林帕斯山诸神的无耻行径形成了何等鲜明的对比),[③]而且一邪恶无一例外地会导致一更大的邪恶?为什么当俄底浦斯意识到自己与母亲乱伦后,[④]竟会羞愧得痛不欲生?

[①] 乔治·桑塔亚那,《宗教中的理性》(犹家仲译),北京:北京大学出版社 2008 年,第 56—57 页。
[②] 参见 J. V. Muir 著,"Religion and the new education: the challenge of the Sophists",载 P. E. Easterling and J. V. Muir (ed.), *Greek Religion and Society*, Cambridge (UK): Cambridge University Press, 1985, pp. 198-199、pp. 216-217。
[③] 除俄底浦斯无意中娶母亲导致天大的恶果——生出两个妹妹/女儿,致使底比斯遭罹瘟疫,母亲/妻子自杀,自己也羞愧得无地自容,为此弄瞎双眼,并自我放逐——以外,还有奥德赛与魔法女客耳刻(Circe)所生儿子忒勒戈诺斯(Telegonus)无意中杀死自己的父亲,娶了父亲的妻子佩涅洛佩(Penelope);奥德赛与佩涅洛佩所生的儿子忒勒马科斯(Telemachus)则无意中娶了父亲的情人客耳刻。另外,叙斯特斯(Thystes)无意中与女儿同房,生下了埃癸斯托斯(Aigisthos),此人后来成为阿伽门农妻子的情夫,伙同她杀死了阿伽门农。参见 Jan Bremmer (ed.), *Interpretations of Greek Mythology*, p. 52。
[④] Jan Bremmer (ed.), p. pp. 50-51.

理性的开显

为什么正是在古典时代的悲剧中,希腊人表现出对于伦理、政治的前所未有的热情?[①] 为什么也正是在此时,希腊的神话式宗教开始迅速"净化",希腊精神开始迅速摆脱"恐怖与愤怒",转向"和平与友爱"?[②]

为什么正如孔子及其他诸子广招门徒,教授"六艺",高等教育藉以兴起那样,智术师们和苏格拉底也恰在此时开办学校,广收门徒,教授当时最先进的学问甚至"科学",不仅大大推进了古典"启蒙"运动,也开启了古希腊高等教育传统?[③]

为什么基督教一统天下之后,西方人的观念世界中就不再有力比多之无度伸张、泛滥成灾?为什么基督教一统天下之后,西亚地中海世界甚至普遍出现了禁欲主义的修道院?这一切不都是因为经济发展、贸易繁荣、激进民主兴起,人类对世界的认知发生了深刻变化?

实际上这一切意味着,在古典时代的希腊,理性精神有了狂飙突进式的开显,逻各斯思维有了狂飙突进式的精进。正是在这一时期,逻各斯思维即使不是完全压倒了旧式的迈索斯思维,至少也取得了几乎与之相当的地位。

这里不妨顺便看看五四时代希腊神话在中国的接受情况。为什么五四时代最大的希腊"控"周作人写下了大量赞美希腊文化和宗教的文字,却对其中的"恐怖分子"一笔带过?[④] 他为什么明目张胆地不顾事实说"我们一面再看埃及印度,也曾造有他们的神人,可是这与希腊的又是多么不同;埃及的鸟头牛身,印度的三头千

[①] Frédéric Picco, *La Tragédie grecque: La Scène et le tribunal*, Paris: éditions Michalon, 1999, pp. 113 - 114.
[②] 周作人,《新希腊与中国》,载张明高、范桥编,《周作人散文》第三集,第 141 页。
[③] 见 Muir, "Religion and the new education: the challenge of the Sophists",载 Easterling and Muir (ed.), *Greek Religion and Society*, pp. 216 - 217。
[④] 周作人,《几篇题跋》,载《立春以前》(周作人自编文集,止庵校订),第 178 页;《新希腊与中国》,载张明高、范桥编《周作人散文》第三集,第 141 页;《〈希腊的神与英雄〉译后附记》,载张明高、范桥编《周作人散文》第三集,第 149 页。

第六章 劣迹斑斑的希腊诸神

手,在希腊都是极少见的"?① 他为什么如此明目张胆地歪曲事实,遮掩他十分清楚的希腊文明的毛病?

这显然是因为中国人长期浸润于不语怪力乱神的传统,已有了一种完全不同于古希腊的精神气质,根本消受不了希腊神话中太过猖獗的"恐怖分子"。也就是说,必须淡化那太过赤裸裸的怪力乱神,蒙昧时代的希腊思维对于五四时代的中国人来说,才比较容易接受。如此这般,才可能取得反孔、反礼教、反"吃人""封建"传统的意识形态效果。

对古典时代希腊的理性突进有所了解后,便更容易理解在早期希腊,当迈索斯思维仍过于强势时,怪力乱神为何会如此猖獗。既然该亚与其子乌兰诺斯交合,生出三个各有一百只肩膀五十个脑袋的魁伟儿子,②该亚与塔耳塔罗斯交媾,更生出长有百个蛇头的巨蟒提丰,③为什么不可以说,这既代表了新石器时代晚期人类不受羁绊的想象力,也反映了蒙昧时代几无约束、恣肆放纵、仍然有待规约和驯化的文化心理?

"恐怖分子"的社会后果

对于希腊人来说,诸如此类的怪物究竟意味着什么?纯粹只是为了好玩吗?恐怕没有这么简单。神话固然不等于现实,但即便

---

① 周作人,《新希腊与中国》,载张明高、范桥编,《周作人散文》第三集,第140页。
② 赫西俄德,《神谱》,147—155。
③ 巨蟒提丰不仅长有百个蛇头,这百个蛇头还个个口吐"黝黑的舌头";蛇头上,蛇眼里"火光闪烁";当他怒目而视时,"所有这些脑袋都喷射出火焰;所有可怕的脑袋都发出各种不可名状的声音;这些声音有时神灵能理解,有时如公牛怒不可遏时的大声鸣叫,有时如猛狮的吼声,有时也如怪异难听的狗吠,有时如回荡山间的嘘嘘声";不仅如此,这凶暴恐怖无法无天的巨蟒还将其壮伟基因传给下一代:他与"目光炯炯的少女厄客德娜相爱结合,使她怀孕生下了凶残的后代⋯⋯一个不可制服、难以名状的怪物刻耳柏罗斯——冥神的看门狗,长着五十个脑袋,吠声刺耳,力大残凶,以生肉为食"。赫西俄德,《神谱》,308—315及以下诸行。

■ 理性的开显

迈索斯思维也不可能不对现实产生影响。希腊人臭名昭著的窝里斗,古典时代发生的一次又一次骇人听闻的大屠杀事件,很难说与希腊人的神话思维没有一点干系。考虑到晚至古典时代诸如苏格拉底、柏拉图一类的哲学家谈论哲学也仍然离不开诸神存在这一基本设定,迈索斯仍然思维浸润在希腊人生活的方方面面,仍然在深深地影响他们的日常行为,是毋庸置疑的。

如果说长有五十个脑袋的巨人和长有一百个蛇头的巨蟒完全是想象的产物,是一种也许没有什么明显后果的怪力乱神,那么不讲原则、恣意妄为、暴烈凶狠、拈花惹草、睚眦必报的宙斯式形象难道真的就值得希腊人仿效?不妨把赫拉请到中国文化中。如此,则人们对她的期待将是"母仪天下"的妇女表率。只可惜,她是一个出了名的醋坛子,因嫉妒而常常做出极残忍的事来。如此宙斯,如此赫拉,真的值得希腊男男女女学习和模仿?也许希腊神话并不在乎有没有中国神话式的道德教化功能,甚至不需要中国神话中那种明显的道德教化功能。难道希腊神话中没有希腊人所严肃看待并真诚相信的道德理念,而更多只是"美德"运动兴起前流传的一些好玩的故事?这些问题,中国读书人早就该问了。

"上梁不正下梁歪"。宙斯、赫拉式神父神母形象既然不做道德楷模,那么很自然,地位较低的儿孙辈神祇的表现就更恶劣。宙斯的儿子阿波罗只因与玛耳叙(Marsyas,一个萨梯尔或森林神)吹笛子比赛失败,便把他绑在树上,活剥其皮,所出之血竟流淌成河,曰玛耳叙河。[①] 再如阿波罗与其孪生妹妹阿尔忒弥斯因为尼俄泊(Niobe,宙斯和自然女神普洛托之子坦塔洛斯的女儿)嘲笑他们的母亲勒托(Leto)只生下了一子一女,并且禁止底比斯妇女向她献祭,竟然对尼俄泊的儿女们实施"灭门":阿波罗射杀了她所有七个

[①] 鲁刚、郑述谱(编译),《希腊罗马神话词典》,北京:中国社会科学出版社 1984 年,第 169 页。

第六章 劣迹斑斑的希腊诸神

儿子,阿尔忒弥斯射杀了她所有七个女儿。① 为一点小事便大开杀戒,究竟是野蛮还是文明?即便这只是一则神话故事,能保证不刺激现实中希腊人产生哪怕一丝模仿的冲动?

同样值得注意的,是宙斯之父克罗诺斯与其父乌兰诺斯交战,将其击败并割其生殖器的故事。为了不让下一代夺位,克罗诺斯将子女们吞进肚子;如果妻子瑞亚不用一块石头充作婴儿哄骗他,宙斯差点也被他吞掉。如果说这只是一种难以置信的上古神话,宙斯出生之后发生的亲人相食事件却被希腊人讲得绘声绘色,产生一种强烈的源于生活的印象。宙斯宠儿坦塔洛斯(Tantalus)杀子饷神的故事流传甚广。为考验诸神的智慧,他在一次众神会议上竟端出儿子佩洛普斯(Pelops)被煮熟了的肉供其享用。坦塔洛斯虽因此被罚入冥界,但血亲相戮、杀亲以食的家族宿命却在继续展开。佩洛普斯的儿子梯厄忒斯(Thyestes)与兄长阿特柔斯(Atreus)争夺权位,后者假装与弟弟和解,请他赴宴。但这不仅是鸿门宴,而且更上一层楼,是食儿宴,主菜就是弟弟几个儿子煮熟的肉。此后坦塔洛斯家族中虽不再亲人相食,但兄弟叔侄为争夺权位而相互杀戮之剧却仍在上演。②

当然,神话并等于现实,甚至不妨视为古代人类对自然和社会现象的一种解释。比方说巨蟒提丰可能是火山的化身,是历史时期的希腊人对火山现象的儿童式认知,而坦塔洛斯家族血亲相戮、杀亲以食的传统则反映了蒙昧时代权位更替的残酷争斗。

可是,如果五十个脑袋的巨人和一百个蛇头的巨蟒的故事能被讲得如此栩栩如生,如果父子相残、兄弟相残、兄妹相残、父子相食、

---

① 尼俄泊所生子女数目有不同的说法。据荷马,是六子六女;据欧里彼底斯,是七子七女;据萨福,是九子九女;据品达,是十子十女。参见鲁刚、郑述谱(编译),《希腊罗马神话词典》,第187页。

② M. C. Howatson (ed.), *The Oxford Companion to Classical Literature*, Oxford (UK):Oxford University Press, 1995, pp. 76–77;鲁刚、郑述谱(编译),《希腊罗马神话词典》,第43页、第211—212页、第243页;也见赫丽生,《希腊宗教研究导论》,第243页。也参见本章"链接"中克莱门所述吕卡翁杀其独子以饷宙斯故事。

■ 理性的开显

叔侄相食的故事能被讲得如此杀气腾腾,如果只因祭祀方法出错,已被宰杀之牛的皮竟开始"爬行",烤叉上正在被烧烤的生肉块和熟肉块竟能发出轰喊,其声如牛哞一般,[①]如果"斯芬克司"(sphinxes)被普遍视为一种长着翅膀的狮身女怪,"格里芬"(griffins)被普遍视为一种鹰头狮身的怪兽,"戈耳工"(Gorgons)被普遍视为一种头发为毒蛇且长有翅膀的女怪、"客迈拉"(chimeras)被普遍视为一种狮头羊身蛇尾的吐火女怪,为什么不可以说希腊神话充斥着"恐怖分子"?

希腊人思维中的妖魔鬼怪如此之多,其重要原因之一,难道不在于当时希腊世界的理性开显仍然有限,那里的"迈索斯"思维仍过于强势?

"启蒙"时代的希腊思维仍然"恐怖"

以上"恐怖"故事大体上都产生于"迈索斯"传统仍非常强大的早期希腊。那么古典"启蒙"时代的希腊思维是否已很大程度上得到驯化,变得更开化了一点,或者说,已稍稍不那么恐怖了?当然如此,但也仅仅如此。

埃斯库罗斯的《俄瑞斯忒斯》悲剧三部曲(Oresteia)中,虽不再有杀子饷神、杀亲以食的野蛮,怪力乱神虽不像从前那么猖獗,但妖魔鬼怪仍发挥着极重要的作用。苏格拉底即受身上"精灵"[②]的指引,而且"精灵"对他本人和其他人均未产生不良后果,但阿伽门农家的家族"精灵"却远非如此安分。[③] 在出征特洛伊之初,宙斯便

[①] 《奥德赛》,12·385—396(所用版本为陈中梅译《奥德赛》,译林出版社 2003 年)。
[②] "精灵"希腊文为 Daimōn,有"神"、"神灵"、"命运"、"恶魔"、"恶鬼"、"魔鬼",以及(介于神和人之间的)"精灵"或"灵魂"等义。
[③] "Agammenon", 'Playwrights and the Stage Works', in *The Guide to World Drama* http://www.4-wall.com/authors/authors_a/aeschylus/agamemnon.htm,09/10/2010;也见 Ruth Padel, *Whom Gods Destroy: Elements of Greek and Tragic Madness*, Princeton (New Jersey, USA): Princeton University Press, 1995, p. 217.

第六章　劣迹斑斑的希腊诸神

给阿伽门农一个神喻，说特洛伊城终将被他攻陷，但要求得一个好兆头就得杀死一只怀孕的兔子；阿伽门农放猎犬咬死了一只怀孕的兔子，但这却得罪了狩猎女神阿尔忒弥斯；她降下瘟疫，使"精灵"以希腊人共同体利益的名义逼迫阿伽门农献祭女儿伊菲革尼亚（Iphigeneia）；伊菲革尼亚被祭杀又成为他与人偷情的妻子克吕泰涅斯特拉（Clytemnestra）谋杀他的借口；[①]此事件又使他儿子俄瑞斯忒斯和女儿埃勒特拉（Electra）走上杀死母亲及其情人以为父亲报仇的道路，尽管兄妹俩最终还是和冥府中的母亲达成了和解。

阿伽门农家族一环扣一环的杀亲事件的根本原因，似乎在于来自宙斯的"精灵"，或在于宙斯的"精灵"与阿尔忒弥斯的"精灵"相互冲突，而当俄瑞斯忒斯和埃勒特拉着手实施杀母的计划时，却又是听从父亲"精灵"的召唤。[②] 如此看来，古典时代"恐怖分子"虽然有所收敛，但妖魔鬼怪一如既往，继续支配希腊人的精神生活。不妨说古典时代希腊的脱魅运动虽骤然加速，但这大体上只是少数知识分子中的一种新动向，大众仍一如既往，继续沉溺在魑魅魍魉的世界中。即便对大多数知识分子来说，"启蒙"也远非彻底，至少"启蒙"程度很高、从精神上动摇了邦国国本的智术师们还不是直言不讳的无神论者。[③] 这多少解释了为什么悲剧中仍有那么多怪力乱神，为什么苏格拉底公然宣称受心中"精灵"的指引，为什么柏拉图的论说永远与诸神搅和在一起，尚未脱胎换骨为真正意义上的哲学。

同样能够说明问题的，还有也是在古典时代成形的巫女美狄亚（Medea）的故事。[④] 美狄亚是爱情至上者，但在"精灵"的操控

---

① 阿伽门农从特洛伊凯旋后不久，妻子怂恿情人将其杀死。
② Padel, *Whom Gods Destroy*, pp. 216 - 217；也见 Howatson（ed.）, *The Oxford Companion to Classical Literature*, pp. 398 - 399。
③ 见 Muir, "Religion and the new education: the challenge of the Sophists"，载 Easterling and Muir（ed.）, *Greek Religion and Society*, p. 209。
④ 美狄亚虽然是巫女，却有着高贵的诸神"血统"。其父埃厄忒斯（Aeetes）是太阳神赫利俄斯（Helios）的儿子，其母佩耳塞（Perse）是海洋神俄刻阿诺斯的女儿。

理性的开显

下,①她"人性"勃发,②嫉妒心丝毫不受约束,为报复丈夫移情别恋,竟杀死两个亲生儿子。正是这种恣意纵情的"人性",使她不仅在古典时代便得到欧里庇得斯同情,甚至在五四时代也被中国文化人津津乐道。然而,以今天的标准看,她是一个不折不扣的恐怖分子。为了阻止父亲追赶爱人伊阿宋,她杀死了与自己并无过节的弟弟,将尸体砍碎散扔在河里;后来又设局诱使伊阿宋的叔叔兼仇人佩利阿斯的女儿们将父亲杀死、砍碎、煮烂;再后来当她年老色衰,伊阿宋爱上了另一个姑娘格劳刻以后,她又毫不抑制心中的愤怒,对伊阿宋大加报复,不仅杀死格劳刻,还杀死了她父亲克瑞翁;为了使复仇来得更彻底、更绝决,她不惜杀死了两个亲生儿子。③

在欧里庇得斯悲剧《美狄亚》中,美狄亚的"人性"在故事结束时更是被推至极致:她不仅杀死了儿子,甚至不允许伊阿宋抚摸、埋葬他们的尸体。④ 但欧里庇得斯为什么不提美狄亚杀死弟弟并碎其尸,设局诱使佩利阿斯的两个女儿杀死父亲,砍碎并煮烂其尸体?极力称颂美狄亚"人性"的西方人和中国人,为什么闭口不提这些令人毛骨悚然的情节?巫女美狄亚神话原本杀气森森,经过裁剪,竟变成一则纯粹展现悲剧冲突的高贵叙事!美狄亚形象中的"恐怖分子"难道因了她的"人性",或者说仅仅因后来人们出于体面或艺术的考虑避而不谈,便不"恐怖"了?

答案只有一个,及至古典时代,更遑论现代,理性化运动中的希腊伦理意识有了明显的进步,黑暗时代伴随蒙昧野蛮的暴虐残

---

① 欧里庇得斯,《美狄亚》,363(所用版本为《欧里庇得斯悲剧六种》[《罗念生全集》第三卷,上海:上海人民出版社 2004 年];也见 Lillian Corti, *The Myth of Medea and the Murder of Children*, Westport (Connecticut): Greenwood Press, 1998, p. 48。

② 周作人援用欧里庇得斯的立场说"美代亚因其夫他娶,用法术谋害新妇,又杀了自己的子女",但是归根结底,这是"人性"使然;因此,"美代亚"并不是世俗眼光中的一个"恶妇";正是"人性",使她"爱情如死之坚强,嫉恨如阴间之残忍"。参见周作人,《欧洲古代文学上的妇女观》,载《艺术与生活》(周作人自编文集),上海:上海文艺出版社 1990 年,第 85 页。

③ 鲁刚、郑述谱(编译),《希腊罗马神话词典》,第 171—172 页、第 277—278 页。

④ 欧里庇得斯,《美狄亚》,1396—1419。

第六章 劣迹斑斑的希腊诸神

忍现已不可接受(尽管偶尔发生杀子复仇之事)。不可否认,中国早期历史上有过人祭人殉的习俗,这并不比美狄亚故事开化。从墓葬发掘情况来看,商时人殉还颇具规模。甚至晚至春秋战国时期,人殉仍未绝迹。犹太人早期历史上也有人祭的风俗,亚伯拉罕用儿子以撒祭神(尽管神的真正意图是考验他,最后让他用羊作替代品),耶弗他用仍为处女的独生女儿献祭的故事便是这种风俗的反映。[①] 但无论在中国还是犹太文典中,都没有像希腊神话中那种栩栩如生的杀亲复仇、杀亲以食的情节。

当然,希腊食人故事大多与权位继承有关,反映了蒙昧时期人类群体中代际权力更替的残酷争斗。其他民族早期历史上也发生过兄弟相戮以争权位的事情,中国人绝非例外,但没有哪个民族能像希腊人那样如此沉湎于亲人相戮的叙事,如此陶醉于亲人相食的细节。这说明了什么?说明与中国人、犹太人相比,希腊神话的伦理向度是薄弱的。强势的道德主义或过分尚德的思维固然有问题,但希腊式的非道德倾向更不健康。即便神话也会有后果。思维和行动之间必然存在着一种相辅相成的关系,而并非总是隔着一个绝缘层。希腊人臭名昭著的窝里斗,"希腊人相遇,其争必烈"之英谚,决非空穴来风。

人神相间的希腊世界

在希腊,"迈索斯"思维除了导致过于发达的诸神崇拜以外,还导致了经久不衰的造神运动。为什么在所有古代民族中,唯独希腊人能够毫无顾忌地从人类当中一个接一个地造出神来?[②] 这种

[①] 《旧约·创世记》17·19;21·12;《旧约·士师记》11·34。
[②] 并非偶然的是,叙利亚世界无形无相的唯一神到了希腊会道成肉身,成为耶稣基督;虽然这种事在叙利亚世界也并非不可接受,但拿撒勒木匠约瑟夫的儿子耶稣成为基督,成为神子,作为圣子与圣父圣灵三位一体不可分离,毕竟意味着唯一神论作为叙利亚宗教的核心已遭到淡化。据最新研究,犹太教内部也有一个与希腊罗马相似但独立于希腊罗马的造神传统,例如天使神(Angel-gods)(转下页)

理性的开显

造神传统基于这一信念：人与神一脉相承，人亦神、神亦人，人神之间并无根本的隔阂。事实上，即便作为启蒙先锋的"哲学家"，也是既信"逻各斯"，也信"迈索斯"，或者说理性和神话这两种认知世界的进路，都是他们的精神样式。对他们来说，理性与神话不是泾渭分明、绝对互斥的两个向度，而是你中有我、我中有你，是同一个世界息息相通的两个方面。正是在此意义上可以说，古典时代的希腊"哲学"，其实是一种神话样式的哲学或神学式的哲学。在如何理解理性与神性的关系上，希腊人给后来人们留下了一笔遗产。甚至在今日西方，现代性论题的一个重要方面也仍是理性与神性的关系。

明白了这个道理，也就不难明白为什么重要的希腊"哲学家"非但不是无神论者，反而是毫不隐讳的有神论者。在《会饮篇》中，柏拉图让笔下苏格拉底转述狄奥提玛的话，回答爱洛斯（Eros，也译作"爱"、"爱神"）究竟是什么这一问题。按照柏拉图笔下的苏格拉底的说法，爱洛斯即不是神，也不是人，而是介于神人之间的一个"精灵"（daemon）。"精灵"是什么？是这么一种存在，他们"往来于天地之间，传递和解释消息，把我们的崇拜和祈祷送上天，把天上的应答和诫命传下地；居于两界之间，他们沟通天地，把乾坤联为一体，成为预言、祭仪、入会、咒语、占卜、算命的媒介"。[①]

不仅爱洛斯能打通天与地、人与神的区隔，性欲勃勃、其象征为阳物的狄俄尼索斯也具有同样的能力。他能把"超自然插入自

（接上页）的存在、神的拟人化（hypostases），以及对某些族长、先知、国王和高级祭司的神化（参见 Patrick Chatelion Counet, "Early Jewish Monotheism and the New Testament", Anne-Marie Korte & Maaike de Haardt（ed.） *The Boundaries of Monotheism: Interdisciplinary Explorations into the foundations of Western Monotheism*, Leiden: Koninklijke Brill NV, 2009, pp. 44 - 47）。需要注意的是，相对于几近绝对的唯一神信仰而言，相对于希罗世界的神人相混、神亦人、人亦神而言，同一时期叙利亚社会的造神传统并非主流，或者说唯一神思维明显占有上峰。

① 柏拉图，《会饮篇》，203A；也见让-弗朗索瓦·马特，《论柏拉图》（张竝译），上海：华东师范大学出版社 2008 年，第 129—130 页。

第六章　劣迹斑斑的希腊诸神

然",连通"此世"与"彼世",或者说穿梭于阴阳之间。他能使参加其祭典的妇女进入恍兮惚兮状态,成为迷狂的"米那得疯女"(Menads),这时,"人这种造物扮演了神,而神则在虔诚者里扮演了人,二者间的界限突然变得模糊不清起来"①。狄俄尼索斯的能力还不止于此。他不仅能够摧毁人与神之间的阻隔,还拥有其他后现代主义的本事,即打破给世界以和谐、理性的所有范畴、分别或者对立——如男与女、天与地、人与兽、远与近、文明与野蛮——之间的界线。②

既然人与神之间没有一条泾渭分明的界线,诸神并非卓然超越于世界,而是就在世界之中,人也随时可以一变而为神,神圣与世俗之间就不可能有根本的分野。不仅如此,人与神者之间甚至还存在着一种连续不断的神圣性等级。于是乎,希腊世界诸神无处不在。这意味着,宗教与社会、政治事务之间并不存在根本的对立。相反,宗教与社会、政治事务如此紧密相关、如此相互交织,完全可视为合二为一。③

晚至启蒙精神高扬的古典时代,在政治(而非宗教)这种看似纯属人类的事务中,神祇也永远在场。在广场、议事会、公民大会一类场合,神祇仍数目众多,奥林帕斯山诸神如宙斯、雅典娜、阿波罗、赫尔墨斯、阿芙罗狄忒等应有尽有,无一缺席。诸神甚至会在政治决议中"现身",④⑤尽管他/她们已不像荷马故事中的神祇那样作为"活动家"来掺和人间事务,甚至"为凡人受苦,遭受可怕的苦难以取悦可怜的凡人",而已降格为"公民",在充当城邦保护神的

---

① 皮埃尔·韦尔南,《古希腊的神话与宗教》(杜小真译),北京:生活·读书·新知三联书店2001年,第75页。
② 同上书,第75页。
③ 同上书,第111页;也参见西萨、德蒂安,《古希腊众神的生活》,第152—156页、第164—170页。
④ 西萨、德蒂安,《古希腊众神的生活》,第197页。
⑤ 按,所谓诸神"现身",至少在某些时候指会议现场有神的雕像,会议按照程序援引神的名字,与会者个人根据实际需要援引神的名字,或二者兼而有之。

理性的开显

同时，也参与公民的仪式、大会、审判和其他活动。①

在农业这个与政治同样重要（甚至更重要）的领域，也少不了有诸神介入。人类除了按照四季时令进行劳作以外，还必须虔诚祭拜诸神，因为"大地的果实"即农作物的播种和生长，是由神灵——四季女神、得墨忒耳、美惠三女神、②狄俄尼索斯——来决定其过程、节奏和最后结果的，或者说是由神灵来决定是否给所有祭拜她/他们的人们以食物。③

除此之外，还有更生动的诸神介入人类生活的例子。在《伊利亚特》中，当希腊联军和特洛伊人鏖战正酣，希腊方面的大将墨涅劳斯占据上峰，正要结果特洛伊方面的帕里斯（据广为流传的说法，是帕里斯诱拐了墨涅劳斯的妻子海伦，才引发希腊人远征特洛伊，才发生了特洛伊战争）的性命时，在一旁观战的阿芙罗狄忒适时介入，将她青睐的帕里斯裹藏在雾里摄走，飞回他宫殿，带进他那"清香飘散的寝室"，让他与海伦共享床笫之欢，而墨涅劳斯却此时求战不得，可怜万分，根本不知道情敌和对手人在何方。④

很少有其他古代民族像希腊人那样毫无顾忌地混淆人与神的区别，像希腊人那样真诚地相信并且一再重申，我就是某某神的后裔，至少是某某神的远房亲戚，或干脆就是某个或某些神祇的儿

---

① 西萨、德蒂安，《古希腊众神的生活》，第197—198页。
② 美惠三女神（The Graces/Kharites，也译作"卡里忒斯"）分别为光辉女神阿格莱亚（Aglaia）、激励女神塔利亚（Thalia）、欢乐女神欧佛洛绪涅（Euphrosyne）。她们是宙斯和欧律诺墨（Eurynome，俄刻阿诺斯的女儿，海洋的象征）的女儿，众神的歌舞演员，为人间带来美丽和欢乐。
③ 西萨、德蒂安，《古希腊众神的生活》，第196页。
④ 不仅阿芙罗狄忒干预战事，她的兄弟阿波罗和波塞冬同样如此（参见《伊利亚特》第一卷第8—21行、第十三卷第第10—239行、第十五卷第205—280行、第十六卷第667—680行）。事实上，宙斯神族中的主要神祇——除上述三位神祇外，雅典娜、阿瑞斯也极重要，尽管不那么有趣；宙斯、赫拉分别为男女主神，也喜欢介入人间事务——虽分为支持阿该亚人和支持特洛伊人的两派，彼此明争暗斗、讨价还价，争吵不休，为此穿梭往返于人神二界，忙得不亦乐乎，但特洛伊战争的起因、过程和结局自始至终都在他或她们的掌控中。事实上，在整部《伊利亚特》中，他/她们随时都在干预甚至直接参与战争。

第六章　劣迹斑斑的希腊诸神

孙,如埃阿科斯(Aeacus)是宙斯的儿子,阿基琉斯和阿伽克斯(Ajax)是宙斯的孙子,[1]阿基琉斯也是海洋女神忒提斯(Thetis)的儿子,[2]而特洛伊战争的诱因海伦是宙斯的女儿。[3] 再如,一些名门望族会真诚地相信,并在各种场合以各种方式重申,他们身上流淌着神灵的高贵血液。例如阿伽门农和墨涅劳斯兄弟声称是战神阿特柔斯的之子,[4]斯巴达王族声称是大力士神赫拉克利斯的后裔。

却原来,柏拉图是阿波罗的儿子!

这种崇拜神灵的社会风气是不可能不对"哲学家"们产生影响的。事实上,即便是先进如"爱智者"们,也丝毫不怀疑诸神的存在。在《斐德罗篇》中,苏格拉底与斐德罗谈学论道,是在北风神波瑞阿斯(Boreas)、狩猎神阿格拉(Agra)的出没之地和河神阿刻鲁斯(Achelous)、水仙林妖(nymphs,复数)的神龛神像所在之处。不仅如此,他们在哲学讨论中,毫无顾忌地假定所有这些神祇统统存在,根本不觉得有何不妥。[5]

现代人可能会像孔子那样,"敬鬼神而远之",但是对于历史人物的故居、遗物会十分尊重,想方设法加以保护,供人瞻仰。希腊人刚刚相反:他们会无比小心地保存他们认为是神祇用过的物品,无比诚笃地祭拜他们认为神祇出现过的地方,[6]可对历史人物的故

---

[1] 埃阿科斯则以虔敬闻名于世,以极为虔诚的祈祷化解了希腊的旱情(参见 Howatson (ed.), *The Oxford Companion to Classical Literature*, p. 7、p. 21;也参见雅各布·布克哈特,《希腊人和希腊文明》,王大庆译,上海:世纪出版集团,2008年,第80—81页)。阿基琉斯是《伊利亚特》中的主要英雄之一。阿伽克斯则是索福克勒斯同名悲剧的主要人物。事实上,这方面的例子数不胜数,任何一部古希腊神话或古希腊文学辞典中的任何词条都可能包含类似信息。
[2] 鲁刚、郑述谱(编译),《希腊罗马神话词典》,第21—22页。
[3] 《伊利亚特》3·349、418。
[4] 阿特柔斯为珀罗普斯和希波达弥亚的儿子,宙斯之子坦塔罗斯的孙子。
[5] 柏拉图,《斐德罗篇》,229B—230C。
[6] 对希腊人来说,诸神出没之地无处不在,神迹无处不在,它们都是不可逃避的。

185

居和遗物却根本没有兴趣。不仅如此,希腊人还能随时造出新神来。如果某个竞技者在奥林匹亚上获胜,某个将军赢得了一次重要战斗,使被敌人围困的城邦转危为安,他就会被宣布为神,就会受人们的普遍敬拜。① 希腊人这一禀性甚至迷惑了某些现代学者,使之误以为提修斯、吕库古之辈是真实存在过的历史人物。其实在希腊人心目中,提修斯、吕库古们亦人亦神、半人半神,花力气弄清楚他们的身世甚或他们究竟存在过与否,是没有意义的。

然而对于训练有素的古典学学者来说,这一点非常清楚,即提修斯和吕库古们虽然并非完全没有事实根据,却在很大程度上是传说中的或虚构出来的人物。与现代人形成鲜明对比的是,一般希腊人对于亦人亦神、半人半神的人物或事件的兴趣远远大于真正发生过的历史事件和真正存在过的历史人物。这种习性可能让有实践理性传统、不语怪力乱神的儒家传人感到惊讶。即便在春秋时代,相当于"哲学家"的诸子已表现出成熟的历史意识和理性精神,对于没有事实根据的"事件"和神话传说中人物,是不会轻易相信的。

古代中国人实践理性相当发达,历史意识极强,因此希腊人的一些做法在他们心目中可能是匪夷所思的。例如,麦加拉人授予亚历山大名誉公民时一本正经地强调,除了赫拉克利斯外,他们还从未把这种荣誉授予任何人,仿佛赫拉克利斯不是神话中的英雄,而是真实存在过的人。② 又如古希腊一个人所皆知的情形是,斯巴达人把赫拉克利斯及整个赫拉克利斯家族视为自己的祖先,并就此在战争开始之前和官方法令中作万分严肃的宣示。又如在古典时代的雅典,几乎所有法庭的地点都与神话关联密切。

不仅如此,数量众多的世袭祭司还习惯性地夸耀自己的神圣血统。③ 比如,几乎没有一个雅典人会太关注梭伦、伯里克利或德摩

---

① 参见《另一个希腊》第九章"从角力拳到太极拳"的相关讨论。
② 布克哈特,《希腊人和希腊文明》,第73页。
③ 同上书,第74页。

第六章 劣迹斑斑的希腊诸神

斯提尼之类的著名人物在某些关键场合出现的确切场所,但是每个雅典人都能如数家珍地说出神话中某个"事件"发生的地点。①再如,阿里斯托芬在《阿卡奈人》一剧中提到,公民安菲提欧(Amphitheos,即"亦人亦神者")声称自己是得墨忒尔和特里普托勒摩斯的后裔,当他受警察威胁时,便搬出自己高贵的神灵祖先来吓人;某些人如此深信自己是神祇的后代,竟然明目张胆地用历史事实的口吻讲话,甚至藉以证明其神圣出身的原始遗物也不屑于保留。②

如果说希腊社会人神不分,人可以是神、神可以是人,而且可以随时制造新神,西亚地中海世界的其他民族是否同样如此呢?据希罗多德的《历史》,至少文明开化早得多的埃及人不是这样。米利都的历史家海卡泰欧斯来到中埃及的底比斯圣城,在那里,他追溯自己的身世,发现其祖上十六代人以前与神有着血统上的关系,于是向埃及祭司们炫耀说,他是神的第十六代传人!悲哀的是,他被底比斯的祭司告知,埃及人不可能相信一个人可以为神所生的说法,而只相信一个人可能是一个"披罗米斯"的子孙,一个"披罗米斯"又可能是另一个"披罗米斯"的子孙。那么"披罗米斯"为何?这是一个希腊词,意思是:"一个在各方面都优秀的人物"。③这个例子清楚地表明,当希腊人的观念仍十分愚昧之时,埃及人的思维则已相当开明,至少在这个方面跟现代理念没有本质区别。

但最令人惊诧的半人半神故事发生柏拉图身上。据拉尔修的狄欧根尼(Diogenes Laertius)所著《杰出哲学家生平与思想》,而狄欧根尼又据斯普西普斯(Speusippus)所著《柏拉图丧宴》、克勒尔库斯(Clearchus)所著《柏拉图颂文》,以及阿那克西利德(Anaxilides)的《诸哲学家生平》(卷二)等资料来源,从一开始,柏拉图父母便是

---

① 布克哈特,《希腊人和希腊文明》,第 78 页。
② 同上书,第 82 页。
③ 希罗多德,《历史》,2·143(所用版本为王以铸译,北京:商务印书馆 2005 年,上下册);也见布克哈特,《希腊人和希腊文明》,第 80 页。

■ 理性的开显

波赛冬的后裔；但柏拉图本人并非其母亲佩里克提欧涅（Perictione）与丈夫阿里斯通（Ariston）的儿子，因为包括他亲密伙伴在内的所有人都认为，阿波罗很可能与他美丽的母亲同过床。当他出生时，雅典坊间正流传一则美丽的故事：阿里斯通企图"强暴"佩里克提欧涅，却未能如愿，休战时在梦里见到阿波罗幻象，于是"有意回避跟她同房，"直到她怀上柏拉图。[①]

却原来，柏拉图身上流淌着诸神的血液。柏拉图是阿波罗的儿子！

克莱门猛批旧宗教

因地缘自然环境之故，希腊人很晚才登上历史舞台；由于同样的缘故，直至很晚，希腊神话中仍有太多魑魅魍魉，太多非道德元素，太多"恐怖分子"。但历史不可能不发展，不仅黑暗时代和古风时代非得让位于古典时代，就连理性开显、鬼魅退隐的古典时代——一个文学、艺术、哲学、史学迅速崛起、繁荣昌盛的时代——本身也得让位于一个新时代，即基督教时代。从本质上看，基督教属于一个气质迥异的文明。

事实上，基督教是东方叙利亚文明在东地中海世界的新发展，传承着一个基于道德自觉和一神论信仰的新文明。[②] 这就是为什么面对希罗旧文明，早期基督教思想家无不显示出一种居高临下的气势。他们站在道德的制高点上，俯瞰希腊，傲视希腊，要从精神上彻底打垮希罗旧思维。他们看到了什么？看到了这样的情景：即便希罗哲学某些理念与基督教接近，希腊悲剧中甚至还能见到些许怜悯、仁慈的成分，但总的说来，希罗旧宗教是不道德的，里

[①] Diogenes Laertius, *Lives and Opinions of the Eminent Philosophers* (translated by C. D. Yonge), "Life of Plato", I - II, in *Peitho's Web: Classical Rhetoric and Persuasion*, http://classicpersuasion.org/pw/diogenes/dlplato.htm, 09/10/2010; 也见布克哈特，《希腊人和希腊文明》，第82页。

[②] 参见《另一个希腊》第二章"'希腊化'中的'化希腊'"第一节的相关讨论。

第六章　劣迹斑斑的希腊诸神

边充斥着血腥、暴烈和淫荡，与基督教判若云泥。

在他们看来，希罗宗教之所以有问题，一个重要原因在于一神论信仰的缺失。希腊人可以崇拜宙斯、狄俄尼索斯、得墨忒尔，也可以崇拜雅典娜、阿波罗、阿芙罗狄忒，还可以崇拜从埃及、小亚引进的伊西斯和大母神等等，但这些神祇统统不能给生命以意义，尤其不能回答生与死这一根本问题。在这么一个天大的问题上，希罗宗教竟未能给人们提供温暖和慰藉，而是让他们失落、沮丧、恐惧！[1] 希罗旧宗教里有阴森、泥泞的冥府哈德斯，却没有叙利亚型宗教——如犹太教、基督教、伊斯兰教——所共有的温馨天国。与光明祥和的天国相比，希腊罗马的冥府实在不是一个令人向往的地方。

现在，归信了基督教的人们虽然仍不能摆脱死亡的威胁，但永恒、大能的唯一神已经派遣他的独生子耶稣基督"道成肉身"，来到世间。他宣扬神之道、神之爱，为此被钉十字架而死，三天后又复活升入天国。最最重要的是，神之子耶稣屈尊变成肉身来到世上，是为了赎去世人的罪，使他们最终能够来到天堂，来到主的国度，一个没有生死，只有无尽福乐的永恒之地，永远与主在一起。如此这般，死亡也就不可怕了。

恰成对照的是，作为城邦或国家宗教，希罗宗教对于个人的救赎根本不感兴趣。它们感兴趣并给予极大关注的，是仪式本身。准确地说，关注仪式细节的恰当性和正确性。[2] 在它们看来，恰当而正确的仪式是赢得战争的关键。由于崇拜活动总是与具体的期待和要求挂钩，祭拜某个神便是祈求他的保佑以实现某特定愿望。如果祭神之后愿望未能实现，这就意味着该神不灵验，可以申斥他责骂他，威胁说以后不再祭拜他。从这个意义上讲，罗马宗教意味

---

[1] Simon Price, Religions of the Ancient Greeks, Cambridge (UK): Cambridge University Press, 1999, pp. 159 - 160；也见 "Roman State Religion", eefy. editme. com/L07c - 12k.

[2] Paul Cartledge, "The Greek Religious Festivals", 载 Easterling and Muir (ed.), *Greek Religion and Society*, p. 98。

理性的开显

着人与神的讨价还价做生意,严重忽视了个人的精神或心理需要。①

不难看出,较之儒家、道家、佛教、兴都主义、基督教,以及伊斯兰教这些延续至今的伟大精神样式,希罗宗教明显缺乏一种精神的向度;正因为缺乏这一向度,希腊人罗马人的生命品质不可能得到真正的提升。从那些仍然活跃着的世界性宗教的角度来看,希罗宗教的许多理念和做法甚至是极荒谬、极不可理喻的。而在基督教形成期著名教父亚历山大城的克莱门心目中,希罗宗教的最大缺陷,莫过于道德向度的缺失。他认为,希腊人的得墨特尔密仪不仅不道德,甚至充满了乱伦和残暴。他在《劝勉希腊人》一书中写道:

> 得墨忒尔的神秘仪式纪念的是宙斯与其母亲得墨忒尔多情的拥抱(按希腊神话的一般说法,得墨忒尔当为宙斯的姐姐——译者),以及得墨忒尔的愤怒(我不知道将来怎样称呼她,是母亲还是妻子),据说由于这种愤怒她得到了布里墨(Brimo,意为残忍凶狠者)的称呼;还有宙斯的恳求,狂野的宴饮,牺牲品心脏撕裂和难以言说的淫行。这同样的仪式,弗吉里亚人也举行……弗吉里亚人到处传播:宙斯怎样撕下了公羊的睾丸,又怎样拿来扔进得墨忒尔的怀里,这样,他假装戕害了自己的身体,为自己那残暴的拥抱受到虚假的惩罚。②

宙斯不仅与其母亲/姐姐乱伦,而且与这种乱伦的结果——其亲生女儿——乱伦:

> 得墨忒尔怀孕了,处女神长大了,那位生了她的宙斯更加

---

① 参见"Roman State Religion",eefy.editme.com/L07c-12k;也见《另一个希腊》第二章第一节的讨论。
② 克莱门,《劝勉希腊人》(王来法译),北京:生活·读书·新知三联书店2002年版,第22页。

第六章　劣迹斑斑的希腊诸神

乱伦，这一次是和珀耳塞福涅自己，那是他的亲生女儿，是他与得墨忒尔结合的产物。宙斯把以前的肮脏行为忘得一干二净，他成了处女神的父亲又是奸夫，他化成毒蛇与处女神私会，从而使自己的真实本性暴露无遗。①

很明显，跟叙利亚宗教的唯一神相比，甚至跟其他希腊神祇相比，众神之父宙斯不仅不是道德的楷模，反而是淫乱放荡的魁首。他的淫行不仅仅表现在与母亲/姐姐和女儿的乱伦行为上，更表现在一种现实生活中不大可能发生的大大夸张了的纵欲行径上：

> 他（宙斯）花费如此多的夜晚与阿尔克墨涅（Alcmene）寻欢作乐，此时这位伟大的宙斯的淫荡达到了何种程度啊！是的，对于这种纵欲来说，即使是九个夜晚也不算多……在一夜之间奸污了塞司提乌斯（Thestius）的五十个女儿，一下子成为所有这些少女的新郎和奸夫。有关他与人通奸、玩弄男童的事，三天三夜也说不完。你们（希腊人）的诸神是连男孩子也不放过的……这些神就是你们的妻子所崇拜的！她们必须向这些神灵祈祷，求诸神使她们的丈夫成为类似的美楷模，以便他们能像诸神一样追求崇高的理想！②

如果说充斥在德米忒尔秘仪中的是乌七八糟的乱伦，是凶恶残忍的暴行，那么在克莱门看来，希腊人所钟爱的狄俄尼索斯秘仪同样是极端凶残、极不可理喻的：

> 狄俄尼索斯秘仪具有十足的野蛮特点。他还是个孩子，当提坦巨人（Titans）偷偷地接近他时，他的侍从库里特们（Curetes）正围着他跳模仿战争的舞蹈。起初，提坦巨人用小

---

① 克莱门，《劝勉希腊人》，第22—23页。
② 同上。

理性的开显

孩玩具哄骗他,然后——就是这些提坦巨人——把他撕成了碎片,尽管他还是个孩子……后来,雅典娜拿走了狄俄尼索斯的心,并因它的跳动而得名帕拉斯(Pallas,源于希腊语动词不定式 pallein,即"跳动")。把他撕成碎片的那些提坦巨人把大锅支在三脚架上,然后把狄俄尼索斯的肢体扔进釜里煮烂。①

克莱门心目中的希腊罗马诸神还犯有残害人类的罪行。与古代基督教以及古代中国和印度的人道主义相比,也与西方现代宗教及世俗人道主义相比,希腊人是残忍的:

> 他们(希腊人)所崇拜的诸神是残忍而敌视人类的,他们不但非常喜欢人类的疯狂,而且十分欣赏人类的残杀。他们有时候从运动场上的武装竞技中(按,体育在古希腊通常是宗教仪式的组成部分)这也是寻找快乐,有时候又从战场上的殊死拼杀中寻找快乐,为的是不放过任何一次机会,用人类的鲜血填满他们的肚子……他们就像瘟疫一样降临每一座城市、每一个国家,向人们要求具有残暴特征的祭酒。例如,美塞尼亚人阿里斯托美涅(Aristomenes)杀死了三百个人,用来祭奠伊索梅的宙斯(Zeus of Ithome),因为他相信,只有献上如此数量和质量的祭品,才能保证得到吉祥的预兆……居住在陶里亚半岛(Taurian Peninsula)的陶里亚人,一旦在他们的领土上抓到陌生人,也就是遭遇海难的人,就会立刻把他们杀掉,祭献给陶里亚的阿尔忒弥斯(Artemis)……莱斯堡人把人杀死献给狄俄尼索斯……福凯亚人(Phocaeans)……把人烧死献祭给陶里亚人的阿尔忒弥斯。雅典人厄瑞克透斯和罗马人马里乌斯(Marius)把自己的女儿当作祭品。前者献给珀尔塞福涅(宙斯的女儿、情人)……后者把女儿献给"阻止罪恶的诸神"。
> 他们(按:信奉守护神的希腊人)在自以为把珍贵的祭品贡

---

① 克莱门,《劝勉希腊人》,第40—41页。

第六章 劣迹斑斑的希腊诸神

献给守护神的时候,完全忘记了他们是在残杀人类。谋杀就是谋杀,不会因谋杀发生的地点而变成神圣的献礼。即使你们是在神圣的地方,为了阿尔忒弥斯或宙斯以及其他守护神的缘故而贡献和杀人,而不是为愤怒、为了贪婪而杀人,事情的本质也不会有任何变化;在神坛上杀人和在路上杀人是一样的。①

(有关希腊宗教伦理缺陷的更多例子,参见本章"链接")

希罗哲学"启蒙"效果有限

应当指出,以上例子大多来自希腊宗教,罗马宗教的恶劣程度或稍低一点。尽管如此,罗马宗教比希腊宗教好不到哪里去。如所周知,罗马国家的一项极重要公共活动是定期在竞技场上举行人与兽、人与人残酷的生死格斗。② 这在当时可能不算什么,但无论从现代宗教还是世俗人道主义的立场看,这都是地地道道的反人类罪。对于前现代的儒家、佛家、兴都主义(印度教)、伊斯兰教、基督教而言,这也是完全不可接受的。

当然,在伦理道德方面,希罗哲学的表现明显比"原生态"的希罗宗教好。很大程度上正因这一缘故,某些论者认为,希罗哲学含有不少"宗教"因素,因为通常意义上的宗教总是对伦理道德给予强烈的关注。③ 事实上,苏格拉底之前的希腊哲学便多少已经表现出对"美德"的兴趣,亦即对伦理道德的关注。苏格拉底更是带着

---

① 克莱门,《劝勉希腊人》,第43—44页。
② 同上书,第24页。
③ 这里的"宗教"指历史悠久、有明确的人道主义关怀的精神形态,如三大"亚伯拉罕"宗教、佛教、儒教、道教和印度教等。另需注意,古代"宗教"与"哲学"之间并没有一条泾渭分明的界线(参见第五章"Philosophia:作为神学的哲学"之相关讨论)。毕达哥拉斯派有严密的组织,有类似于宗教的教规、教义和禁忌;墨家不仅有教规、教义和严密的组织,还有教主。同样,在佛陀去世后最初五百来年,有关其"觉悟"的教导尚未被神圣化、经典化为系统的宗教教义,而主要是零散的哲学教诲。严格意义上的佛教教理和宗教组织是经过三次"结集"后才逐渐形成的。

■ 理性的开显

极大的热情来修炼身心，追求"美德"，以达到道德上的自我完善。据柏拉图，苏格拉底有很多粉丝，因此现如今哲学从业者普遍认为，在苏格拉底时代，希腊哲学发生了"伦理转向"。在"伦理转向"之后或者说前5世纪以后的希腊，"美德"成为许多哲学家毕生追求的目标，"前苏格拉底"哲学对于世界本原的穷根究底的探问已经不再是热点。色诺芬尼以降的启蒙哲学家（包括柏拉图）更是明确批评了希腊人拟人化的诸神崇拜和秘仪的道德缺陷。

然而哲学终究只是哲学，甚至可能只是少数精英的心智玩具，不可能为心灵饥渴的大众提供道德方向，也不可能为其提供精神食粮，因此对于希腊人生命品质的改善不可能发挥根本性作用。历史证明，在西历纪年开始后的西亚地中海世界，为大众提供精神食粮和道德方向的任务，最终将落到基督教头上，或者说将主要由以基督教面貌出现的叙利亚文明来完成。这是因为富于道德使命感的先知——如以赛亚、耶米里、何西阿、施洗约翰和拿撒勒的耶稣一类人物——能够用"强大的感情力量"[1]而非"宇宙发生论"、"本体论"、辩证法或"认识论"一类精神活动给大众指点迷津，打动其心灵，提升其生存状况。

当然，对物质匮乏和精神苦难中的普通人实施救济援助的，还有以慈善事业面貌出现的基督教组织即教会（不少教徒个人发挥了同样的作用）。早期基督教慈善事业的重要性无论怎样估计，也不过分。这种慈善活动在给穷人、病人、残疾人等提供物质帮助的基础上，也无疑提升了他们的精神品质，这无疑又会加强基督教的影响，使之广泛传播。

● **链接** 更多"恐怖分子"举例

在《劝勉希腊人》中，克莱门所举希腊宗教的道德缺陷还有以下突出例子：

"亚西比德（Alcibiades）故意夸大地讥笑过这些神秘仪式，我不

---

[1] 克莱门，《劝勉希腊人》，第54页。

第六章　劣迹斑斑的希腊诸神

会这样做,但是我将依据真实的原则,彻底揭露它们所包含的诡计;至于这些神秘仪式所从属的、你们所谓的诸神,我将为真理的观众,如实地把他们展现在现实生活的舞台上。疯狂的狄俄尼索斯(Dionysus)受到酒神教徒的崇拜,在酒神狂欢节上,他们用生肉的盛宴颂扬他们神圣的狂乱。他们身上缠绕着蛇,分发其牺牲品的肢体,口中喊着'埃娃'的名字。"①

塞普路斯岛人喀尼拉斯(Cinyras)"为了把本国的一名妓女敬奉为神,竟然斗胆包天地把阿芙罗狄忒(Aphrodite)淫荡的狂欢仪式从夜里搬到了白天"②。

荷马《奥德赛》卷八里有这一行诗:"女神们都因为害羞而呆在自己家里。"这是因为"女神们都谨慎地不去观看阿芙罗狄忒通奸被捉的场面。但实际上,这些女神在淫乐中陷得更深,与通奸更加分不开;例如,厄俄斯(Eos)与提托诺斯(Tithonus)私通,塞勒涅(Selene)与恩底弥翁(Endymion)私通,涅瑞斯(Nereis)与埃阿科斯(Aeacus)私通……阿芙罗狄忒,在与阿瑞斯(Ares,战神)私通丢丑后,又向喀尼拉斯求爱,与安喀塞斯(Abchises)结婚,用计引诱法厄同(Phaëthon),还爱上了阿多尼斯"③。

"宙斯在与阿卡地亚人吕卡翁(Lycaon)一起进餐时享有一张非人的、不法的桌子……他狼吞虎咽地用人肉填满了自己的肚子。不过,他可不是故意的,因为当他的主人吕卡翁把自己的独生子尼克提姆斯(Nyctimus)杀掉,做成一盘美味佳肴,送到他面前时……他并不知道事情的真相。他是多么精明的宙斯啊!他是预言家,是旅客的保护者,是哀告者的倾听者,是仁厚慈爱的神,是所有神谕的作者,是罪行的报复者!不,他应该叫做不义之徒、放荡之徒、非法之徒、卑鄙之徒、非人之徒、凶恶之徒、拐骗之徒、好色之徒、风

---

① 克莱门,《劝勉希腊人》,第20页。
② 同上书,第21页。
③ 同上书,第41页。

▎理性的开显

骚之徒。"①

"阿耳戈斯人不是把阿芙罗狄忒当作'分开双腿的女人'来献祭吗？雅典人不是把她当作'高级妓女'吗？叙拉古人（Syracusans）不是把她当作'长着美丽屁股'的女人？诗人尼坎得尔（Nicander）不是曾经称她为'臀部漂亮的'女人吗？……这就是希腊诸神的特点；这也是诸神崇拜者们的特点，他们和神祇开玩笑，更准确地说，是挖苦和侮辱他们自己。埃及人在城里，在乡下，对没有理性的动物表示极大的尊重，可是比起崇拜这种神祇的希腊人来，他们可要好不知多少倍。因为埃及的神尽管是野兽，但它们不通奸、不好色、也从不曾有哪一位去追求与自己的本性相违背的快乐。"②

"远近闻名的塞浦路斯人皮格马里翁（Pygmalion）爱上了一座象牙神像；这是阿芙罗狄忒的裸体神像。这个塞浦路斯人让漂亮的神像勾走了魂。这是菲罗斯特法努（Philostephanus）告诉我们的（*Philostephanus*，残篇，13；《希腊历史残篇》，卷三，页 31）……的确，艺术应该受到赞扬，可不能让它伪装成真理诱骗人、勾引人。马静静地站着；鸽子一动不动；它的翅膀是静止的。然而，代达罗斯（Daedalus）用木头雕刻成的母牛却迷住了一头野公牛；这头被艺术弄得神颠魂倒的野兽忍耐不住，走近一位害相思病的妇女（即 Pasiphae），代达罗斯把她放在他的木刻母牛的肚子里面，以便她能够满足自己对公牛的激情。"③

---

① 克莱门，《劝勉希腊人》，第 44—45 页。
② 同上书，第 48—49 页。
③ 同上书，第 74—75 页；也参汉斯·利希特，《古希腊人的性与情》（刘岩等据 J. H. 弗里兹英译本译为中文），桂林：广西师范大学出版社 2008 年，第 133 页。

第七章　基督教在诸精神形态融合中诞生

引　言

贝多芬《第九交响乐》开始时，有一段调性暧昧、犹疑的冗长导奏。在第二小提琴、低音提琴和圆号、单簧管（后又有双簧管和长笛加入）的五度和弦衬托下，第一小提琴和中提琴、低音提琴用弱音（渐强）奏出持续不断的 E—A—E 琶音，期待中的大三度或小三度音程迟迟不出现，因而乐曲调性处于一种令人不安的未定状态，分明在向听者披露作曲家内心的矛盾和纠结。如此这般迟疑彷徨了整整十八个小节以后，作曲家痛苦万分的上下求索才告一段落。这时，全乐队爆发性地齐奏出一个明朗坚定、确定无疑的 D 小调主题，整部《第九交响乐》的调性性格得以在这一旋律中最终得到确立。

理性精神在古代西方突破和展开的情形与此相似。

如果我们把理性在西亚地中海世界的突破和展开方式比作一首交响乐，则不妨把前 6 世纪出现的希腊"哲学"视为一段调性不明的导奏，经过好几个世纪的犹豫、摸索和探求，及至西历纪年开始前后，或者说在犹太人当中一个被称作"基督教"的无名教派崛起，整合了包括希罗哲学、希罗宗教和希罗政治制度等多种要素成为罗马国教后，确定无疑的西方精神样式——以基督教为基本内涵的精神样式——才最终确立起来。基督教的国教化不仅意味着基

■ 理性的开显

督教一教独尊,也意味着活跃了几百年的林林总总的"异教"、"哲学"和非正统基督教派别的淡出。这与今人熟知的中国精神形态经历了先秦和秦汉几个世纪的百家争鸣、犹疑探寻之后,最终选择儒家为主导,多少是相似的。

尽管如此,在西方和中国精神世界中,理性展开的方式也有重要的区别。在西亚地中海世界,它并没有走一条直路,比方说,从土生土长的诸"哲学"流派中选拔出普世性格较强的新柏拉图主义或者斯多亚主义独尊之,而是绕了一个大弯子,从东方引入普世性格更强的叙利亚宗教或一神论精神样式,在此基础上吸纳综合了多种地方资源如新兴"哲学"、旧式宗教和帝国政治体制以后,才最终以基督教的面貌呈现出来。

正如在儒家获得独尊地位前,中国曾出现过儒、道、墨、法、阴阳诸家并立的局面,西方在三位一体样式的基督教获得独尊地位前,也出现过诸哲学流派、密仪和宗教群起争雄的情形。只是西方的情形比中国复杂得多。这里诸教百家不仅包括哲学流派,如犬儒主义、斯多亚主义、伊壁鸠鲁主义、怀疑主义、柏拉图主义、新柏拉图主义,还包括已然盛行于希腊罗马的宗教,如奥尔弗斯崇拜、德墨特尔崇拜、狄俄尼索斯崇拜、密特拉崇拜、伊西斯崇拜(源于埃及)、大母神崇拜(源于小亚),更包括各叙利亚型宗教,即希腊化时代以降开始活跃的犹太教和各早期基督教派别,如基督一性论派、马隆派、聂斯托里派(景教)等等。除此之外,还有诸灵知派,如被教会当局视为异端的基督教马基安派(Marcionites)。[①] 应特别注意的是,所有这些主义、崇拜形式或教派,无论被称作"哲学"、"密教"或"密仪",还是"宗教",都是西元纪年开始前后六七百年间活跃于西亚地中海世界的精神样式。

现在要问的问题是:为什么处于发生阶段尚待归于一统的西方

---

① Antonia Tripolitis, *Religions of the Hellenistic Roman Age*, Cambridge (UK): William B. Eerdmans Publishing Company, 2002 全书;汉斯·约纳斯等著,《灵知主义与现代性》(张新樟等译),上海:华东师范大学出版社 2005 年,全书。

第七章　基督教在诸精神形态融合中诞生

精神样式为何有如此纷繁复杂的多样性？换一个角度，问题也可以这样问：为什么理性在西方的展开，或者说今人熟知的西方精神样式的崛起，会有如此丰富多样、绚烂多彩的精神资源可资利用？要回答这个问题，也并非不可以用懒人办法，比方说这是"神意"、"天命"，或者说是历史"偶然性"使然。但这等于不回答。为什么不可以从地缘格局的视角寻求解释？

基督教兴起的地缘背景

从地缘角度看，西方精神样式的诞生明显不同于中国、印度。古代中国、印度文明都是原生文明（即在诞生期未受其他文明影响、自生自长的文明），由此产生的中国、印度精神样式也就应该被视为原生精神样式。但是西方精神样式所由产生的"西方文明"却不是原生文明，而是在不止一个原生文明基础上成长起来的新文明，甚至可以说是两个子代文明即希腊和希伯来（即"犹太"或"叙利亚"）文明融合形成的孙代文明。

如果西方文明仅仅是整合"二希"即希腊、希伯来两个古代文明——如一直以来我国学界所认为的那样——的结果，就会有一幅现成的，且十分清晰的历史画面。实际情况并非如此，而是复杂得多。作为西方文明的前身，约前8世纪出现在爱琴海地区的希腊文明和稍稍早一点出现在现巴勒斯坦、约旦、黎巴嫩地区的希伯来文明本身又源于两个更古老的文明——西亚的两河流域文明和北非的埃及文明。事实上，西亚地中海世界的这两个文明不仅比希腊、叙利亚文明更古老，也是最古老的人类文明。它们大约在前3500年左右同时兴起，比前1500年左右成形的印度文明和大约同时诞生的中国文明早约两千年。

这里最关键的概念是"西亚地中海世界"。它地跨亚洲、欧洲、非洲三大洲，中间包围着地中海，是"二希"亚文明的摇篮，因而也是西方、伊斯兰和东正教文明的摇篮。所以准确地说，16世纪以来横绝全球的"西方文明"有一个究极的根子，它并不在"西方"的希

■理性的开显

腊罗马,而是在东方的两河流域和尼罗河流域。从文明诞生和演进的角度看,除埃及外,希腊崛起前的地中海世界实在乏善可陈。但希腊文明兴起后,地中海世界一下子热闹起来,尽管从整个西亚中海世界的角度看,它只是一个后发文明。

起初,西亚地中海世界各区域之间并没有十分紧密的联系,只是一个地缘意义上的连续体。也可以说,在埃及亚述和波斯等帝国兴起后,那个由埃及、现中东、小亚、巴尔干半岛和爱琴海地区和合而成的政治、经济、文化意义的西亚地中海世界并非一开始就存在,而是文明演进到相当程度以后才形成的。然而无论从哪个角度看,自前3500年左右人类文明萌生,至前4世纪后期希腊帝国兴起,在长达三千来年的时间里,这个世界的核心地带无可置疑地是两河流域和尼罗河流域。这意味着,同时期西亚地中海世界的外围是现巴勒斯坦、约旦、叙利亚、黎巴嫩、爱琴海地区、土耳其中部和西部地区。

迈锡尼时期的希腊文化大约在前15世纪左右才出现,通常所谓"希腊"亦即"古风时期"以降的希腊的历史更是晚至前8世纪才开始的。无论在迈锡尼时代还是古风时代(前620—前480年),甚至此后好几十年,在长达一千年的时间里,经济文化意义上的"希腊"根本不是西亚地中海世界的中心,而以穷乡僻壤故位处边缘的。前5世纪以后,希腊人才从爱琴海区域扩张到地中海中西部沿岸地区,包括意大利半岛、西西里岛、科西嘉岛以及法国、西班牙的地中海沿岸地区,尽管此前希腊殖民地已遍布小亚西岸、巴勒斯坦和黑海沿岸。

如果仅考虑陆地面积,西亚地中海世界的核心区——两河流域和尼罗河流域——与黄河流域和印度流域大体相当或略小。如果将外围地区甚至地中海中部、西部和黑海海域也包括在内,则西亚地中海世界比黄河流域和印度河流域(前者的外围区域包括海河流域、江淮流域、渭河流域、汉水流域和巴蜀地区,后者的外围区域则包括整个恒河流域)更广。如前所述,这个世界的地缘自然格局异常复杂,是多个古代文明的发祥地。除埃及和两河流域的原生

第七章　基督教在诸精神形态融合中诞生

文明在这里萌生外,希伯来和希腊罗马这两个次生文明也是在这里崛起的。

事实上,一打开地图便能清楚地看到,西亚地中海世界有一种异常复杂的地理格局。这里有两个大河流域,尽管其规模明显小于黄河或印度河流域。不仅如此,尼罗河流域和两河流域之间还阻隔着沙漠、山脉和海洋。这就使两个区域在相当长一段时间内能互不干扰地独立发展,发展出相互独立、品性迥异的两个文明。另一方面,横亘在两个大河流域之间的距离并非太大,地理障碍也并非严峻,所以两个区域的文明独立演进到一定程度后,便开始交融和合,出现了一种密切互动甚至加速度融合的势头。这进而影响到其周边地区,使整个西亚地中海世界出现了一种经济、文化频繁交流的局面,一种政治军事互动、碰撞和交融整合的情形。人类文明史上第一次出现了一派空前热闹的景象。

西亚地中海世界的文明整合

但要这种地缘格局中结出像样的果实,首先得有密切的军事政治互动。大约从前16世纪开始,西亚地中海世界出现了一种军事、政治整合的明显趋势。埃及帝国在图特摩斯三世和拉美西斯二世等法老的统治下,终于走出狭窄的尼罗河谷,在亚洲进行军事扩张,甚至一度占领了大片亚洲土地,获得大量财物和奴隶,直至遇到一个同样强大的对手——赫梯帝国,埃及帝国的扩张才受到有效的阻遏。但这只是西亚地中海世界不同区域间最初的军事政治互动。

显而易见的是,这种互动不可能只局限于军事政治层面。伴随军事政治互动的,还有相邻人类社群之间日益密切的经济、文化交流。这种交流并非必然晚于军事、政治互动,而很可能与之同时发生,甚至更早时候便发生了。事实上,独立而相邻的人类群体发展到一定程度后,相互间几乎必然会发生经济、文化、军事、政治的全面互动和整合(严格地讲,当前如火如荼的"全球化"便建立在前15

理性的开显

世纪就已开始的区域性一体化进程基础上)。然而从长程历史的角度看,埃及和赫梯这两个先发帝国都未能成功地扮演这种全面整合的主角。这两个帝国顶多只奏响了全面整合的前奏曲。

后来在现伊拉克北部又兴起了亚述帝国,虽然做得埃及、赫梯略好,但较之更后来兴起的大帝国却差得太远。亚述帝国在各个方向都进行了扩张,但最终却未能建立起一个具有稳定政权组织的普世国家。只是当波斯人从伊朗高原崛起,西亚地中海世界才开始了一种真正意义的全面整合。波斯人的成就是在人类历史上第一次建立起一个真正稳固的大帝国,一个地跨亚、非、欧三大洲的超大帝国。接踵而至的是诸希腊帝国、罗马帝国、拜占廷帝国和阿拉伯帝国。这些帝国都可视为波斯帝国的继承者,其中罗马帝国成绩尤为显著。

不妨把这些帝国的作用与古代条件下的"区域一体化"联系起来考察。这种区域一体化对于今人熟知的西方生命形态的形成至关重要。无论中国、西方还是印度的精神样式——无论何种精神形态,或中国儒家,或西方基督教,或印度本土哲学——都必须具有某种可明确界定的精神性格,都必须包含某种可清晰描述的文化一致性或统一性,才可称之为精神样式。这种统一的精神性格又来自哪里?来自经济、文化、政治发展带来的区域整合,来自区域整合中产生的区域性的经济发展水平、文化政治样式的相对统一。不难想见,这种整合必须有一个"硬件"基础——经济、社会、政治意义上的区域性一体化基础——方可实现,而在古代,无论在黄河—长江流域、印度河—恒河流域,还是在西亚地中海世界,这种政治性的区域一体化都表现为大帝国,甚至是跨洲、跨文明的超大帝国。

当希腊人进入历史前台之日,正是波斯帝国兴起之时。发祥于伊朗高原的波斯人虽然未能将爱琴海地区完全纳入其统治范围,甚至未能真正控制埃及,但他们毕竟刺激了整个帝国区域里的军事、政治、经济和文化互动,明显提升了帝国范围内经济和文化交流水平,使不同地区和民族之间出现了前所未有的深度交融。尽

第七章　基督教在诸精神形态融合中诞生

管波斯帝国不久后便衰落下去,继而在马其顿—希腊联军的打击下灭亡了,尽管继起的诸马其顿—希腊帝国也只是昙花一现,但前2世纪上半叶崛起的罗马却成绩斐然。

不仅如此,罗马帝国还相当长寿,从前2世纪初一直持续到拜占廷帝国时代,而该帝国一直坚持到1453年才终结。即便在西罗马帝国晚期,藉着海上交通,地中海沿岸各地区也仍然保持着帝国兴盛期所形成的经济统一。[①]尽管这并不等于文化统一,但它却使西亚地中海世界本来不连贯且有各自独特品格的文化区域——西亚、埃及、北非、小亚等——连结成一个相对而言的整体,这就为整个西亚地中海的精神整合和提升提供了必要的基础设施,使不同区域原本性质迥异、品格迥异的文化要素得以迅速融合,使一种全新的精神格局的开出成为可能。这种新格局就是:基督教的形成及稍后伊斯兰教的崛起。

问题是,希罗诸哲学流派在开创文明新局中究竟发挥了何种作用?

哲学高高在上,远离草根

虽然启蒙运动以降,"哲学"在西方知识分子中一直是显学,虽然近一百年来"哲学"在东亚和印度知识分子中也已成为显学,[②]但在西历纪年前后一千年中,与儒家在中国、婆罗门主义—兴都主义在印度的境况相比,希腊哲学在西亚地中海世界实在说不上显赫。在西历纪年后差不多一千五百年的时间里,希腊哲学同样也很不显赫。这一时期,尤其是5世纪至18世纪,欧洲的显学是基督教神学。欧洲基督教神学甚至很像中国汉武帝以后的儒学那样,是

[①] 享利·皮雷纳,《中世纪的城市》(陈国栋译),北京:商务印书馆2006年,第1—16页。
[②] 各传统精神形态或思想样式现在统统高攀为"哲学",比方说原本与古希腊philosophia大异其趣的印度婆罗门主义和佛陀主义等和中国先秦诸子百家现在统统升格成为"哲学"。

理性的开显

获得独尊地位的超级显学。这独尊的地位意味着,除它之外,其他任何精神形态或理念体系都受到了系统性的压制,根本不可能与它同台竞争。

也是古典希腊和罗马帝国时代,苏格拉底、柏拉图的名字并没有在启蒙运动以降的欧洲那么响亮;在15世纪之前的七八百年即"黑暗时期",绝大多数欧洲人甚至根本不知道这两个人的名字;只是随着文艺复兴运动一步步深入,大量古代文献由阿拉伯语转译为拉丁语或由希腊语直接译为拉丁语以后,情况才逐渐得到改变。当然,亚里士多德在中世纪欧洲名气很大,但这主要是因为神学家要利用他那"不动的推动者"之说和逻辑学、三段论等来裨助论证自己的神学思想,而并不是因为他们认为亚里士多德的哲学本身即真理。所谓"哲学是神学的婢女"的说法,便是这种状况的生动写照。

只需对西历纪年后几个世纪的情形作一个简单梳理,便不难发现把哲学当作一种修身养性或培养"美德"之手段的人,主要是社会精英。这意味着,包括柏拉图在内的哲学家们在普罗大众中的影响,根本不可能同耶稣和穆罕默德一类人物相比。古代希罗哲学家虽然深入思考了世界本原或终极实在之本质,从道德伦理角度思考了终极实在层面的善与真,罗马帝国时代斯多亚派和伊壁鸠鲁派哲学家虽然对非人格意义上的终极善与真给予极大的关注,甚至出现过马可·奥略留(161—180年在位)这个哲学家皇帝,但哲学毕竟是哲学,太过注重分析推理,也太过抽象,在培养"美德"方面对个人要求太高很不切实际。同样成问题的是,哲学家们把自己关在象牙塔里,"厌恶行动、厌恶民主和政治,偏好在一个秩序井然的保守社会中过一种有教养的、闲暇的智识生活"。[①]事实上,哲学有意无意地把自己局限在精英阶层,其后果是"腐蚀了宗教与精英文化的联系、智识活动与政治活动的联系,造成了各

---

① J. K. Davis, *Democracy and Classical Greece*, Cambridge, Massachusetts (US), Harvard University Press, 1993, p. 184.

第七章　基督教在诸精神形态融合中诞生

城邦原本具有凝聚力的传统社会的分裂"。[1]

与希罗哲学形成强烈对比的是，希伯来宗教并不沉湎于辩证法以及归纳、演绎一类的抽象思维，而是强调启示、信仰、自律、行动，或者说基于信仰的行动。同样重要的是，基督教兴起后教会大力开展制度化的慈善活动，其在救死扶伤、济贫振弱方面的有组织的行动不仅在情感上打动大众，而且给他们带来了切切实实的慰藉和福利。相比之下，前5至前4世纪的希腊"哲学家"如苏格拉底、柏拉图和亚里士多德等在其大量的言论中（即便采用现代标准，柏拉图和亚里士多德二人的著述量都非常大），却未能对穷苦大众表现出基督教式的关心和同情。他们不仅根本未能想到救死扶伤、济贫振弱，对奴隶更是表示了不屑和鄙视。亚里士多德写道，"在存在着诸如灵与肉、人与兽这种差别的地方……那些较低贱的天生就是奴隶；做奴隶对于他们来说更好，就像对于所有低贱的人来说，他们应当接受主人的统治。"[2]他甚至更加直截了当地说，奴隶"是一种有生命的所有物"，一种"能够离开其所有者而行动的工具"，一种"在本性上不属于自己而属于他人的人"。[3]

既然奴隶只是一种有生命的工具，他们便不是社会政治意义上完全、正常的人，而只是一种人形动物。事实上，希腊"爱智者"或哲学家们不仅对奴隶制度的邪恶视若无睹，甚至以之为天经地义。然而最匪夷所思的是，柏拉图和亚里士多德一类名哲贤士对于发生在身边的大屠杀事件——如伯罗奔尼撒战争期间雅典人对弥罗斯人和密提林人的灭族行为、科西拉岛民主派对反对派的残酷屠杀、斯巴达人对投降后的普拉提亚人的集体杀戮——也熟视无睹，竟然没有发出任何批评谴责的声音。如此这般，即便没有精深的思维技巧这层因素，要指望哲学在普罗大众中得到普及，也实在是

---

[1] 参见 Davis, *Democracy and Classical Greece*, p. 184。
[2] 亚里士多德，《政治学》，1254b·16—20（《亚里士多德全集》第九卷［秦典华译］，北京：中国人民大学出版社1994年；所引译文也参照了高书文所译亚里士多德，《政治学》［上下册］，北京：九州出版社2007年版。下同）。
[3] 亚里士多德，《政治学》，1254a·14—17。

太难。事实上,哲学太脱离草根阶层,根本不能起到希伯来宗教那种直指灵魂,打动情感,扎根群众、凝聚社会、收拾世道人心的有效作用。当然,可能也曾经出现过某种可称之为"哲学大众化"的局面,①即哲学以某种简化的形式在罗马帝国的普罗大众中流传,但作为一种思维方式,哲学毕竟只能给人带来某种暂时的智识满足,其心灵深处的精神饥渴依然如故。

道德向度薄弱的哲学

尽管同形形色色的希腊宗教相比(尤其是同宗教秘仪相比),哲学表现出了一种值得注意的道德自觉,苏格拉底时代甚至出现了所谓"伦理转向",但与希伯来宗教相比,希腊哲学的道德自觉毕竟太弱。这就在很大程度上解释了为什么希罗哲学最终未能成大气候,在争取信众方面未能有大的作为。前面章节提到由于地缘和自然原因,希腊人很晚才真正登上历史舞台,也是因同样的缘故,希腊世界的"伦理转向"姗姗来迟。

应当注意,即便在发生了所谓"伦理转向"以后,局限于时代的哲学家们所最看重的美德首先是勇敢,其次才是公正、自制、智慧等等。柏拉图笔下的苏格拉底甚至宣称,"知识即美德"。在《尼各马科伦理学》中,亚里士多德在苏格拉底最为看重的四大美德的基础上,又添加了"中道"、"慷慨"、"大方"、"大度"、"好名"、"温和"、"诚实"、"机智"、"友善"、"有耻"、"正当愤怒"(或"义愤")等次要美德。② 看上去,在把美德理论化方面,"爱智慧者"也做得相当不错。甚至可以说,美德理论对于后来各新兴精神样式——亚里士多德之后兴起的各哲学流派和基督教流派——的形成和发展发挥了

---

① 王晓朝,《罗马帝国文化转型论》,北京:社会科学文献出版社 2002 年,第 19 页。
② 亚里士多德,《尼各马科伦理学》,1094a—1181a;《优台谟伦理学》,1220b·35—1221a·15(所用版本为苗力田主编,《亚里士多德全集》,十卷本,第 8 卷[苗力田、徐开来译],北京:中国人民大学出版社 1992 年);也参包利民著,《生命与逻各斯——希腊伦理思想史论》,北京:东方出版社 1996 年,第 242—248 页。

第七章　基督教在诸精神形态融合中诞生

重要作用。

然而,有极少数理论家在那里谈论美德,并不等于精英们(理论家及其耳提面命的追随者们)知行合一,更不等于普罗大众的身体力行。在道德实践方面,与有着希伯来本色的基督教乃至其他最重要的生命形态如儒家、佛陀主义、伊斯兰等相比,希腊哲学所发挥的规训功能和指引精神方向的作用其实很有限。这就是为什么在两千多年后的19世纪英国,批评家马修·阿诺德一方面认为哲学家苏格拉底和亚里士多德等是希腊人当中具有强烈道德意识的人,另一方面又说在"希腊精神"中居主导地位的,是一种追求"思想的清晰"和"自由的思维"的智性冲动,一种企图"摆脱蒙昧状态"、"洞察事物的本质和事物的美"的智性努力,而"人的德行、自制是完美之不可或缺的根基,只有筑起自律的台基,希腊所追求的完美才会枝盛叶茂"[①]。在阿诺德看来,希腊人所最欠缺的恰恰是自律:"做到自律对于人类来说谈何容易,需要长时间的准备和训练,才能铺好达到完美的基石";正因为希腊人在这方面做得很不够,于是有着"严正道德良心"的希伯来精神才"统治了世界"[②]。

但希腊人所欠缺的不仅仅是自律。有一种美德与自律密切相关,即仁慈。希腊人在这方面表现如何?当时希腊人所能拥有或所能想到的所有美德,古希腊伦理学之集大成者亚里士多德在其面面俱到的《尼各马科伦理学》中几乎全提到了,却唯独没有提到"仁爱"、"怜悯"或"慈悲"。相比之下,"仁爱"之类的美德在基督教、伊斯兰教、儒家、道家、佛陀主义和兴都主义等伟大精神形态中,都是所有美德中的最最重要的美德。希腊社会中非道德诸神的符咒之强、哲学的智性追求之太过强势而美德修炼之不足,由此可见一斑。

---

① 参见马修·阿诺德,《文化与无政府状态》(韩敏中译),北京:生活·读书·新知三联书店2008年,第100—105页;也参见刘锋,《〈圣经〉的文学性诠释与希伯来精神的探求》,北京:北京大学出版社2007年,第155—156页。
② 阿诺德,《文化与无政府状态》,第105页、第116页。

理性的开显

应当承认,在《论善与恶》的结尾处,亚里士多德顺便提到了"爱家庭、爱同伴、爱朋友、爱外人、爱人类、爱美好的东西",[①]但这篇短文实在太不引人注目,影响力完全无法与高头讲章的《尼各马科伦理学》和《优台谟伦理学》相提并论。这一情形也应注意——亚里士多德的伦理学论说大体上只是针对极少数知识精英的,甚至对于精英们来说,也主要只是一种理论上的观察、描述和总结,而远非一种要求他们身体力行的信条。事实上,与摩西十戒式的道德律令相比,亚里士多德的伦理道德理论实在太过学术,实在只是一个注重知识本身而非生命实践的哲学家的业余观察和教诲,其实际效应如何,应不难想象。

反观同一时期的华夏世界,"仁"、"爱",以及相关的"恕"、"宽"、"宽恕"以及"恻隐"等概念在儒教典籍中的地位十分突出,后来汉语在"仁"、"爱"理念之外,又增加了"仁慈"、"慈悲"、"慈爱"、"怜悯"等近义的概念。在《论语》中,孔子不仅主张"仁者,爱人"[②],还倡言"己所不欲,勿施于人"[③],以及"己欲立而立人,己欲达而达人"[④]。孟子也接着讲了"幼吾幼以及人之幼,老吾老以及人之老"一类话。[⑤] 如所周知,孔孟等先哲的教诲通过儒家传人乃至整个文化共同体的发扬和传承,深刻影响了秦汉以降各时代的中国人,传播到周边地区以后,更深刻影响了朝鲜人、日本人和越南人。

儒家教导在塑造中国乃至整个东亚文明的品质上作用之大,怎么估计也不过分。这里的问题是,为什么如此重要的人道主义向度在希腊哲学中即使不是完全阙如,至少也不很凸显?希腊文明的总体精神品格如何,由此可见一斑。什么样的文明产生什么样的"哲学"。反过来看也如此——什么样的精神样式承载什么样的

---

① 亚里士多德,《论善与恶》,1251b·28—36(《亚里士多德全集》,第八卷)。
② 《论语·颜渊第十二》。另外,《孟子·离娄下》第二十八章也有"仁者爱人"之语。
③ 《论语·颜渊第十二》。
④ 《论语·雍也第六》。
⑤ 《孟子·梁惠王》(上)。

第七章　基督教在诸精神形态融合中诞生

文明。"哲学"既然缺少如此重要的一个向度,其对社会各阶层人们的感召力多大,可想而知。这至少部分解释了为什么在后期斯多亚主义兴起之前,希罗哲学在大众中几乎没有任何影响力。

如果把希腊哲学同犹太教、基督教和伊斯兰教等希伯来或叙利亚型宗教作一个比较,二者侧重点的差异同样立马凸显出来。与希腊哲学相比,后者有明确得多的伦理诉求。这是一种强调公义和人道主义的伦理诉求,一种不仅针对社会精英,更是针对大众的伦理诉求。各叙利亚型宗教的力量不仅在于它们直指人心,满足心灵深处究极意义上的精神需要,不仅在于它们有明确的道德诉求,也在于它们拥有一种在大众当中普及其教导或道德诉求的激情和能力。基督教以教义的形式明确提出:爱你的邻人、爱你的敌人。

除晚期斯多亚主义多少是一例外,希罗哲学何时有过类似的表现呢?基督教中有"爱人如己"[1],"爱你们的仇敌"[2],"有人打你的右脸,连左脸也转过来由他打"[3]一类针对广大信众的道德教诲,而希罗哲学中哪里找得到类似的道德教导?需要指出的是,"爱人如己"的教诲并不是基督教的发明,尽管基督教将它置于突出的位置。事实上,爱敌人、爱邻人之类的训诫在叙利亚文化传统中一直享有重要的地位,在"希伯来圣经"亦即基督教《旧约》中便已经出现。[4] 同犹太教—基督教相比,希腊"哲学家"们何时何地提出过何种类似的道德教导?当然,亚里士多德《论善与恶》的结尾是个例外,但怎么强调也不过分的是,叙利亚型宗教的"爱人如己"绝不只是少数精英修身养性的超迈理想或目标,一种被努力追求的苏格拉底式"美德",而是一条适合所有人类的普世价值和神圣召唤。

如前所述,古典哲学家对奴隶制是认可的,甚至以为天经地

---

[1] 《新约·马太福音》22·39。
[2] 《新约·马太福音》5·44。
[3] 《新约·马太福音》5·39。
[4] 如《旧约》《出埃及记》23·4—5、《利未记》19·18—34、《申命记》10·19,以及《箴言》25·21等。

理性的开显

义。令今人诧异的是,苏格拉底、柏拉图和亚里士多德们对同时代发生的大屠杀事件竟视若无睹,丝毫没有一点批评遣责的意思。这说明什么?说明至少晚至所谓"古典启蒙"时期,希腊社会作为一个整体,社会发展水平仍太低,精神品质仍滞留在蒙昧之中。哲学家的认识水平尚且如此,一般人可想而知。事实上,作为一个文明,希腊世界的伦理自觉和道德水准明显低于同时期的其他文明如印度、中国、叙利亚。这从希腊神话中的怪力乱神以及与神话密切关联的现实中的血腥、暴力和残忍,是不难看出的。从根本上讲,正因这些缘故,最终才发生了披着基督教外衣的文明转型。这是一场伟大的精神革命,将根本改变希罗文明的品质。①

回头看,希罗哲学在肇始时期并非没有表现出提供一个包罗万象的价值体系——像诸叙利亚宗教和汉初儒家那样——的冲动,但因这样那样的原因,希腊本土这一理性化程度较高的精神样式终究敌不过来自叙利亚、后来被称作"基督教"的精神样式。亚历山大东征以后,由于东方的影响,不仅先前盛行的希腊罗马多神崇拜普遍遭到摈弃,就连哲学也被吸纳到叙利亚精神样式的引力场中。与此同时,哲学本身也在变。即便在信仰哲学的人们当中,柏拉图非人格的"理念"或"理型"也沾上了越来越多的人格神色彩,而以爱比克泰特和马可·奥略留为代表的晚期斯多亚主义,更演变为一种认同并吸纳叙利亚救赎理念的哲学,一种带有明显的叙利亚气质的精神形态,或者说一种亦宗教亦哲学的理念体系。②

最后要指出的是,较之先秦中国,古典时代的希腊虽然兴起了哲学,但此时希腊文明最突出的特点仍然是发达的神灵崇拜。从时间上看,古典时代正好落在轴心时代即前8—前2世纪的范围内。发达的神灵崇拜难道不与轴心时代理性精神的狂飙突进相矛

---

① 参见阮炜《另一个希腊》第二章"'希腊化'中的'化希腊'"的相关讨论。
② 参见王晓朝,《罗马帝国文化转型论》,第12页、第91页;也参见黄天海,《希腊化时期的犹太思想》,上海:上海人民出版社1997年版,第113页。

第七章　基督教在诸精神形态融合中诞生

盾、相冲突吗？的确如此，但希腊世界的理性化进程所采取的路径就是如此：一方面是少数哲学家的开悟，一方面是群众的愚昧无知。不难想见，二者之间难以做到相安无事。从现存文献来看，二者甚至发生过严重的矛盾。为了不至于同群众发生太过激烈的冲突，哲学家不得不迁就群众，向其妥协，具体做法竟然是——在自己论说中仍保留诸神信仰。①

道德和精神向度均薄弱的旧宗教

第五章讨论了 philosophia 即希罗"哲学"之所以未能成为西方精神主旋律，一个重要的原因便是其道德向度的薄弱。问题是，在伦理道德自觉方面，希腊罗马旧宗教的表现比哲学如何？事实是，比希罗哲学还要差。这就意味着，基督教兴起前希罗世界总体精神状况相当糟糕。这是因为对哲学感兴趣者只可能是少数精英，其影响所及很有限；相比之下，参与旧宗教活动的是整个社会，其影响所及远远不只是一小撮精英。

前文指出，由于社会发展相对迟缓，及至古典时代，旧宗教依然盛行于希腊社会，人们的道德意识依然停留在一个较低的水平。与此同时，诸神信仰仍非常发达。事实上，城邦——希腊文明的重要标志——崛起之日，便是诸神大行其道之时。前 8 世纪以降，城邦出现在少数小型平原和大量山间谷地或沿海的狭小平地上，而且数量很大，有数百个之多，但其中大部分规模较小，人数不到一万。这些城邦可能是一个氏族、家族，也可能是一个区镇，还可能只是生活在一块不大土地上的少量人口，甚至可能被包裹在其他城邦中。但不论大小，城邦中挤满了神祇，挤满了祭拜神祇的神庙和神像。城邦中甚至有组织结构复杂的众神殿，里边除了供奉具

---

① 参见 J. V. Muir, "Religion and the new education: the challenge of the Sophists", 载 P. E. Easterling and J. V. Muir (ed.), *Greek Religion and Society*, Cambridge (UK): Cambridge University Press, 1985, p. 209。

有相同特征的泛希腊大神外,还供奉诸多地方神祇。[1]

　　这就是旧宗教。正是在旧宗教中,太多非道德元素,太多怪力乱神、"恐怖分子"被保留下来。需要注意的是,希罗旧宗教不仅在伦理道德向度上存在严重的缺陷,[2]也缺乏一个强有力的精神维度。在这方面,希罗旧宗教甚至不如"哲学"。但正如已讨论的那样,哲学只是少数精英手中的玩物,不大可能满足普罗大众的精神需要。这就意味着,希罗社会的精神饥荒问题,是不可能仅仅依靠希罗文明内部的既有资源来加以解决的。

　　希腊各地的人们除了崇拜宙斯、狄俄尼索斯、德墨特尔、雅典娜、阿波罗、阿芙洛狄特等神祇外,还崇拜从埃及、小亚引进的新神如伊西斯神和大母神、阿斯克勒皮乌(Asclepius,医神)但这些神祇统统不能有效解决生死问题。在这一天大问题面前,旧宗教不仅未能给人们提供温暖和慰藉,反而让他们沮丧、恐惧。[3] 旧宗教中有冥府(哈德斯),却没有叙利亚型宗教——犹太教、基督教、伊斯兰教等——所共有的温馨天国。与光明祥和的天国相比,阴森泥泞的冥府实在不令人向往。诸如此类的缺陷正好给基督教提供了一个绝好机会。归信基督教者虽然仍不能摆脱死亡的威胁,但永恒、大能的唯一神终究是眷顾他们的,甚至已派遣独生子耶稣道成肉身来到世间,被钉死在十字架上,三天后又复活升入天国,以此方式来拯救世人,赎去他们的罪,使他们最终能来到神的国度——一个无生无死,只有无尽福乐的永恒之地——永远与神在一起。这样,死亡就不再可怕了。

---

[1] 西萨、德蒂安,《古希腊众神的生活》,第 156—157 页。
[2] 关于希腊罗马旧宗教的伦理道德缺陷,第六章"劣迹斑斑的希腊诸神"之"克莱门猛批旧宗教"节和"链接:更多'恐怖分子'举例"中有更详细的讨论。
[3] Simon Price, *Religions of the Ancient Greeks*, Cambridge (UK): Cambridge University Press, 1999, pp. 159‑160;也参见 "Roman State Religion",载 *EefiWiki: Home of Global Studies* 250 http://eefy.editme.com/L07c, 09/10/2010。

第七章　基督教在诸精神形态融合中诞生

旧宗教——包括林林总总的诸神祭礼或秘仪 ①——之所以竞争不过基督教，也因为它们多为城邦宗教或国家宗教。作为国家宗教，它们非常关注仪式本身，即关注仪式细节和程序的恰当性和正确性。在希腊人看来，恰当的仪式至为重要，甚至是在战争取胜的关键。由于祭拜活动总是与特定的期待和要求挂钩，祭某个神祇便是祈求他或她帮助实现某个愿望，若祈神之后愿望没能实现，就意味着这个神不灵，可对之责骂，甚至威胁下次不再祭拜。如此看来，罗马宗教简直就是人与神讨价还价做生意，严重忽视个人的精神需要。② 这又给基督教提供了绝好的机会。以其彻底的超越性，基督教的唯一神既高远玄秘，又通过耶稣基督道成肉身来到世间拯救世人，在人们心灵饥渴、孤苦无告之时向其提供精神慰藉。如此一个全新的神不会向人们廉价地许愿允福，与人们讨价还价做生意。

以上所举例子多来自希腊宗教，罗马宗教的表现一点也不比希腊宗教好，如果不是更糟的话。众所周知，罗马统治当局执政官、皇帝和元老院为了讨好民众，争取选票，定期在竞技场上举行人与兽、人与人的血腥格斗。在很多情况下，在竞技场上如此血腥地处决犯人或那些仅只不向国家神致敬的基督徒和犹太人，竟是将他们绑在竞技场中央的木桩上，任饥饿的猛兽如狮子和熊把他们当众撕咬致死并吃掉。③ 无论从现代宗教还是现代世俗人道主义的立场来看，这都是不可接受的反人类罪行。这种血腥的活动并非仅仅是为了娱乐群众，并非仅仅出于拉票的政治动机，而也是罗马国家宗教一个不可分割的有机组成部分。

当然，在伦理道德方面，希罗哲学的表现优于希罗旧宗教。从某种程度上讲，正是因此缘故，一些论者认为希罗哲学含有宗教因

---

① 在希腊化时代，希罗社会中除了祭拜五花八门的城邦神祭拜之外，还出现了形形色色的信徒数量可观的秘仪。二者都属于旧宗教的范畴，在新兴基督教看来，二者都是"异教"。
② 参见"Roman State Religion"。
③ 克莱门，《劝勉希腊人》，第24页。

素,仿佛只有宗教才具有伦理道德的自觉。但实际上,正如第一章"现有术语的麻烦"所说,在轴心期,无论在中国、印度和叙利亚,还是在希腊罗马,被雅斯贝斯视为"哲学"的精神样式都对伦理道德给予了很大的关注,尽管相对于先秦中国诸子百家,相对于诸叙利亚型宗教即犹太教、基督教和伊斯兰教等,希腊哲学的道德向度明显较弱,尽管这不等于希腊"哲学家"们不关心伦理道德。

如前所述,苏格拉底带着极大的热忱终生追求"美德",亦即道德上的自我完善。由于他有如此众多的追随者和仰慕者,以至于哲学从业中不少人认为,在前5世纪下半叶即苏格拉底活跃的时代,希腊哲学发生了"伦理转向"。然而,与其说出现了"伦理转向",倒不如说及至此时,希腊世界终于姗姗来迟地有了伦理道德自觉。无论如何,在"伦理转向"发生后亦即前5世纪以降的希罗社会,"美德"成为许多"爱智慧者"所毕生追求的目标,对世界本原的探究不再是精神生活的热点。柏拉图甚至大张旗鼓地对希腊诸神和秘仪的道德缺陷进行了抨击。尽管如此,希罗哲学的道德诉求在深度和广度上无法同犹太教、基督教和伊斯兰教的道德热忱等量齐观,希罗旧宗教的表现就更差了。

基督教最终胜出

如前所述,哲学终究是哲学,大体上是精英手中的玩具,不大可能为大众提供实实在在的精神慰藉和道德食粮,故而在改变既有精神和社会状况方面,作用很有限。历史证明,向西亚地中海世界人们提供精神慰藉和道德食粮的任务,终究得由以基督教面貌出现的叙利亚文明来完成。富于道德使命感的先知、拉比们——如施洗约翰和耶稣一类的人物——能够用"强大的感情力量"[1]而用非辩证法、"本体论"或"认识论"一类抽象的思维活动,给大众指出精神方向,向大众提出道德要求,从而深深打动大众的心灵。

---

[1] 克莱门,《劝勉希腊人》,第54页。

第七章　基督教在诸精神形态融合中诞生

最终,基督教不仅同化、收编了希罗哲学,也用叙利亚精神整合了整个西亚地中海世界的已有文化样式、教育模式、祭拜仪式和政治制度。罗马帝国的税收单位(taxation unit)摇身一变,成为基督教的基本管理单位或教区;①罗马元老院的议事程序,被基督教主教会议原封不动地挪用;游走四方的"智术师"(sophists),为基督教传教者和教士所模仿,出现了职业布道人员。甚至执政官老加图和学者瓦罗所总结的耕作技术,也被自力更生、自给自足的修道院所采用,而四方形的罗马式乡村房屋也成为修道院建筑的原型。②

不妨假定,任何一种精神样式或理念形态多少都有"传教"的冲动,或者说把自己的价值理念广为播布的心理倾向。在这一点上,希罗"哲学家"像春秋战国时期的"士"一样,走上层路线,游说上层统治者,甚至企图皈依皇帝。恰成对照的是,叙利亚型的精神样式基督教却走基层路线,到普罗大众中去发展同道或同志。事实上,此时的基督教已由星星之火,渐成燎原之势,不仅在平民百姓中争取了很多信徒,甚至在罗马军队中也收获了不少皈依者。及至西历4世纪罗马帝国后期,如此大量的军官和士兵已皈依成为教徒,以至于在争夺帝位的斗争中,能否得到基督徒官兵的拥立,竟成为成败与否的关键。

君士坦丁大帝(324—337年在位)之所以能最终问鼎皇帝权位,很大程度便是由于驻帝国东部的罗马军队中基督徒官兵为数甚众,而他不仅对此时形势有清醒的认识,而且已想方设法获得了他们的支持。再自然不过的是,返回罗马城以后,君士坦丁不顾仍然信奉国家宗教③的元老们的激烈反对,实行一种明显亲基督教的政策。这也解释了他为什么在临终之前终于受洗入教(当然,"归

---

① 在文明转型过程中,这种变化如此之小,以至于"罗马的"(Romanus)和"基督教的"(Christianus)这两个形容词竟一度成为同义词。
② James Shiel, *Greek Thought and the Rise of Christianity*, London: Longman, 1968, pp. 56-57.
③ 从基督教角度看,罗马帝国的国家宗教是"异教"。

信"的时间可能比这更早)。事实是,他成为第一个基督徒罗马皇帝,基督教由是走上了一条不可逆转的国教化道路。抛开形式上的差异不说,君士坦丁大帝之归信基督教,与汉初中国皇帝在儒术与黄老之术之间摇摆犹豫良久之后,最终由汉武帝出面,罢黜百家、独尊儒术,具有实质的相似性。君士坦丁归信基督教,意味着西方精神形态在彷徨犹豫、迟疑不决中摸索探寻了好几个世纪以后,终于奏出了一曲明朗坚定、确定无疑的旋律,西方文明的精神基调在这一果决有力的调式中最终得到确认。

君士坦丁一世去世以后,基督教国教化的进程仍在推进。在朱利安皇帝(361—363年在位)统治的那两年,虽出现过短暂的倒退,基督教又一度遭受迫害,国家诸神祭拜再次被认定为国教,但从西亚地中海世界整体情况来看,罢黜包括各种哲学和秘仪在内的百家百派,基督教获得独尊地位,已成不可逆转之势。及至4世纪后期,罗马帝国由一系列基督徒皇帝统治,他们都从立法和诸多其他方面给基督教以强有力的支持。429—438年,罗马帝国已编纂完成了《狄奥多西法典》,该法典汇总了君士坦丁一世及其继任者在任期间所颁布的旨在铲除"异教"的诸多法律,把星期日和其他重要的基督教节日立为法定节日,并禁止在这些日子进行诉讼和商业交易。再后来,"禁止异教徒献祭以及命令关闭其庙宇的法律被强制执行。异教徒被禁止在皇室、军队或行政事务中任职。逐渐地,所有非正统信仰的公民——包括异教徒、犹太人以及基督教的异端——在整个帝国中变成了二等公民"①②。

与此同时,基督教模仿罗马帝国的社会政治架构,建立了教阶

---

① 玛丽·坎宁安,《拜占廷的信仰》(李志雨译),北京:北京大学出版社2005年,第15—16页。
② 在西元450—451年卡尔西顿公会议将"正统"教义确定下来之前,基督教内部并无所谓正统和异端,有的只是一种教义繁多、教派林立,各教派竞相宣称自己是正统、其他教派为异端的情景。犹太教情况相似。参见 Simon Price, *Religions of the Ancient Greeks*, Cambridge (UK): Cambridge University Press, 1999, pp. 158 - 159。

第七章　基督教在诸精神形态融合中诞生

分明的教会组织。教会组织不仅结构严密，有一整套复杂而有效的内部机制，而且拥有庞大教产，甚至拥有独立的司法、执法系统和独立的税收、警察和军队系统。再加它垄断了意识形态资源，因此有能力与世俗政权分庭抗礼。教会力量如此强大，即便经历了宗教改革运动、启蒙运动，经历了进化论、马克思主义和弗洛伊德主义等一波又一波世俗思潮和历次革命和战争的冲击，基督教也仍具有强大的影响力。今日基督教仍能将大量信众凝聚起来，旗帜鲜明地坚持和传播自己的价值观。在美国，右翼保守教会甚至大张旗鼓地与世俗"进步"思潮对抗。

新旧文明的品质对比

基督教在希罗社会最后取得支配地位，标志着一个新文明的诞生，一种新的生命形态的诞生，更标志着几百年来西亚地中海世界一直进行着的文明转型最终完成。及至此时，始于亚历山大东征的"希腊化"（Hellenism、Hellenistic）才最终尘埃落定。

但在已经持续了几百年的"希腊化"或文明融合的浪潮中，希腊人、罗马人很大程度上被东方精神样式同化了。也就是说，"希腊化"很大程度上也是"化希腊"。"化希腊"意味着东方民族并非简单地顺从于希罗征服者，任他们将自己的文化强加在他们身上；相反，东方民众，尤其是农村民众，相当大程度仍然葆守着传统宗教和文化，[1]而龟缩在城市中的希罗征服者却不具有人口意义的任何优势，最后不得不接受一种以叙利亚精神样式为核心内涵的新文明。这

---

[1] 参见 Wayne A. Meeks, "Judaism, Hellenism and the Birth of Christianity" and Philip S. Alexander, "Hellenism and Hellenization as Problematic Historiographical Categories"，载 Troels Engberg-Pedersen (editor), *Paul Beyond the Judaism/Hellenism Divide*, London: Westminster John Knox Press, 2001, pp. 17 - 28 and pp. 63 - 80；也参见 Louis H. Feldman, *Judaism and Hellenism Reconsidered*, Boston: Brill Academic Publishers, 2006, pp. 1 - 55；John Joseph Collins, *Jewish Cult and Hellenistic Culture: Essays on the Jewish Encounter with Hellenism and Roman Rule*, Boston: Brill Academic Publishers, 2005, pp. 1 - 20。

个新文明就是以基督教为中心,延续至今的"西方"①文明的前身。②

怎么强调也不过分的是,基督教文明的核心,是叙利亚形态的宗教,尤其是其中的唯一神论及相应信仰和组织形式,尽管最早一批基督徒是犹太人,而且这些犹太人在不小程度上认同于希腊文化精神。③ 与之恰成对照的,是旧文明中的多神崇拜。这一点,只需比较一下新旧两个文明的核心价值观,便一目了然。

在新文明中,上帝是唯一、永恒的,是无所不能、无所不知的;上帝是超越的实在,创造了世界万物和人;上帝虽影响历史,却在一个与人类凡俗生活截然有别的领域里实施这种影响。在希罗旧文明中,神并非一个,而是有 N 个。④⑤ 他/她们并非像基督教的唯一神那样超越于俗世,而是混迹于俗世,甚至可能直接插手、干涉人类日常事务。他/她们自身并不是一直存在的,而被更古老的神创生出来的。他/她们虽然不朽,却并非永恒。正因为如此,世界万物和人类并非为他/她们所创。他/她们虽可能干预人类事务,却并不像基督教的上帝那样无所不能、无所不知,而也像人类一样受制于命运,局限于各自"专业"领域的知识、技能,因而"法力"有限。在伦理道德方面,他/她们并非像基督教上帝那样是绝对的善,而是像普通人那样有种种缺陷。⑥⑦ 从这个简单比较但不难看

---

① 不用说,所谓"西方"只是地理上的西方。无论从渊源还是实质看,新文明都秉有太多东方精神元素。

② 参见《另一个希腊》第二章"'希腊化'中的'化希腊'"。

③ Wayne A. Meeks, "Judaism, Hellenism and the Birth of Christianity", 载 Engberg-Pedersen (ed.), *Paul Beyond the Judaism/Hellenism Divide*, p. 26.

④ 因不同地区、不同城邦在不同时间崇拜不同的神祇,很难有一个确切的统计。

⑤ Walter Burkert, *The Orientalizing Revolution: Near Eastern Influences on Greek Culture in the Early Archaic Age* (translated from the German by Margaret E. Pinder and Walter Burkert, London, 1992) 全书。

⑥ 在五四以来的中国知识人当中,希腊诸神之有"七情六欲"被视为"思想解放"的标志。详见第六章"劣迹斑斑的希腊诸神"之"读书人的希腊崇拜"节的相关讨论。

⑦ Louise Bruit Zaidman and Pauline Schmitt Pantel, *Religion in the Ancient Greek City* (translated from the French [1989] by Paul Cartledge), Cambridge (UK): Cambridge University Press, 1992, pp. 3 - 4.

第七章　基督教在诸精神形态融合中诞生

出,基督教文明即后来"西方文明"有着叙利亚精神样式的根本性格,尤其重要的是,有强烈的道德诉求。

但必须承认,对于新文明的崛起,诸希腊人帝国及之后兴起的罗马帝国也做出了重要贡献。至少可以说,诸希腊人帝国和罗马帝国为种种旧文明要素的互动、整合提供了重要的经济和文化交流平台,也提供了重要的社会和政治秩序。还应看到,即使在希腊化时代之前,希腊世界的诸神崇拜传统就已处在解体过程中。同样的,在希腊化时代和罗马帝国时代,旧宗教中的狄俄尼索斯崇拜、伊西斯崇拜、密特拉崇拜等已多少表现出一神论的倾向,而希罗哲学经过几百年的发展,斯多亚主义、伊壁鸠鲁主义和诸柏拉图主义(柏拉图主义、中柏拉图主义和新柏拉图主义)更表现出比旧宗教更明确的一神论——理念神意义上的一神论——色彩。这意味着,即使比之叙利亚精神形态,旧宗教、哲学在文明整合中处于劣势,却也为唯一神论的成功引进和新文明的最终崛起,做好了心理文化准备。[1]

尽管如此,西亚地中海世界的一神论信仰及相应文化要素毕竟相当强势。在巴勒斯坦一带的犹太人社会,确定无疑的一神论信仰早在前6至前5世纪——即"巴比伦之囚"结束后那一百来年,尤其是前5世纪上半叶,耶路撒冷地区的犹太社群处在以斯拉和尼西米等先知影响下的时候——便已最终成形。[2] 除一神论外,叙利亚社会还有着悠久的先知传统,这在希罗世界是完全阙如的。另外,叙利亚社会还活跃着林林总总的扎根于大众、以坚定信仰为重要特征的信仰组织。这些信仰组织与国家保持着一种若即若离的关系(甚至是一种与之抗衡的关系),而在希罗旧世界,一般说来,诸神祭拜总是与国家保持着一种同构共谋的关系,即完全服从于国家

---

[1] 参见 W. W. Tarn, *Hellenistic Civilization*, London: World Pub. Co., 1969, pp. 290-303。

[2] Elias J. Bickerman, *The Jews in the Greek Age*, Cambridge (Boston, USA): Harvard University Press, 1988, p. 48.

的政治、军事、经济和文化目的。最值得注意的是,在希罗旧世界,犹太教和基督教等新型精神样式在大众中大力提倡道德自律。尽管哲学家也有较强的道德意识,其中少数人如爱比克泰德、马可·奥略留更有突出的表现,但他们从来也没能把自己的主张成功地普及到大众中去,而源自东方的叙利亚型宗教却做到了这点。

新文明中还有末日审判、天堂、地狱、撒旦、魔鬼、天使等源自波斯的观念。[①] 对于希罗旧世界的人们来说,除了冥府("哈德斯")与新文明中的地狱大致相似外,其他观念可以说是闻所未闻。此外,认同新文明的价值理念的人们具有极强烈的个人信念,每个礼拜甚至每天每日都进行崇拜活动,这在希罗旧世界同样是闻所未闻。正是由于坚定的一神论信仰和坚定的个人信念,新文明不仅禁止崇拜偶像,甚至摧毁旧世界的所有偶像。正是在基督教化的过程中,旧世界多神教氛围中盛行已久的偶像崇拜才被一扫而光。与此紧密相关的是,发祥于希腊的练身馆和竞技场一类旧文化要素也在新文明中被彻底摈弃。

不妨再次强调,新文明从一开始便包含不少希罗旧文明要素。例如,在原生形态的叙利亚一神论中,上帝是至大至上的终极实在,超越于人性、外在于人性,仅只具有神性。如果严格坚持这种上帝观,则根本不可能出现上帝的神性与人性"会合于一个性格"这样的新观念。[②] 此即圣父、圣子、圣灵三位一体,[③]西元4世纪以

---

① 参见 L. M. 霍普夫,《世界宗教》(张云钢等译),北京:知识出版社1991年,第183—200页。

② T. J. Dunbabin, *Greeks and Their Eastern Neighbours: Studies in the Relations Between Greece and the Countries of the Near East in the Eighth and Seventh Centuries B. C.*, London: The Society for the Promotion of Hellenic Studies, 1957, p. 52.

③ 参见 Oswyn Murray, *Early Greece*, Cambridge (Boston, USA), Harvard University Press, 1993, p. 90; Bernard C. Dietrich, *Origins Of Greek Religion*, Bristol Phoenix Press (UK), 2004, pp. 11 - 12; Burkert, *The Orientalizing Revolution*, p. 20; M. C. Howatson (ed.), *The Oxford Companion to Classical Literature*, Oxford: Oxford University Press, 1995, 相关词条。

第七章 基督教在诸精神形态融合中诞生

后成为主流派别的基督教教理。可是,圣父、圣子、圣灵虽然三位一体,却毕竟是三个位格。这与原生态的叙利亚唯一神论显然是矛盾的。这是否意味着,纯粹的东方理念在希腊罗马传播的过程中,染上了当地的多神教杂质?也许,最好不使用"杂质"一词,可是原生态的叙利亚一神论在本土化过程中与希腊罗马观念发生了精神上的融合,却是毋庸置疑的。无论如何,基督教三位一体论完全可以看作原生态的叙利亚一神论与希罗多神崇拜妥协的产物。

西历纪年初,当以拿撒勒的耶稣为基督(或弥赛亚、救世主)的那个犹太教小教派在希腊世界传播时,它所遭遇到的,是一种异质的多神教环境。为了求生存求发展,这个小教派必须进行调适与变通。经过几百年的演进,在后来被视为"正统"基督教的宗教里,就有了多神教的成分——不仅耶稣之父或圣父是神,其儿子或圣子耶稣也是神(他同时又是人);不仅如此,使耶稣之母玛利亚未婚而孕的圣灵也是神。如此这般,原本"纯粹"的一神论便"染"上了多神教的色彩。当然,基督教的圣母崇拜也并非不可以视为希腊罗马的多神崇拜尤其是伊西斯崇拜、库贝勒(大母神)崇拜等在新文明中的延续。[1]

尽管三位一体论是传统叙利亚唯一神论对希罗多神崇拜做出让步的结果,尽管基督教的上帝有圣父、圣子、圣灵三个位格,原生态唯一神论却不可能被完全摈弃。为了维护这个神的至大至上性,也为了确立耶稣为上帝成为肉身来到世间拯救罪人这一基本教义,三位一体上帝论被提了出来。由于三个位格"会合于一个性格、一个实质之内",所以仍只有一个唯一的神。这多少保证了基督教作为一种一神论信仰的基本品性,或者说,基督教虽信奉三位一体,与犹太教、伊斯兰教等更"纯粹"的叙利亚精神形态相区别,但根本上仍然是一种一神论信仰,不仅与旧时代的多神崇拜有本质区别,与林林总总的"哲学"也大相径庭。

---

[1] Howatson(ed.), *The Oxford Companion to Classical Literature*, 相关词条; Burkert, *The Orientalizing Revolution*, p. 65。

基督教主要是一种叙利亚精神形态

既然从根本上讲,基督教是一种叙利亚型精神样式,那么新的基督教文明主要是一种叙利亚形态的文明便没有疑问。事实上,新文明的核心内容在于其一整套叙利亚价值观和生活方式。与极严格的唯一神信仰密切相关的是,新文明不崇拜偶像,甚至破除偶像,每周甚或每日定期举行崇拜活动(相比之下,旧宗教除了定期举行大型祭拜集会,个人或国家往往为了祈福免灾才去祈拜神灵),更有前所未有的极严格的道德自律。[1] 基于这些理由,可以说即便新文明中包含旧世界文明要素,[2]它也应更多被视为一种叙利亚性格的精神样式。

与叙利亚元素居主导地位恰成对照的是,基督教于4世纪取得支配地位后至15、16世纪文艺复兴,希腊哲学、艺术和文学统统被打入冷宫,在长达近千年的历史上一直处于不彰显的状态。因此可以说,在以基督教为主要内涵的新文明中,叙利亚宗教所扮演的是主角;希腊元素与叙利亚宗教的关系并非平等,前者只是后者的陪衬(尽管基督教神学中也有希腊成份,而且神学作为一种"学"本身也源自希腊传统)。甚至可以说,在中世纪的西方文明中,叙利亚文化是主,希腊文化是客;希腊式理性思维充当着论证叙利亚信仰的工具,所谓"哲学是神学的奴婢"便是这一情形的生动写照。罗马帝国灭亡后,叙利亚精神样式支配西方社会、文化和政治生活长达一千五百年,直至今日。

一般认为,在文艺复兴这个"思想解放"时代,古典文化即希罗样式的哲学、艺术、文学等获得了"再生"(Renaissance,或 Rebirth),或者说早被冻结起来的希腊罗马意义上的人文主义思想、学术和艺术理念再次获得了生命。大体上讲,这一判断是能够成立的。

---

[1] Burkert, *The Orientalizing Revolution*, pp. 47-53.
[2] Burkert, pp. 65-73.

第七章　基督教在诸精神形态融合中诞生

但应当注意的是，在这个"发现"了人的价值的时代，在这个人的主体性有了前所未有的张扬甚至膨胀的时代，西方社会并没有真正达到以人为"本"的境界，遑论人取代神的位置。实际情形是，在文艺复兴及之后几百年里，叙利亚样式的唯一神论仍是西方主流意识形态，这从米开朗基罗和达·芬奇等人的传世名画的基督教题材不难看出，也从宗教改革运动中基督教天主教会对人文主义的强烈反弹不难看出，更从遍布欧洲、美国的高耸入云的教堂不难看出。即便在经历了启蒙运动、法国大革命、工业革命、俄国十月革命、两次世界大战和信息革命以后的今天，叙利亚品格的宗教仍不失为西方生命形态的最核心成分。这从当今一波又一波的宗教保守主义运动可以看得清清楚楚。

甚至看似具有压倒性希腊气质（即所谓"理性思维"）的康德、黑格尔式哲学，看似具有彻底唯物论性格的马克思主义哲学，在其理念体系的核心处，也不难见到叙利亚宗教即犹太教—基督教的影子。在诸如"绝对律令"、"世界过程"、"绝对精神"、"历史"或"历史规律"之类理念的背后，总能隐隐约约地看到一个道德化、历史化或哲学化了的非人格上帝。① 这在很大程度上解释了为什么一般说来，即便在科技和经济最发达的美国，比共和党政客更"进步"的民主党政客为了选票，决不敢公然以无神论者自居；为了争取更多选票，相对说来更为保守的共和党政客，也总是把自己包装成虔诚的基督徒。乔治·W.布什便是一个活生生的例子。他之所以能击败民主党总统候选人戈尔，赢得连任，宗教保守主义起了关键作用。

甚至在西欧，经历了几百年启蒙思潮的熏染、早已高度世俗化、现代化的西欧，近年来也刮起一股强劲的宗教复兴之风。宗教社会学家埃里克·考夫曼（Eric Kaufmann）预测：在可见的将来，西北部欧洲不信教人口虽将继续增长，但增速会减漫，至2035至2045年间达到峰值，大约占总人口的55%；之后会逐渐下降，及至

---

① 参见本书第一章"现有术语的麻烦"的讨论。

21世纪末,信仰基督教的西北欧洲人口将多于21世纪初,反现代化、世俗化的精神样式终将再占上风。①

余　言

贝多芬第九交响乐第四乐章的核心是那段名为"欢乐颂"的旋律。在贝多芬的所有作品中,这一旋律最著名,也最具欢乐和庆典的性格。可是,"欢乐颂"的调子并不是第九交响乐的主调即D小调,而是D大调。所以我们不妨把启蒙运动以来西方文明的转型视为从D小调到D大调的转变。一般说来,小调带有忧郁的气质,大调则更明朗、欢快,因此我们也不妨把启蒙运动以前的西方文化视为是一种多少带有忧郁气质的小调文化。这种文化具有更纯粹的叙利亚品性,或者说是一种更重视社群、较少关注个人的文化。同样,我们也可以把启蒙运动以来的西方文化视为一种具有明朗和欢愉气质的大调文化。或可以说,这种文化带上了较多原汁原味的希罗色彩,是一种个体意志得到前所未有张扬的文化。

与大调文化相比,小调文化虽然更忧郁,但也更稳定、更持久。历史上,它长期维系西方文明,已有近两千年之久。相比之下,启蒙运动至今还不到三百年。以此故,至少在目前,断然声称经历了文艺复兴和启蒙运动的西方现代文化不能持久,虽然并非公平,但这种文化的不稳定性也非常明显,这从伤亡惨重、损失巨大的两次"世界"大战不难看出,②从现代性所造成的意义失落、"中心"崩溃,普遍的无根和疏离也不难看出。在未来世界,以叙利亚精神形态为基质、掺入了越来越多希罗品性的现代西方文明会有何表现?理性是否会像开出现代科学和启动工业革命时那样,继续眷顾这个文明?智慧是否会像从煤钢联合体、欧洲经济共同体一路走向

---

① Eric Kaufmann,'Faith's Comeback', *Newsweekly*, Nov. 13, 2006;也参见 Lamin Sanneh,'Religion's Return', *Time's Literary Supplement*, September 16th, 2006。
② 应当注意,很大程度上这是两次以欧美国家为主角,主要战场都在欧美的欧洲大战或"欧战"。

第七章　基督教在诸精神形态融合中诞生

欧洲联盟那样，一如既往地伴随欧洲乃至整个西方？

　　这不仅将取决于西方文明的内部表现，也将取决于它与东方文明——主要是中国和印度文明——在未来几十年乃至几百年的互动。如果这种互动是健康而富于成效，西方文明将前景无忧；反之，则前景不妙。那么，如何才能使这种互动获得健康，富于成效？这又主要取决于西方文明如何适应一个迅速变迁的新世界。具体说来，就是如何适应中国和印度等新兴经济体崛起所带来的世界权力格局的深刻变化。如果西方能清醒地意识到，这种深刻变化不以个人意志为转移，甚至不以某特定国家——尽管目前看上去仍是一个超级强国——的意志为转移，就可以说，它在正确道路上迈出了第一步。因为只有对全球格局的深刻变化有客观的认识，才谈得做出努力，以顺应变化；只有积极顺应这种变化，才谈得上在未来文明互动中，对世界格局的结构性变迁做出健康而富于成效的反应。

结语:雅典耶路撒冷是同道

一

因了某种骚动不安的精神因子的缘故,大约自德尔图良始,西方思想史上便一直存在所谓"耶路撒冷与雅典之争",或者说信仰与理性的紧张。尽管如此,在一度被视为黑暗愚昧的中世纪,信仰与理性之间虽然不乏张力,却算不上根本对立。相反,基督教神学对于理性有着坚定的信念。既然"每种细微事物都受着神视的监督并被置于一种秩序中",为什么不相信这一"兼具耶和华本身的神力和希腊哲学家的理性"的安排?[①]

然而自17世纪起,科技理性一路高歌,裹挟工业革命,对西方乃至世界产生了天翻地覆的冲击,于是信仰觉得其生存空间遭到严重侵犯,奋起反抗,要从理性尤其是科技理性那里夺回失去的地盘。于是出现了这种悲情的认定:理性不是其他,就是"二二得四"之类"终极权力",恰如一道迎面挡道,使你不得不停步的"石墙"。[②]

理性既然禀有如此"必然性",如此强势、专制,你就别无选择,"只有依靠信仰的翅膀才能飞升于理性和理性认识所建造并加以

---

① A. N. 怀特海,《科学与近代世界》(何钦译),北京:商务印书馆1989年,第13页。
② L. 舍斯托夫,《雅典和耶路撒冷:宗教哲学论》(徐凤林译),杭州:浙江人民出版社2000年,第226—241页。

结语:雅典耶路撒冷是同道

神化"的"必然性"之上。① 把理性与信仰如此决绝地对立起来,何苦来哉? 作为两种看似云泥的话语体系,理性与信仰之间果真只有一种你死我活、势不两立的关系? 难道两种话语间除了紧张,难道也没有一种你中有我、我中有你、彼此包容、相辅相成的关系? 为什么不张扬价值理性,以抗衡乃至驾驭工具理性? 为什么不努力发展一种平衡、综合了这两种思维的生存方式?

事实上,不仅近代初期科学革命的成就是在欧洲大学里取得的,而欧洲大学又为基督教会所创立,中世纪的哲学家、科学家往往与基督教信仰和教会有着千丝万缕的联系,从罗杰·培根、库萨的尼古拉到拉哲蒙坦那和哥白尼不一而足。② 在很多情况下,科学家既是大学教授又是教士、神学家、主教。把亚里士多德哲学引入神学,在伦理学、逻辑学、形而上学和认识论诸方面都做出重要贡献的中世纪头号神学家托马斯·阿奎那的老师是大阿尔伯图,而大阿尔伯图既是科学家,又是教会领袖、神学家,甚至是炼金师、占星师。他不仅强调自然规律客观存在,而且认为这正是上帝使世界运行的方式。③

同样,哥白尼不仅提出革命性的日心说,而且研究过教会法,甚至被选为弗劳恩堡大教堂的教士。④ 也不能遗忘开普勒的例子。他不仅提出了行星运动定律,还是一个虔诚的路德教徒,甚至担任过宫廷占星师。事实上,在推崇理性原则的自然神论思潮冲击下,基督教文化环境中成长起来的笛卡尔、费马、玻义耳、牛顿等一大批著名科学家都是虔诚的教徒,都相信通过理性所认识或发现的自然规律,再有力不过地显明了上帝的大能和宇宙的奥秘。⑤

---

① 舍斯托夫,《雅典和耶路撒冷:宗教哲学论》,第 240 页。
② 陈方正,《继承与叛逆:现代科学为何出现于西方》,北京:生活·读书·新知三联书店 2009 年,第 532 页。
③ 同上书,第 420—219 页、第 514 页。
④ 尼尔·波斯曼,《技术垄断:文化向技术投降》(何道宽译),北京:北京大学出版社 2007 年,第 16 页。
⑤ 陈方正,《继承与叛逆》,第 562 页;也参见波斯曼,《技术垄断》,第 16—20 页。

理性的开显

甚至晚至现当代,人类进入量子力学时代近一个世纪、进入空间探索时代大半个世纪以后,科学家们仍然相信,自己的思维结构中存在信念的成分。对他们来说,"信仰"完全可以是一种"非常有效的假设"。① 科学家们人人持这一信念,即,所研究对象——自然——"在其核心处是单纯而优雅的";对于科学而言,一如对其他任何人那样:基于感觉、欲望、需要和直觉的信念,是人类心灵的一个根本性特征。"② 正如任何宗教的教理、教义的论证和推广都包含分析、综合、抽象、概括等理性成分那样,最重要的科学分枝如天文学、物理学、化学、生命科学,甚至数学,同样包含信仰或信念的成份,遑论社会科学和人文学了。

科学理论也不可能垄断真理。在长达一千四百多年时间里,托勒密地心说在欧洲被视为绝对真理,若有人反对,一定被判为魔鬼,送上火刑柱,但及至16世纪,地心说终于被证明是错误的。取而代之的哥白尼日心说一度也被认为绝对正确,但实际观测和数学计算很快证明事实并非如此。眼下,得到数学理论支持的宇宙起源"大爆炸"说仍然为大多数科学家所认可或信奉,但这并不妨碍弦论一类的替代理论与之抗衡。若干年后,一种迥然有异的宇宙起源说之彻底取代"大爆炸"理论,也未可知。

但如何回答这些问题:理性源自何处?它是如何形成的?这已是终极奥秘,是那不可言说的"第一义"。这神秘的"第一义",究竟属于理性还是信仰的范畴?这里,把理性与信仰截然二分是没有意义的。毕达哥拉斯和柏拉图等"哲学家"早就认为,理性即神,神即理性。晚至20世纪,爱因斯坦仍呼应他们说:"概念是怎样形成的,如何连接起来,以及我们如何将它们与经验协调一致,这些都

---

① Deepak Chopra and Leonard Mlodinow, *War of the Worldviews: Where Science and Spirituality Meet——and Do Not*, New York: Crown Publishing Group, 2011, p. 275.
② Deepak Chopra and Leonard Mlodinow, p. 275;有关人的主观性或信念之涉入科学真理的建构,也参见 C. G. Prado, *Searle and Foucault on Truth*, Cambridge: Cambridge University Press, 2006, pp. 14-15。

结语：雅典耶路撒冷是同道

是不可言说的。"①在存在以及理性本身的不可言说的神秘性面前，爱因斯坦乃至所有现代人——包括无数科学家或坚信科学真理性的人们在内——除了"敬畏"和"信仰"，②还能做什么？

看来，人只要精神健康，保持一种开放包容的心灵，并非不可以将信仰和理性兼收并蓄。非此即彼的思维方式为何不能摈弃？在当今学院话语中，信仰与理性貌似冰炭，但从根本上讲，二者玩的并非零和游戏，完全可以和平共处。

二

作为人类固有的精神样式，信仰也好，理性也好，为什么不可以自己活也让人活？狂热的福音教派真的如此憎恨科技理性，以至不屑利用广播电视互联网来传播上帝的福音？教皇真的如此憎恨科技理性，以至不屑乘飞机和高铁向全世界人们包括电脑工程师、生命科学家布道祝福？如何解释天主教当局终于为布鲁诺平反，承认哥白尼学说正确？为何不可以说，人类是一个能够把理性和信仰有机结合起来、为己所用的特殊物种？

可是，反"逻各斯中心主义"的学院话语并不这么看。把信仰和理性视若水火，固然说明当代西方思维中"争"的因子仍过于强势，但也表明，尼采的追随者太过健忘，竟不记得耶路撒冷和雅典原本是同道，不仅在横扫旧世界之魑魅魍魉的斗争中是同道，在消灭旧文明之非道德质素的战役中也是同道——耶路撒冷也好，雅典也罢，基督教与希腊哲学眼中的旧宗教都是不道德的，低劣的，都充斥着血腥、暴烈、荒唐和淫荡。③

事实上，德尔图良一生写下数百万言，真正涉及雅典与耶路撒冷的关系的，只区区几百个语词，即总计四十四章的《驳异端》（De

---

① 爱因斯坦，《爱因斯坦晚年文集》，转引自托马斯·陶伦斯，《上帝与理性》（唐文明、邬波涛译），北京：中央编译出版社2005年，第13页。
② 陶伦斯，《上帝与理性》，第13页。
③ 阮炜，《人神相间的希腊世界》，《书城》2011年7月。

praescriptione haereticorum)中含"雅典与耶路撒冷何干"语的第七章。这与他所写护教论、教义、道德和论战性的大量文字相比,实在微不足道。① 不仅如此,他甚至明确写道:"理性是属神的事,造物主用理性创造、处理和命令万物,没有什么他不要求用理性来处理和理解的"②。如此明确地肯定理性,说明在他那里,理性与信仰是融为一体,不可分割的。

看来,德尔图良对雅典不满,很可能是因为嫉恨雅典那太过热闹的学园及其"异教"哲学。毕竟,雅典学园是一种与基督教竞争的"信念"组织,所谓"哲学"是一种与基督教较劲的"信念"形态。③如此看来,若非20世纪学院人过度援引"雅典与耶路撒冷何干"这句话,德尔图良很可能不会落下一个反哲学教父的名声。因为即使与基督教有分歧,比之旧世界无处不在的神怪巫魅和非道德行为,philosophia 也干净得多;即使因较多倚赖复杂思辨而与单纯的信仰有异,希腊哲学也不是基督教真正的敌人。奥古斯丁甚至认为,从基督教观点看,与诗歌发生过"争吵"的哲学远比它那大搞怪力乱神的对手正确。④

不仅如此,早期基督教学说虽然与希腊哲学有一定的分歧,但总体上却认为,理性与信仰的矛盾并非不可调和。基督教论家甚至发展出了从亚历山大的斐洛到灵知派,再到亚历山大的克莱门、奥利金这么一个竭力消除信仰与理性间紧张和对立的思想传统,一个大量借鉴希罗哲学理念和方法为己所用的知识体系。⑤

如前所述,这一传统一直延续到中世纪。因此,在祛除旧世界的污浊鬼魅这一共同任务面前,二者是同志,是同道,即令有分歧,却不是根本性的分歧。面对旧文明旧思维,基督教教父与希罗哲

---

① Tertullian, *The Prescription agains Heretics*, Ch. VII.
② Tertullian, *On Repentance*, Ch. I;也参见罗德尼·斯达克,《理性的胜利:基督教与西方文明》(管欣译),上海:复旦大学出版社2011年,第5页。
③ Tertullian, *The Prescription agains Heretics*, Ch. VII.
④ Barfield, *The Ancient Quarrel between Philosophy and Poetry*, pp. 76-81.
⑤ 陈方正,《继承与叛逆:现代科学为何出现于西方》,第298—299页。

学家的大方向是一致的,只不过前者比前者更加旗帜鲜明地站在道德制高点上,俯瞰旧世界,傲视旧思维,要从精神上彻底击溃旧文明。

三

尽管17世纪以降欧洲人太过执迷于冲突,或者说"争"的冲动太过强烈,而不那么情愿透过现象看本质,辩证地看到对立中的统一,但这并不妨碍先知先觉者认识到,耶路撒冷和雅典本质上并非敌人,而是盟友;两者都属于"哲学"或理性的范畴,在提升人类的精神水平方面,都取得了"哲学突破"意义上的伟大成就。

雅斯贝斯几可谓这样的西方人。当他说西元前8—前2世纪,各文明中不约而同发生了"轴心突破"时,他触及到文明史研究——或者说跨学科的宗教史、哲学史、宗教社会学、文化人类学研究——中的一个重要规律:理性的开显并非总是循序渐进,而是一遇适当机会,便出现一种爆炸性局面,表现为人类精神的狂飙突进,人类心智的跃进式成长。

不仅如此,各大文明的理性化路径也有很大的差异,甚至不同时期各大文明所达到的脱魅水平也有高低之分。轴心期崛起的希腊哲学虽然是现代哲学的雏形,但其在幼年时期所达到的理性化程度却有限,从实践理性的角度讲,明显不如中国同一时期的诸子百家。它包含如此多怪力乱神成分,以至于把它视为一种神学式哲学或干脆视为一种神学,也并不冤枉它。①

事实上,在南亚和中国,早在西元前11—前9世纪亦即轴心时代之前,便无可置疑地发生了人类心智的跃进,分别表现为吠陀经典中关于宇宙本原和生命意义的思辨和《尚书》中有关天命和人事之关系的政治哲学思考。在前6—前5世纪即轴心时代高潮期,印度中国又分别发生了以佛陀、大雄和孔子、老子等为代表的第二次

---

① 阮炜,《Philosophia:哲学抑或神学》,《世界宗教研究》2012年第1期,全文各处。

理性的开显

理性跃进。

然而无论中国诸子百家,印度诸达磨或法、道,叙利亚形态的宗教,还是希罗哲学,都是理性化程度相当高的生命形态。正是在儒家、道家、婆罗门主义、佛陀主义、犹太教、基督教、希罗哲学等精神样式中,理性不断夺取并占领蒙昧的地盘,各文明中人类心智便在此过程中得到狂飙突进式的明显提升,形成了今天称之为儒家、兴都主义、基督教、伊斯兰教等重要精神样式,欧洲更从基督教和希腊罗马文化中开出了现代哲学。

这一过程大致发生在距今 3100 年至 2000 年之前。那时,并不存在什么理性与信仰的尖锐对立。只是到了 19 世纪下半叶以后,学院话语兴起,二者的分歧或者说后人心目中二者的分歧才变得尖锐起来。

附论：孔子像立而后废，儒家"花果飘零"了吗？

一

西历2011年1月12日，一座高9.5米的孔子石雕像在国家博物馆北广场落成。此地属于天安门广场区域，所以此事极具象征意义。在舆论的一端，这标志着姗姗来迟的拨乱反正；而在舆论的另一端，这意味着"封建专制主义"的卷土重来。仅仅三个来月后，孔子像又于4月20日被移到国家博物馆西内院北部安放。总的说来，舆论界虽没有就此大做文章，但仍似乎印证了一个说法：一百多年来儒家"花果飘零"。

回头看去，孔子像立于天安门广场区域，在中国文明进入复兴轨道的今日，是可以理解的，而三个来月后之被移走，又是必然的。这就好像一个演说家再高明也会有口误，必得纠正，或者说人人都有意识和下意识，会有不自主的行为，必得抑制那样。无疑，孔子像之立于天安门区域，会传达一些晦暗不明的政治信号：从今往后，被长期抹黑的儒家思想将重新成为国家意识形态，而随着中国崛起，更将遍播寰宇，统领全球？莫非当今中国要利用其强大的经济力量，在中国乃至世界推行一种新型的政教合一？

然而如所周知，当今国家意识形态是马克思主义。这正是问题的关键所在，也是为什么说，孔子像立于天安门区域会传达不清不楚的政治信号。而无论从1905年清廷废除科举算起，还是从1911

理性的开显

年清朝覆灭算起，儒家作为国家意识形态之与政治权力分离，都有一百多年时间了。其间，经过历次革命、战争和改革，中国文明浴火重生，走向复兴。之前，儒家作为华夏世界的国家意识形态，与政治权力的紧密结合至清末已长达两千多年，只是在西方势力和西方话语的入侵下，两者间天撮地合的共生关系才土崩瓦解于一旦。

退一步说，即便某种马克思主义化的新型儒学最终能够兴起，成为一种主导性的意识形态，在政教分离已成世界大势的当今时代，在天安门区域树孔子像这么一种高调的符号宣示，究竟合不合适？考虑到在人类历史上，从来还没有出现过一个如此规模超大的国家如此迅速而强势地崛起，以至于中国威胁论不绝于耳（这不仅是西方媒体的老生常谈，从孔子学院在某些国家遭到抵制也可见一斑），而且不仅来自发达国家也来自发展中国家，问题便愈发凸显了。应当看到，晚清以来中国人习惯于扮演受害者角色的时代一去不复返了；未来几十年，摆在中国人面前的一个大课题是，如何在不断崛起中重新自我定位，逐渐学会并习惯于扮演一个受人尊敬、不使人感到威胁的强者。

可在天安门区域树一座孔子像，如此强力宣示一个经济总量已世界第二的国家的精神象征，究竟会赢得其他文明中人们的尊敬，还是恐惧？如果美国在国会大厦前面、法国在国民议会大厦前面，而英国在威斯敏斯特宫前面树立一座巨大的耶稣雕像，会发出什么样的政治信号？美国人、法国人、英国人乃至全世界人们会作何感想？更何况这些国家历史上都是基督教国家，而基督教历来就有立耶稣像（十字架上受难的耶稣像）供信徒崇拜的传统；相比之下，历史上的中国作为一个儒家思想所主导的国家，对于儒家精神和教诲历来是重心传而非形传，在文庙之类场所祭拜的，只是孔子和其他贤哲的牌位而非塑像。

很明显，天安门区域孔子像之立而后废，是理性思维的结果，是对不妥举动的即时纠正。从宏观历史层面看，这昭示着再次崛起的中国文明——从古到今以儒家价值为精神内核的中国文

附论：孔子像立而后废，儒家"花果飘零"了吗？

明——的深厚自信。或有人说，儒家是哲学而非宗教，孔子不是神，故在天安门区域树孔子像，就像美国在国会山区域建林肯、杰弗逊纪念堂，立林肯、杰弗逊像一样。问题是，儒家果真只是一种哲学而非宗教？或许，提出这样的问题，便说明思维已经固化，只能按一种非此即彼的套路来进行认知和判断了。立而后废本身难道不说明，儒家即使不是一种宗教，也具有宗教式的挑动敏感神经、激起情感波澜的能力？

二

如果采用通常意义上的"宗教"、"哲学"定义，可以说儒家既非严格意义的宗教，也非严格意义的哲学；如果采用一种包容性较强的定义，则可以说儒家即是宗教又是哲学；如果把是否信奉某种超自然的神秘力量或实体，作为判定宗教的一个根本条件，则儒家可能显得不那么宗教，至多只能说在西周或更早时代，才算严格意义的宗教；如果把是否有"基于智识手段和自我道德约束的对智慧的热爱和追求"[1]作为判定哲学的一个核心标准，那么儒家从孔子甚至周公时代起，一直以来都是一种哲学。

尽管在认识论方面，儒学（以及先秦时代诸子百家或其他精神样式）弱于古希腊罗马的哲学，但它完全有自成一体的本体论、宇宙论、自然观和价值论，融合了佛道思想之后的宋明理学更达到了精致的程度。事实上，即便采用"基于逻辑推理而非经验方法的对实在、知识或价值的本质、原因或原理的探究"[2]这么严格的"哲学"定义，精英层面的儒学——非大众层面的祖先崇拜——仍是一种哲学。难道对天、天道、无极、太极、天理、理、性、性理等的终极探究不属于通常所谓哲学？如果以"人们藉以生存的价值体系"[3]作为

---

[1] "Philosophy", Google, *The Free Dictionary*, http://www.thefreedictionary.com/philosophy。
[2] "Philosophy"。
[3] "Philosophy"。

理性的开显

"哲学"的定义,提倡仁、义、礼、智、信、忠、恕、恭、宽、敏、惠、勇、孝、悌、友意义上的道德约束和自我修养的儒家,难道不比任何一种西方哲学更像是哲学?

可另一方面,儒家也具有通常所谓宗教的诸多精神要素或特点,"祭如在"、"祭神如神在"所表现的精神气质使它难以同严格意义上的宗教区分开来,而祭天地、祭山川、祭祖宗、祭圣人更是典型的宗教特征。事实上,在前现代中国,天、地、君、亲、师对于儒家精英和信奉儒家理念的大众来说,都至为神圣。在先秦儒家文献中,作为人格神的"天"(可追溯到商周时代的"上帝")的使用频度虽不如先前,但仍然很高。需要特别注意的,是历史上儒家与国家异常紧密的结合。如所周知,在前现代儒家社会,君主被等同于终极意义上的天,就是说政治共同体的最高领导人被神圣化了。采取这一视角,说历史上儒家所维系的官僚制大帝国是一种理性化程度很高的政教合一政体,并无不可。

如此看来,并非不可以把儒家看作一种宗教。这很大程度上就是为什么"儒教"概念今天虽不常用,但晚清以来一直都受到论者的青睐甚至激烈捍卫。考虑到儒家不仅从一开始就信奉"上帝"、"神"、"天",而且一直有祭天地山川、祖宗圣人的传统,甚至在停止举行国家祭仪之后一百多年的今天,中国人仍在祭祖、祭黄帝、祭孔子,似乎就更有理由把它视之为宗教,称之为"儒教"了。从历史上看,儒家在整个东亚世界维系社会政治秩序长达两千年之久,如此优异的表现,或许只有近代以前的基督教、伊斯兰教勉强可比,古希腊罗马称之为"哲学"的精神体系——如毕达哥拉斯主义、柏拉图主义、伊壁鸠鲁主义、斯多亚主义等等——和任何一种现代哲学都望尘莫及。

既然如此,就不难明白为何孔子像树于天安门区域后,很快又被移走了。如果这么做真是为弘扬孔子精神乃至中国文化,为什么不正大光明地立在天安门广场中轴线上某处,而若即若离、暧昧地置于天安门东北角的国博广场?

附论：孔子像立而后废，儒家"花果飘零"了吗？

三

从宏观历史角度看，儒家与政治权力的分离，是一种不可逆的文明史事件。若采用一种不那么宏观的视角，则不难发现此事件是非常突兀的，所造成的社会政治后果是严重的。

鸦片战争以降，民族生存危机越来越严重，结构性整体性的改革势在必行，1905年之废科举只是巨大压力所致的必然选择。"共和"之后，救亡图存的压力并没有因此而减轻，激进主义思潮波诡云谲，风雷激荡，变法与革命此起彼伏，方兴方衰，中国由此翻江倒海折腾了大半个世纪。正是在此过程中，华夏文明发生了深刻的转型，传统儒家被不可逆转地边缘化了，即便新世纪以来的"国学热"也无法终结这种局面。

于是有论者认为，是儒家与国家权力的分离导致其"花果飘零"，甚至有儒家已成"孤魂野鬼"的悲叹。如果采取宏观历史的视角，不难看出，所谓"花果飘零"论、"孤魂野鬼"论，其实都是晚清以来国人受害者心态的反映。但那个时代已经一去不复返了。随着文明的复兴，国家的不断崛起，成为世界舞台上成为一支主导性力量，受害者心态定然已经过时，继续沉湎其中只会有百害而无一益。认清了这一大局，就不会认识不到，儒家走出庙堂，下到社会和学院，自此仅扮演道德、心性层面和学术领域多个角色中的一个，且远不如从前重要的一个（除其他宗教外，又增添了现代意识形态的竞争），是一种必得付出的代价。考虑到先发国家无一不经历了一个宗教与政治权力脱钩的过程，就更其如此了。

事实是，历史上儒家的功能相当于欧美的基督教、中东和北非的伊斯兰教、印度的印度教等，尽管与它们相比，儒家气质更温和，表现得也更开明、开放。但无论如何，儒家不等于中国文明本身。对于一个极具包容性的超大历史共同体来说，文明精神的传承不仅靠儒家（甚至主要靠儒家），也有佛、道、回、耶和民间宗教的功劳。更何况，一个文明除了有精神和文化的维度，还有经济力、科技力、文化力、政治力、军事力等维度。

也应看到,在欧美,宗教与国家政权紧密结合状态之被打破即政教分离,是一个相对和缓的过程,长达三四百年,故所造成的社会振荡明显不如现代中国那么剧烈。相比之下,由于儒家与政治权力的脱钩非常突然,再加激进思潮的冲击和驱逐列强、国内革命战争、尽快实现现代化之巨大压力,结果造成长时间的政治震荡、社会失治、价值失范、人心不古。这种状况直到今天也仍未结束,是一个执政者、学界乃至普通人都必须面对的现实。

尽管问题很多,甚至乱象丛生,但迄今为止,中华文明是西方文明之外第一个整体性实现现代化的文明,中国是第一个能与西方超级大国在经济、政治、军事等多方面展开博弈的非西方大国,且在可见的未来,全球权力天平必将越来越多地朝中国倾斜。因而很清楚,儒家与政治权力分离,不仅是历史的必然,最终说来对中国文明而言是一件大好事。如果悲情主义地认定从此儒家便"花果飘零",以儒家为精神内核的中国文明的位置怎么摆?考虑到近代以来各大宗教无不经历一个与权力分离,被现代世俗价值观边缘化的过程,这点就更清楚了。欧美固然有诸多现代性问题,但欧美知识人会哀叹基督教"花果飘零"吗?

至于儒家是封建专制主义的帮凶一类说法,实在不值一驳。只要尊重常识,只要对国际学界的主流立场有一个基本的了解,就不会继续沉湎于激进主义思维,对儒家作这种庸人主义的否定了。儒家社会固然没能率先开出现代民主,但早早就开出了为其他文明所艳羡的经济自由主义,早早就废除了以出身来分配权力、占有资源的贵族制度,早早就开出了科举这种使社会阶层得以上下自由流动的社会政治体制,从而为华夏社会政治秩序的稳定做出了关键性的贡献,更为开出现代形态的经济自由和政治民主打下了深厚基础。在当今发达国家,现代自由民主之所以成为可能,稳定的社会政治秩序是前提、是关键。凡是尚未开出稳定秩序的国家便搞了欧美式自由民主的发展中国家,没有一个是成功的。

如所周知,儒家是一种重精神的生命形态,儒家教诲的传承历

附论：孔子像立而后废，儒家"花果飘零"了吗？

来重心传而非形传。既如此，就没有必要在敏感场所立孔子像以高调宣示儒家精神，更何况一个历史文化共同体比它所容涵的某种宗教或哲学更加宏大，而任何一个精进健动、生生不息的文明，都应是一个不断扬弃旧我，重构新我，"日日新，又日新"的文明。

四

晚清至今，中国文明经历了人类文明史上绝无仅有的剧烈变局。从短期看，这种变局对中国人来说虽意味着屈辱、失落、痛苦，更意味着思维方式的急剧转型、社会政治格局的激烈动荡，但从长期看，这种大变局是宏观历史必然性所决定的。这是因为，中国文明在一种缺乏深度刺激的地理—文化环境中自主演进已实在太久，而任何一个文明要保持健康活力，都得有足够强的精神刺激，都得不断扬弃旧我，重构新我。任何一个文明就其本质来讲，都应是一个既能守持其同一性又不断演化发展的历史文化体系，一个开放包容，不断吐故纳新的精神有机体。唯其如此，文明才可能长久地生存并发展壮大。

事实上近代以来，不仅各非西方文明都经历了一个脱胎换骨即"西方化"的过程，文艺复兴以降西方文明本身也经历了一个脱胎换骨的过程。虽如此，当今伊斯兰、印度、中国和西方文明仍然是其所是，其同一性依然为伊斯兰、印度、中国和西方的历史文化和精神气质所规定。其间，各文明当然发生了很多变化，甚至是深刻的变化，但它们的本质性特征依然成立。从精神形态的角度看，以儒家、印度教和伊斯兰教等为精神内核的各主要非西方文明并没有因为大量吸纳西方元素而丧失其固有的同一性；西方文明也没有因为宗教改革、科技革命、启蒙运动、英法资产阶级革命等而丧失其固有的同一性。

另一方面，一个健康的文明必须有一种遗忘或"删除"机制。只有不断摈弃那些在新形势下已丧失了原有相关性的旧质素，才可能进行一种"日日新、又日新"的精神重构。正是因了这种"删

理性的开显

除"旧信息、"输入"新信息或吐故纳新的机制，一个文明才可能长久保持其青春活力。换句话说，一个文明的同一性并非静止不动，而总是处在演进生长的过程之中。在很多情况下，一个文明的同一性的重大变化恰恰肇始于外来要素的结构性注入。

印度文明藉着佛教传入华夏世界后，与儒家、道家经过上千年的碰撞磨合，最后与本土要素水乳交融地和合在一起，明显提升了中国文明的精神水平，就清楚地说明了这一点。同样，晚清以来中国文明一直大规模地、结构性地、创造性地吸纳利用西方文明要素；在此过程——一个仅持续了一百多年，比佛教融入中土速度快得多的过程——中，华夏要素与外来文化水乳交融地和合在一起，文明复兴便在此过程中发生。从此，中国文明的品性不同于以往，而已打上现代精神的烙印；它虽由此成为现代文明一重要组成部分，却仍是中国文明。

古代西亚地中海世界的情形同样能够说明问题。在希腊人大举入侵西亚之前，这里叙利亚文明的成长所依靠的，不仅是巴勒斯坦十来个犹太人部落的自我更新，而且是它们对两河流域两千多年文化积累的不断吸收，对伊朗高原文化元素的不断吸收，还有对波斯帝国所提供的和平环境的有效利用。希腊人占领西亚北非后，不仅叙利亚文明再次经历了更新，希腊文明本身也因与之接触而摈弃了其先前的精神品质。此后形成的西亚地中海世界的文明是一个全新的文明，即以叙利亚文明为基质、摄入了希罗要素的基督教文明，而中世纪以降至今，正是基督教构成了西方文明同一性的核心成分。

考虑到历史上中国文明的优异表现，考虑到这个文明衰落之后又能在如此短暂的时间内如此强势地重新崛起，每个中国人应感到欣慰才是。晚清以降儒家固然已不同于以往，但以儒家为精神内核的中国文明却仍是中国文明。尽管不能说中国知识人仍是其先前所是的"儒家"，但中国文明无疑仍是一个儒家气质的文明，一个其核心规定性为儒家精神的文明，正如西方文明仍是一个基督教气质的文明，一个其核心规定性为基督教精神的文明那样。

附论:孔子像立而后废,儒家"花果飘零"了吗?

儒家既然塑造了从古到今每一个中国人,那么包括反传统论者在内的所有中国人,无论乐意与否,都是儒家的传人。故此,只要不否认自己仍是中国人,中国文明仍然存在,仍在发展,甚至在迅速复兴之事实,便不必悲情主义地认定儒家"花果飘零"。

图书在版编目(CIP)数据

理性的开显:古典时期诸"哲学"或精神形态的考察报告/阮炜著.—上海:上海三联书店,2017.8
ISBN 978-7-5426-5606-3

Ⅰ.①理… Ⅱ.①阮… Ⅲ.①古典哲学-研究-世界 Ⅳ.①B12

中国版本图书馆CIP数据核字(2016)第125294号

理性的开显——古典时期诸"哲学"或精神形态的考察报告

著　　者／阮　炜

责任编辑／黄　韬
装帧设计／鲁继德
监　　制／姚　军
责任校对／张大伟

出版发行／上海三联书店
　　　　　(201199)中国上海市都市路4855号2座10楼
邮购电话／021-22895557
印　　刷／昆山市亭林印刷有限责任公司

版　　次／2017年8月第1版
印　　次／2017年8月第1次印刷
开　　本／640×960　1/16
字　　数／200千字
印　　张／15.5
书　　号／ISBN 978-7-5426-5606-3/B·481
定　　价／48.00元

敬启读者,如发现本书有印装质量问题,请与印刷厂联系 0512-57751097